FRANCE

PAR

Le R. P. Du LAC

DE LA COMPAGNIE DE JÉSUS

RECTEUR DE SAINT MARY'S COLLEGE

A

CANTERBURY

Troisième Édition

PARIS

LIBRAIRIE PLON

E. PLON, NOURRIT et Cie, IMPRIMEURS-ÉDITEURS

RUE GARANCIÈRE, 10

Tous droits réservés

FRANCE

L'auteur et les éditeurs déclarent réserver leurs droits de traduction et de reproduction à l'étranger.

Ce volume a été déposé au ministère de l'intérieur (section de la librairie) en avril 1888.

PARIS. — TYPOGRAPHIE DE E. PLON, NOURRIT ET Cie, RUE GARANCIÈRE, 8.

FRANCE

PAR

Le R. P. Du LAC

DE LA COMPAGNIE DE JÉSUS

RECTEUR DE SAINT-MARY'S COLLEGE

A

CANTERBURY

Troisième Édition

PARIS

LIBRAIRIE PLON

E. PLON, NOURRIT et Cie, IMPRIMEURS-ÉDITEURS

RUE GARANCIÈRE, 10

Tous droits réservés.

1894

...Et maintenant, je suis un peu effrayé à la vue de ces lettres interminables, ou plutôt je le serais si je ne me souvenais du motif qui me les a fait écrire.

Une épidémie de fièvre scarlatine s'était abattue sur le collége.

Nous avions dû licencier les plus jeunes d'entre vous. L'approche des examens nous avait décidés à garder les grands, que la contagion d'ailleurs respectait jusqu'alors.

J'ai commencé par envoyer aux absents des nouvelles de leurs camarades.

Tout le monde parti, l'occasion s'offrait de vous faire encore quelque bien.

Il m'a paru trop dur de la laisser passer, et j'ai fini par écrire à tous. Vous m'avez justifié en ne trouvant pas ces pages trop longues.

(*Extrait de la cinquième lettre.*)

Puissent tous ceux qui les liront user de la même indulgence, et Dieu veuille bénir l'intention qui me porte à les publier!

FRANCE

PREMIÈRE LETTRE

Canterbury, Saint-Mary's College, 7 juillet 1887.

Mes chers enfants,

Depuis le moment où j'ai repris à Calais le bateau qui vous avait emportés, le désir de vous écrire n'a cessé de me poursuivre. J'y cède aujourd'hui.

Qu'il me paraissait vide, ce bateau!

Et que le collége, à mon retour, m'a paru triste! Vos camarades ont l'air perdus dans cette grande maison. Du moins, aucun n'a été atteint par l'épidémie.

Deux d'entre vous en avaient emporté le germe à notre insu.

Ils sont aujourd'hui convalescents.

Ce voyage qui nous inquiétait fort n'a donc pas eu d'inconvénient sérieux.

Nous avions une autre inquiétude.

La scarlatine pouvait passer des élèves aux personnes de leur famille, et prendre alors, suivant l'âge de celles-ci, un caractère plus grave. Il n'en a rien été : un de vos camarades d'humanités a, il est vrai, donné la maladie à sa mère et à un domestique ; un autre l'a portée, sans en être atteint lui-même, à sa sœur ; mais tout le monde est déjà guéri. Guéris aussi tous nos chers malades sans aucune exception, et même partis pour la plupart ; bien entendu, pas un seul n'a quitté sa chambre avant quarante ou quarante-cinq jours de réclusion.

Les pauvres enfants s'ennuyaient quelquefois malgré nos visites et tous les jeux que nous leur mettions entre les mains ; surtout ils avaient faim. Impossible de céder aux désirs des convalescents, la fringale ne les quitte pas. « Mon Père, mon Père, si vous m'apportiez en cachette un morceau de pain et de fromage, je vous en serais reconnaissant toute ma vie », disait d'un ton lamentable — vous voudriez savoir qui ? vous ne le saurez pas, mais tous en auraient dit autant, et vous-mêmes à leur place.

Voilà de bonnes nouvelles.

En voici une meilleure.

La mère d'un de vos camarades, Américaine protestante, venue pour soigner son fils, s'est convertie : elle fera demain son abjuration dans la chapelle, et sera baptisée sous condition. Remerciez donc le bon Dieu, qui sait toujours tirer le bien du mal, et priez pour la nouvelle catholique.

Priez aussi pour nos futurs bacheliers : leurs examens commencent demain, je vous tiendrai au courant des résultats. Tous ont très-bien travaillé. Je n'ai pas eu besoin de les envoyer à l'abbaye (1), ce changement les eût dérangés : on s'est contenté de la meubler avec les tables et les pupitres de la seconde division, et, en une heure, s'il y avait un seul cas nouveau, on pourrait y transporter la première.

En attendant, les grands, pour jouir de l'ombrage de vos beaux cèdres, se sont emparés de votre cour et y ont établi des lawn-tennis, remplaçant, suivant la mode nouvelle, les raies tracées à la craie par des cordons blancs tendus à terre. Les études étant plus longues que d'habitude, les parties de lawn-tennis le sont aussi.

Si le jeu aide au travail, les fêtes n'y nuisent pas, et, comme celles qui réjouissent d'ordinaire la fin de l'année sont particulières aux grands, votre départ ne nous empêche pas de les célébrer.

Gérard de G..., Guillaume de la R... et Bertrand de M... ont bien voulu vous raconter celle des académiciens, et m'ont remis leur petit récit.

« Jeudi dernier, à dix heures et demie du matin, deux breaks attendaient devant le perron.

« Les académiciens de philosophie, au nombre de dix, conduits par leur professeur, le Père T..., montèrent dans le premier. Dans le second prirent place les académiciens de rhétorique, avec le Père Jean C..., leur professeur.

« Les voitures partent. Le break des philosophes passe le premier ; c'est le droit des aînés.

---

(1) Ancien monastère des Pères Bénédictins, situé sur une colline, à l'extrémité du parc.

« Vous savez comme les Anglais attellent bien. Les chevaux filaient bon train, leur allure rapide nous fouettait l'air au visage, les cœurs étaient joyeux, les propos aussi.

« Le but était Reculver, au bord de la mer. A midi un quart nous étions sur le sable. L'académie de philosophie alla d'un côté, celle de rhétorique d'un autre, et alors les uns de jouer sur la plage, les autres de se promener gravement le long des falaises, comme ils auraient fait dans les jardins d'Académus ou sur le cap Sunium.

« Cependant à deux heures et demie tous se retrouvaient ensemble.

« Un goûter nous attendait sur l'herbe; goûter abondant, assez bon pour tenter la gourmandise, qui céda. Ce fut court néanmoins, il fallait songer au départ et au dîner.

« De retour *at home,* vite au dortoir pour faire deux doigts de toilette, puis à la grande salle... Deux tables se touchant en occupaient le milieu. Le Révérend Père Recteur arriva bientôt avec le Père Préfet, les Pères professeurs et examinateurs. On prit place, et la conversation s'engagea gaiement.

« Mais voici le moment des toasts. Guillaume de la R... se lève le premier :

« Mon Révérend Père,

« Depuis près d'un mois qu'il est tombé malade, notre président d'académie a été privé des congés et des fêtes. Je suis assuré que rien ne lui aura tant coûté que de ne pas être aujourd'hui parmi nous.

« Nous regrettons son absence, et plus encore celle de nos camarades d'humanités, qui, eux aussi, auraient eu le bonheur de vous dire une fois de plus leur filiale affection.

« Nous avons donc une obligation plus étroite de vous consoler, mon Révérend Père, puisque vous avez perdu une partie de vos enfants. Cette obligation, il nous sera bien doux de la remplir ; — c'est une simple dette de reconnaissance, — dette qui s'accroît chaque jour davantage.

« Nous avons appris avec quelle sollicitude, — ou plutôt non, le mot ne rend pas bien ma pensée, — avec quelle tendresse vous veillez sur nos camarades malades : vos soins sont de tous les instants, la nuit comme le jour. Mon Révérend Père, je veux vous en remercier au nom de tous nos camarades et aussi au nom de toutes nos familles : ce n'est pas pour elles une petite assurance de savoir qu'à Cantorbéry on nous soigne si bien.

« Et vous aussi, mon Père Préfet, je veux vous remercier de toutes ces petites délicatesses de votre charité qui semble redoubler maintenant. Elle nous fait oublier le départ de nos camarades et les fatigues de cet examen redoutable qui nous attend et que nous souhaitons de passer avec le même bonheur que nos aînés. Mais pour cela, il faut travailler, n'est-ce pas ? Cette bonne journée renouvellera nos forces en vue du travail de demain.

« Aussi bien, afin de nous donner du cœur, rappelons-nous les vers du bon Horace, excellent conseiller en pareille matière :

« *Nunc vino pellite curas,*
« *Cras ingens iterabimus æquor.*

« Je bois à votre santé, mon Révérend Père. Je bois à la guérison complète de nos camarades et à nos examens. »

Le président de l'académie de philosophie, Gérard de G..., fut un peu plus solennel, comme il convenait à son âge et à sa position.

« Mon Révérend Père,

« Nous n'avons plus que quelques semaines à passer à Saint-Mary's College. Le temps est déjà loin où nous quittions bien tristes nos familles et la France pour venir ici trouver la piété, la science, tout ce qui forme l'esprit et élève le cœur. Hélas! pour la plupart nous ne comprenions guère qu'il fallût aller chercher si loin ces belles et grandes choses; et Dieu sait ce qu'il nous en coûta de pleurs au jour du départ.

« Mais à peine étions-nous débarqués que nous séchions nos larmes. Tout dans notre cher collége ne nous rappelle-t-il pas la patrie? Cette maison n'est-elle pas française et par ses habitants et par la décoration des murs où de magnifiques gravures nous redisent les gloires du passé en même temps, hélas! que nos revers tout récents encore?

« Et cela, à qui le devons-nous, sinon à nos maîtres qui, dans un coin de la protestante Angleterre, nous donnent cette éducation à la fois si française et si catholique, si tendre et si ferme, si paternelle et si vigoureuse? Oui, mon Révérend Père, je suis ici l'interprète des sentiments de tous : nous n'oublierons jamais les grandes leçons reçues ici, et nous resterons toujours les serviteurs dévoués de Dieu et de notre patrie.

« Merci aussi à vous, notre bien-aimé Père professeur, de cette année que vous avez su nous rendre si utile et si agréable. Merci de toute la peine que vous vous êtes donnée non-seulement pour élever nos intelligences, mais aussi pour former nos cœurs. Il ne vous a pas suffi de nous préparer à l'épreuve si souvent chanceuse du baccalauréat ; vous nous avez montré comment doit se comporter dans la vie un élève du collège Sainte-Marie : encore une fois merci. Et vous, mes amis, vous qui demain allez vous séparer pour entrer dans la vie, unissez-vous à moi pour boire une dernière fois à la santé du Révérend Père Recteur et du Révérend Père T... »

« Le Révérend Père Recteur commença par remercier nos deux camarades, puis il nous parla du dévouement par la plume, plus méritoire souvent que celui de l'épée, parce qu'il est plus continu ; nous dit que là où nous vivrions, sachant l'éducation que nous avions reçue, on se tournerait vers nous de préférence quand il s'agirait de défendre une bonne cause, et à l'appui de ce qu'il nous disait, le Révérend Père Recteur nous lut dans un journal un petit article d'Albert de Gillès. C'est lui qui portait le toast de l'académie de philosophie il y a deux ans ; l'an dernier il faisait son volontariat.

« Voici l'article :

UNE LAÏCISATION.

« J'habite un coin de terre bretonne perdu entre une forêt et la mer; il étage sur une lande en colline ses toits de chaume et ses pignons blancs. Il n'a ni palais ni portique, et son seul monument est sa vieille église où le lierre dispute au lichen la possession de ses pierres branlantes. Ni grande, ni belle, ni riche, elle est cependant pleine de vie, la petite ville, et chaque jour elle lance sur l'Océan sa flottille de barquettes aux voiles neigeuses comme l'aile du goëland.

« Au moment où j'écris ces lignes, une certaine rumeur, une vague agitation troublaient la bourgade. On voyait des groupes se former çà et là dans les rues; bien des femmes avaient les yeux humides. La colère semblait posséder les hommes, leurs regards se chargeaient d'étincelles, et ils rougissaient malgré le hâle dont la mer avait depuis longtemps cuivré leurs visages.

« Tous ces indices troublants m'inquiétèrent. Que se passe-t-il donc? Et je sortis bien vite, curieux de connaître la cause de ce malaise.

« Sur la place et sous le maigre ombrage de quelques arbres tordus dès leurs jeunes ans par l'âpre vent de la mer, stationnait un groupe plus nombreux. Debout sur un gros grès qui lui servait de tribune, le vieux Jean, un des patriarches du bourg, ancien loup de mer à la face marbrée de rides et de cicatrices, parlait en grondant. J'entendis ces mots : « C'est indigne! » Je m'approchai.

« Qu'est-il donc arrivé? Et lui : « Ah! monsieur, la

nouvelle n'est pas belle, allez : c'est un coup de vent pour nous tous, c'est un malheur pour nos enfants. Voilà : ces messieurs des villes ont décidé qu'il ne fallait plus de Frère dans notre école; on nous l'enlève, on nous le chasse. Ah! que les misérables qui, avec toutes leurs écritures, nous le prennent, viennent donc! » Un juron termina sa phrase, et un geste énergique compléta sa pensée.

« Je compris tout de suite leur chagrin; le Frère était adoré par ces braves gens. Depuis quarante ans dans ce pays, il y avait rempli, sans défaillance comme sans faiblesse, sa lourde tâche, allant passer auprès des malades et des vieillards les moments que lui laissait l'enfance. Il avait dépensé là ses plus belles années, son âge mûr, et maintenant que les saisons avaient mis sur son front le poids de leurs hivers et celui de leurs chagrins, il lui fallait quitter tout : ses vieux amis, ses petits élèves, son jardinet aux modestes ombrages et aux fruits dont les pauvres connaissent le parfum; oui, tout, et jusqu'à cette salle noircie où il avait dépensé le meilleur de son intelligence et de son cœur. A tous les objets l'habitude et une longue possession donnent je ne sais quel charme qui vous les attache, et à ce dernier stade de la vie, l'œil affaibli fouille dans le passé plutôt qu'il ne regarde dans l'avenir. On comprend donc quel déchirement ce devait être pour cet homme d'abandonner tout sans espoir de retour.

« Il avait demandé un moment d'entretien pour faire ses adieux. Lorsque j'entrai dans la salle, elle était comble déjà. On avait voulu lui donner cette marque d'affection, et c'était beau de voir couler des larmes sur le visage de ces hommes qui n'ont si souvent, pour les séparer de la mort, que quelques pouces de bois et le caprice d'un flot.

« Mes amis, leur dit-il, on me chasse, il me faut vous quitter. Je n'ai pas besoin de vous dire ma douleur, mon désespoir. J'espère que mon souvenir vivra parmi vous et qu'il vous dira, non pas les quelques qualités que pouvait avoir un homme, mais les saines vérités que vous révélaient ses enseignements.

« On va décrocher ce christ ; recueillez-le dans vos cœurs. Il n'y aura plus de place pour lui dans ces murailles, mais ne le sentez-vous pas dans le rayonnement des étoiles et le mystère de vos forêts ? On ne vous en parlera plus sur ces bancs ; prêtez l'oreille, et vous saisirez sa voix au milieu des murmures de l'Océan quand il s'irrite et qu'il bondit plein d'écume, comme si un fouet invisible flagellait ses épaules. »

« L'émotion l'étranglait, il s'arrêta, calma leurs sanglots d'un dernier adieu et quitta ces chers murs sans tourner la tête.

« B. X. »

« Le R. P. Recteur termina en nous disant : « Si vous voulez que votre plume soit prête, ne la laissez pas rouiller, exercez-la par le travail et, aussi, prenez la résolution de ne jamais vous en servir négligemment. Si peu que vous ayez à écrire, essayez alors de faire très-bien. Nicolas Poussin disait : « Je ne néglige rien. »

« Le banquet étant terminé, les académiciens de philosophie allèrent en récréation ; ceux de rhétorique se promenèrent dans le parc avec leur professeur. Bientôt après nous rentrions tous au dortoir. Nous n'avions qu'une peine, c'était de voir finir une aussi charmante journée. »

La fête des académiciens n'avait reposé qu'un petit nombre de vos camarades, et piocher d'arrache-pied en vue d'un examen important, par cette chaleur, est chose si pénible que je résolus d'étendre la fête des musiciens, d'ailleurs bien plus nombreux, et de donner, en leur honneur, à nos futurs bacheliers, un jour de repos complet.

J'avais entendu parler d'une exposition américaine, très-originale, ouverte à Londres; le Père Procureur obtint de la Compagnie du chemin de fer une réduction qui permettait d'aller et revenir pour cinq shillings; — songez qu'il y a près de trente lieues, — et la fête proposée fut fixée à avant-hier, mardi 5 juillet. En arrivant à Londres, on déjeuna à Adélaïde-Hall; on y dîna, reçu comme vous savez qu'on l'y est toujours. A deux heures, par groupes de cinq élèves, avec un Père dans chaque groupe, nous entrions dans l'*Exhibition*. Elle n'a rien de frappant, ou plutôt, comme on fait maintenant des pianos, des montres et des voitures dans tous les pays sujets à exposition, vos camarades ont trouvé que voitures, montres et pianos d'Amérique rappellent, à s'y méprendre, ceux des Indes exposés l'an dernier, et le reste de même. Les montagnes russes, cependant, les ont divertis. Mais les wigwams des Indiens, dressés tout autour des allées, leur ont plu d'avantage, et plus encore les exercices de ces sauvages. Vous verrez tout cela au mois d'octobre, si vous faites les devoirs que nous vous envoyons, de manière à satisfaire vos professeurs ; et pour aiguiser votre désir, je vais vous dire en peu de mots ce qu'ont vu vos camarades : Imaginez-vous, non un cirque, mais un demi-cercle, avec des gradins en amphithéâtre tellement grands que, sur les bancs qui les garnissent, vingt-cinq mille spectateurs peuvent prendre place ; — je dis vingt-cinq mille. Et vis-à-vis de cet amphithéâtre, un espace vide qui a plus de deux cents mètres de diamètre. Cet espace est circonscrit d'un côté par les bancs, de l'autre par des sapins, des pierres et des décorations figurant des montagnes.

Un cortége composé de *cent* sauvages à cheval, — j'ai compté, — est sorti de ces montagnes et a d'abord défilé en aussi bon ordre qu'il est possible à des sauvages.

Remarquez que ce sont de vrais sauvages — il serait plus difficile de s'en procurer de faux ; — plusieurs sont catholiques et d'une des missions de nos Pères !

Ils ont exécuté l'attaque d'un wagon escorté par une tribu ennemie, puis celle d'une maison, et enfin d'une berline dans laquelle le *general manager* avait invité trois dames des premières à prendre place.

On ne peut s'imaginer l'agilité de ces sauvages sur leurs chevaux, ni la méchanceté de ces animaux.

Ils ne veulent pas se laisser monter, et avant de les voir, je n'avais aucune idée des ruses dont ils sont capables.

Les uns étendent les jambes de devant comme des chats, jusqu'à faire toucher leur ventre à terre, et si le cavalier monte néanmoins, ils se roulent : d'autres se cabrent, se renversent, et je ne sais comment le cavalier fait pour ne pas être écrasé ; je ne pourrais deviner non plus, si je ne l'avais vu, comment il fait pour remonter sur sa bête. Aussitôt tombé, l'homme se met en boule, et d'abord ne bouge pas plus qu'un mort. Si le cheval reste étendu de son côté, l'Indien alors rampe jusqu'à lui, glisse une jambe sous son flanc et l'éperonne ; la bête aussitôt de se relever sans penser qu'elle porte son maître. A peine debout, elle part au galop, la tête entre les jambes, en donnant des coups de reins prodigieux ; le cavalier lâche la bride, croise les bras ou les agite et pousse des cris affreux. Il n'est jamais désarçonné. Il y avait un cheval blanc, nommé *Indigestion,* qui retournait la tête et mordait la jambe dès qu'on l'approchait ; on lui jetait des poignées de sable dans les yeux, rien n'y faisait : j'ai cru que son cavalier ne le monterait jamais. Un autre, nommé *Jubilee,* était toujours sur deux pieds.

Le tir, très-frappant aussi. Un homme fait tournoyer en l'air, aussi vite que possible, une boule attachée à une longue corde dont il tient l'extrémité. Une petite fille casse la boule d'un coup de fusil, sans jamais la manquer, même en tirant le dos tourné, avec un miroir devant les yeux, et en plaçant, ainsi tournée, sa carabine sur sa tête.

Un homme partant au galop jette successivement en l'air vingt balles de cristal, et un autre, galopant derrière lui, les casse toutes avec une carabine à vingt coups.

En voyant ces sauvages, je ne pouvais m'empêcher

de me souvenir que leurs ancêtres ont martyrisé tant de nos Pères, et je me rappelais une lettre écrite dernièrement des Montagnes Rocheuses par le Père de Rougé, et d'autres que je reçus du Père Louis Ruellan. Celui-ci a été le premier Père préfet de votre collége; quelques-uns de vous l'ont connu et savent qu'il est mort au milieu des Indiens des Montagnes Rocheuses, dix-neuf mois après avoir quitté Canterbury. Ils liront avec intérêt quelques lignes de lui :

« Nos Indiens convertis sont bons en général, mais tout n'est pas rose. Quant aux blancs, quelle race ! Ce sont presque tous des aventuriers sans foi ni loi que la soif de l'or pousse sans cesse en avant. Yankees, Germains en grand nombre de toutes les contrées de l'Allemagne, Irlandais d'Irlande et des États-Unis, Français de France et du Canada, Espagnols d'Espagne et du Mexique, Italiens, Danois, Suédois, Suisses, etc., des Chinois en quantité, des nègres depuis la couleur du cirage jusqu'aux teintes olive les plus claires, et nos Peaux-Rouges. Les religions sont encore plus variées que les races. La majorité des blancs est indifférente. Les catholiques sont plus nombreux que chaque secte prise en particulier : quelques-uns sont bons. Dans ce milieu, nous sommes respectés, bien accueillis, aidés même pécuniairement; mais de la foi, point. Combien peu qui consentent à s'entendre rappeler de loin en loin qu'il y a un ciel et un enfer, qu'ils ont une âme à sauver!

« On ne peut se faire une idée de l'activité industrieuse, de l'audace d'entreprise, de l'esprit d'aventure, du complet mépris des fatigues, des privations, des souffrances, que *l'auri sacra fames* développe ici. Tout ce que l'amour du bon Dieu fait inventer aux saints, le besoin de s'enrichir le fait inventer à ce peuple. C'est un *excitement* continuel, une fièvre, un délire. On a trouvé de l'or dans les montagnes des Cœurs d'Alène, voilà les fermiers qui quittent leurs fermes, les industriels leurs fabriques et leurs ateliers, les marchands leurs magasins, les ouvriers leurs chantiers, et qui laissent leurs familles, leur patrie, leur église aussi, hélas! Tout ce monde de jeunes gens et d'hommes faits s'abat sur les montagnes et dans tous les environs comme une nuée de sauterelles. Il y en a toujours deux ou trois ensemble. Ils ont des fusils, des pistolets, des couteaux et des munitions, une tente et une marmite, et, s'ils le peuvent, un ou deux chevaux, quelques dollars dans leur poche, et les voilà courant les montagnes, vivant dans la neige, fouillant les torrents, les forêts, les rochers. Un monde de voleurs et de brigands se mêle au monde des chercheurs; un autre monde de teneurs d'auberges, de marchands de toute sorte, enveloppe le pays de l'or d'une ceinture de petites villes de bois qui poussent, parmi les troncs et les cendres des sapins abattus et brûlés, partout où l'on peut toucher le rail-road d'une main et les mines de l'autre. Un mois, deux mois se passent ainsi; toujours de nouvelles recrues venues de partout. Un centième des aventuriers réussit. Les quatre-vingt-dix-neuf autres centièmes achèvent de se ruiner et se prennent à regagner leurs pénates.

« Tout à coup on annonce qu'en un autre pays on a trouvé de l'or aussi ou de l'argent, ou des terrains enchantés qui rendent un million pour un, ou la manière de prendre la lune avec les dents, n'importe quoi ; voilà la nuée qui prend son vol et va s'abattre là-bas, et ainsi de suite. De tout cela il reste toujours quelque chose dans le pays où la nuée a passé. Quelques-unes des petites villes subsistent de distance en distance ; l'une d'elles devient grande ville, comme sera Spokane-Falls, ce semble. Toute la partie labourable du pays se remplit de fermes. Les bois tendent à disparaître. Les Indiens se retirent dans leurs *reservations* ou deviennent absolument misérables, et l'Amérique d'autrefois, la poétique et sauvage Amérique, se transforme en l'Amérique d'aujourd'hui, prose, orgueil et richesse, dégradation morale et totale indifférence religieuse partout où le catholicisme ne parvient pas à prendre le dessus. »

Pour ne pas vous laisser sous une triste impression, écoutez encore ceci :

« Spokane-Falls, 2 septembre 1884.

« Je viens d'enterrer un pauvre jeune homme dont voici la courte histoire : Hier soir, vers quatre heures, je revenais ici. J'avais passé le dernier de nos trois ponts, quand je m'entendis appeler. Je retourne sur mes pas. Sous le pont, au bord de la rivière, un pauvre jeune homme, presque en haillons, les yeux hagards, les pommettes et les lèvres violettes, tout le reste du visage pâle comme la mort, haletait, épuisé ! Je l'interroge. Son père, un catholique, était mort lorsqu'il était encore tout enfant. Il croyait bien n'avoir pas été baptisé. J'en trouve ici une multitude de cette espèce ! Souvent il s'était dit : Je devrais suivre la religion de mon père. « Où est votre mère ? — En Californie. — Priez-vous quelquefois ? — Tous les soirs je dis ma prière. — Croyez-vous qu'il y a un Dieu... qu'il récompensera les bons et punira les méchants, que le Fils de Dieu s'est fait homme et est mort pour nous? » Aux deux premières questions il m'avait répondu : « Oui », sans hésiter et catégoriquement. A la troisième, il m'a regardé avec de grands yeux étonnés.

« Êtes-vous prêt, si le bon Dieu vous conserve, à étudier avec moi la religion et à croire tout ce que le bon Dieu a révélé? — Oui. — Vous repentez-vous de l'avoir offensé par vos péchés, et promettez-vous de ne plus le faire? » Sur quoi nous avons fait une courte confession. Je l'avais conduit à vingt pas de là dans une étable de planches, où il y avait une botte de foin. J'ai trouvé là une espèce de boîte de conserves dans laquelle je suis allé puiser de l'eau à la rivière; et puis, sous l'œil du bon Dieu et des bons anges, j'ai baptisé et absous mon pauvre moribond. Je l'ai mené ensuite jusqu'à l'entrée de la ville, avec l'espoir de le revoir le lendemain matin. Le lendemain matin j'ai appris qu'il était mort la nuit même. Ah ! le Dieu des pauvres ! »

— Le Père de Rougé, lui, vous parlera des Indiens; vous vous rappellerez sa lettre quand vous verrez, l'an prochain, les exercices de ces sauvages.

Il date précisément sa lettre de Colville, lieu de naissance de la petite tireuse qui excita, avant-hier, notre surprise.

« Colville, juin 1886.

« J'ai été obligé d'anticiper, cette année, la célébration de la fête du Saint Sacrement à l'Okanagan. La solennité a eu lieu le jour de la Pentecôte, et j'y ai fait un exemple qui aura, je l'espère, de bons résultats.

« Je revenais d'une course au bas de l'Okanagan, et je trouvai à ma résidence les Indiens du Nord et même des possessions anglaises, qui m'attendaient en grand nombre. Nous commençâmes donc immédiatement la retraite. Le soir du premier jour, je réunis les chefs et les principaux, puis les jeunes gens, et je tins le conseil d'ouverture. « On aime, leur dis-je, à venir aux fêtes pour s'amuser, peu pour prier : c'est du moins le fait d'un bon nombre de jeunes gens. L'année dernière, on n'a pas respecté l'église, ni le Père ; on jouait sous ses yeux, on organisait des courses de chevaux pendant les offices. Cette année, il n'en sera pas ainsi. Demain tout le monde doit travailler, venir à l'église, et il n'est permis à personne de courir pendant les trois premiers jours. »

« Le lendemain, tous les gens d'une tribu se tinrent loin de l'église, et, le soir venu, furent les premiers à monter à cheval et à commencer les courses. Je ne dis rien, mais à la nuit, un crieur public appelle la tribu au conseil. Les vieux seuls y vinrent ; les jeunes gens avaient assez de celui de la veille. En deux mots tout fut fini. Je déclarai aux chefs qu'il fallait partir dès le lendemain, hommes et femmes, et ne pas laisser une tente au camp. Une autre fois on saurait ce que vaut ma parole.

« L'effet fut terrible : on ne s'attendait pas au coup de foudre; personne ne savait que dire, et nul n'ouvrit la bouche. Le lendemain, le camp était évacué, et le surlendemain rempli de nouveau par les Indiens du bas Okanagan et de Cylan... — Le jour de la fête, j'ai eu onze baptêmes d'adultes et dix Okanaganiens; l'avant-veille j'en avais déjà eu quatre-vingts. Le camp se composait de quarante à cinquante tentes. En tout j'ai eu, ce mois-ci, quatre-vingt-trois baptêmes parmi les infidèles. A mon retour, j'en aurai encore pour le moins une dizaine. »

Dans une autre lettre, le Père de Rougé montre encore mieux la manière de conduire ces sauvages :

« Pendant la semaine, je fis une tournée hors de la réserve parmi les blancs, sur l'autre rive de l'Okanagan. J'avais un double but : d'abord visiter les nouveaux immigrants qui remplissent le pays petit à petit, ensuite faire signer une pétition au secrétaire de l'intérieur pour demander une exécution contre les misérables qui vendent de l'eau-de-vie aux Indiens. C'est une vraie peste que ces hommes sans foi ni loi qui achètent des chevaux, vaches, etc., pour quelques verres de boisson. Un sauvage ivre est un vrai démon; il frappe et brise tout, tue n'importe qui. Vous comprenez que les nouveaux arrivés n'ont aucun goût pour ce spectacle; aussi ma pétition fut-elle signée avec enthousiasme.

« Cependant, malgré l'époque des travaux des champs, les Indiens étaient arrivés en grand nombre; mais, à cause de la récolte, ils ne restèrent qu'une nuit à la mission. Donc, le 30 juillet, confessions, prières, catéchisme ; le soir, sermon et bénédiction. Le jour de la fête, confessions, grand'messe, sermon à midi encore, et bénédiction. Entre les offices, consultations, jugements, distribution de médecines, etc. A cinq heures du soir, tout le monde était parti.

« 5 août. — Nous arrivons assez tard au petit camp indien, premier but de mon voyage. La tribu qui le forme est très-peu nombreuse, et quelques-uns ne sont pas baptisés encore. J'ai été bien reçu par tous ; le chef, un vieux sorcier, m'a offert un morceau de saumon. Près de ma tente, dressée au milieu des broussailles, sur le bord du torrent, tous les baptisés sont venus à la prière.

« A la visite que j'ai faite ici au mois de mai dernier, il m'est arrivé une petite aventure. Le soir de mon arrivée, un jeune homme que j'avais baptisé peu de temps auparavant revint au camp ivre. Ce fut une grande honte pour tous ; les pauvres gens ne savaient que dire. Pour moi, je crus devoir leur donner à tous une leçon et je demandai les chevaux, déclarant que j'allais partir. Les chevaux arrivèrent ; mais le jeune homme n'était pas si ivre qu'il ne s'aperçût de ce qui se passait ; il vint me trouver et me supplier de ne pas partir. « Je partirai, répondis-je ; je n'ai pas l'habitude de coucher auprès d'un ivrogne. Si l'on ne sait pas respecter la robe noire, il n'y a plus de raison pour la robe noire de rester ici. » Voyant ma résolution, il s'empara de mon cheval et voulut m'empêcher de le seller. Alors je m'éloignai à pied et pris le chemin de la montagne. J'avais déjà fait près de deux milles, quand j'entendis derrière moi le galop de plusieurs chevaux; c'était mon ivrogne qui courait après moi, furieux de mon départ, et suivi de deux jeunes gens qui s'étaient joints à lui, craignant qu'il ne me fît du mal. Quand ils m'atteignirent, l'un d'eux lança son cheval entre l'ivrogne et moi; sans cette précaution, le pauvre garçon aurait bien pu s'oublier. Alors il descendit de cheval; un de ses compagnons sauta aussitôt à terre et le saisit à la taille pour l'empêcher de me toucher. Ainsi appréhendé au corps, il me fit un long discours; son jeune frère, qui était un des deux jeunes gens venus avec lui, me supplia aussi de revenir, et la parole de ce dernier me vainquit; c'était un de mes derniers baptisés. Je revins donc, à la condition que mon ivrogne ne dirait plus un mot jusqu'à demain. Il le promit et tint sa promesse. Le lendemain il fut un des premiers à venir se confesser et montra toute la matinée une honte salutaire. »

Je n'ai pas reculé devant ces longues citations. Je voudrais que le spectacle que nous avons vu, et que vous verrez vous-mêmes, valût à ces pauvres gens quelques bonnes prières. Ils sont si dignes de pitié, et et il y a tant de belles qualités dans ces âmes rachetées, comme les vôtres, du sang de Jésus-Christ! Saint François Xavier écrivait des Indes : « Recommandez-moi aux prières des enfants; j'y ai confiance. »

Vous prierez donc un peu pour ces sauvages, spécialement le 15 août, jour où, l'année dernière, le Père de Rougé écrivait : « Beaucoup d'Indiens sont absents pour la pêche du saumon. Nous n'en avons que peu pour l'Assomption. Mais c'est la fleur de nos chrétiens. J'étais heureux d'offrir ce bouquet à Marie. »

Ces sauvages nous ont menés bien loin, chers enfants ; je ne les quitterai cependant pas sans ajouter ici une petite citation. Elle est tirée d'un livre de M. le comte d'Haussonville, intitulé : *A travers les États-Unis*, paru en février 1882.

M. d'Haussonville faisait partie du groupe de Français invités aux fêtes données par le gouvernement américain pour célébrer le centenaire de la capitulation de York-Town, capitulation que vous rappelle une gravure placée à l'entrée du *glass-corridor*. Voici les lignes qui se rapportent à notre sujet :

A BORD DU *Canada*.

« Les premières heures de notre traversée sont employées par nous à entrer en relation les uns avec les autres. Nous sommes plus de trente Français nous rendant aux fêtes de York-Town, qui connaissons à peine nos figures et nos noms. Notre petite bande se compose, en effet, d'éléments assez différents : officiers de l'armée de terre et de l'armée de mer, arrière-petits-fils du général Lafayette, descendants des anciens officiers de l'armée de Rochambeau ; les uns, désignés par le gouvernement pour représenter leurs corps respectifs, les autres, au contraire, personnellement invités par le gouvernement des États-Unis en souvenir du passé. Le général Boulanger, dont le nom est bien connu de tous ceux qui ont été enfermés dans les murs de Paris pendant le siége ; l'amiral Halligon, commandant de la station des Antilles, que nous devions trouver à New-York ; le marquis et la marquise de Rochambeau...

« ...Parmi nos compagnons de bord se trouvait un tout jeune Jésuite, parent de l'un d'entre nous, et dont le nom, connu de tous, joint à l'illustration de la noblesse celle de la science. Il a renoncé à tout, famille, fortune, position sociale, pour entrer dans les Ordres, et il a été désigné pour aller prêcher l'Évangile aux Indiens des Montagnes Rocheuses. Il est parti joyeux. »

Je vous ai demandé vos prières pour les sauvages; je vous les demande aussi pour le Père de Rougé, afin que sa joie s'augmente, s'il est possible, dans la rude mission que Dieu lui a confiée.

Du centenaire de la République américaine au cinquantenaire de la reine d'Angleterre, vous trouverez la transition que je ne veux pas chercher. Ce cinquantenaire du règne de Victoria a quelque chose de particulièrement intéressant pour vous, puisque son gouvernement assure votre éducation par l'hospitalité qu'il nous donne; et je voudrais vous parler longuement de la Reine, ce sera pour une prochaine lettre.

Je ne terminerai cependant pas sans vous dire que j'ai vu la reine Victoria; je l'ai vue en vrai *cockney*. Voici comment :

Avant la visite à l'exhibition indienne, j'allai à Slough, où est notre noviciat. Slough est la station avant Windsor. En me rendant de Charing Cross à Paddington Station, pour prendre le train, je remarquai depuis Hyde-Park Corner que les rues étaient sablées, comme on faisait à Rome quand le Pape doit passer, et sur le bord des trottoirs, les policemen en haie à trois mètres de distance les uns des autres. A

Paddington je demandai si la Reine allait venir ; on me dit : « Oui, elle arrive. » J'eus le temps de mettre mon sac au cloak-room et d'aller me placer de manière à la voir. Mes voisins me dirent qu'il s'agissait de la pose de la première pierre de l'*Imperial Institute*, — ce qui ne correspond pas du tout à notre Institut de France. Il y avait déjà pas mal de monde, et il en arrivait de minute en minute. C'est une chose singulière que l'émotion que j'éprouvais et mon désir de voir cette reine, — nous en voyons si peu ! — J'étais cependant partagé entre la crainte de manquer le train et celle de manquer la Reine ; — au fond mon sacrifice était fait en faveur de la Reine. Enfin un policeman à cheval, — il y en avait beaucoup, — arrive de la gare au galop, fait un signe, toutes les voitures stoppent dans les parties de rues où le cortége ne doit pas passer, et tout aussitôt la foule descendant des deux trottoirs fait un quart de conversion qui ferme les rues et complète la haie. J'ai aimé à voir combien ces policemen sont à la fois bons pour la foule et obéis par elle, parce que, me dit mon voisin, ils sont sûrs de leur autorité. Ce mouvement s'est fait doucement, sans un cri ni une poussée trop forte. Les voitures, arrêtées à mesure qu'elles arrivaient, se massaient derrière la foule. Les omnibus se garnissaient de curieux, debout sur la plate-forme. Il y avait près de moi une marchande des quatre saisons qui prestement glissa ses paniers de légumes sous sa charrette plate. Sur celle-ci se juchèrent huit dames. Il n'y eut pas de temps perdu. J'en mets plus à vous dire ces préparatifs que les voitures royales n'en mirent à paraître. Pour être exact, paraissent d'abord trois horse-guards, le mousqueton au poing, suivis d'un peloton commandé par un capitaine, tous splendides, les cuirasses étincelantes à n'y pouvoir fixer les yeux. Après les horse-guards, un piqueur précède cinq calèches attelées de deux chevaux, qui traînent tout ce que vous pouvez imaginer de princesses et de princes en uniformes variés. Les voitures étaient les mêmes, je le sus par les journaux du lendemain, que celles qui avaient paru le jour du jubilé. Il est difficile, je crois, de voir de plus beaux chevaux, mieux harnachés, leurs crinières nattées avec des torsades de soie ponceau, de plus belles calèches découvertes, à quatre lanternes dorées, de plus beaux cochers, plus majestueux, plus chamarrés d'or, tous, bien entendu, en perruque blanche, recouverte d'un tricorne. Après ces cinq voitures vient une calèche à quatre chevaux, suivie d'une autre. Dans celle-ci, la Reine, ayant devant elle un prince en uniforme bleu, que j'ai su ensuite être le grand-duc de Hesse. La Reine a passé tout près de moi ; la foule poussait des hourras auxquels j'ai mêlé le mien de tout mon cœur en agitant mon chapeau.

Elle saluait d'un air heureux, comme une excellente dame qui dirait : « Je connais toutes ces démonstrations, vous m'en avez déjà donné beaucoup, mais cela fait toujours plaisir. » Cela m'en faisait aussi, à ce point que je m'en ouvris à l'employé du cloak-room ; me voyant revenir sitôt, il semblait étonné. « Je voulais seulement voir votre reine, lui dis-je. — Vous l'avez vue? — Oui. Comme elle a l'air bonne! — Oh!

elle l'est tellement ! » Et ses yeux se sont mouillés. Je me suis rappelé le premier officier prussien que j'ai vu au collége du Mans après la bataille. Il me racontait comment, blessé aux deux jambes à Mars-la-Tour, il avait été soigné dans une maison du village : « Je souffrais beaucoup, me disait-il, mais le lendemain j'appris que le Roi passerait, je me fis porter sur un matelas devant ma porte ; le Roi passa, il s'arrêta un moment, me dit quelques paroles, je ne l'oublierai jamais. La joie a avancé ma guérison, et j'ai pu me battre encore pour lui hier. Il nous aime tant ! »

La Reine aime beaucoup son peuple, et celui-ci le lui rend bien.

Mon ennui est de l'avoir vue sans vous et sans vos camarades de première division.

Je leur dépeignis le cortége comme je pus, et ils regrettaient bien aussi de n'en avoir que la description, car c'est une occasion qui ne se retrouvera pas.

Ce qu'ils ont retrouvé ici le lendemain avec joie, et ce qui vaut bien, à leurs yeux, Londres et ses splendeurs, c'est la beauté de notre paysage. A ce moment de l'année surtout, la vue que l'on a de la terrasse est vraiment ravissante.

Vous rappelez-vous que la veille de votre départ, en vous faisant mes adieux sur cette terrasse où nous venions de tirer la loterie pour les missions du Zambèze, je vous disais : « Vous allez chez vous à un moment où les enfants n'y sont jamais, vous verrez mûrir les cerises et faire les foins. » On les fait ici, et dans nos immenses prairies, le spectacle est fort joli. Il y a un peu trop de mécanique ; à vrai dire, on ne fane plus.

Savez-vous ce que c'est que faner ? Il faut que je vous l'explique : faner est la plus jolie chose du monde ; c'est retourner du foin en batifolant dans une prairie ; dès qu'on en sait tant, on sait faner. C'était ainsi au temps de madame de Sévigné ; ce qui fane aujourd'hui, c'est une manivelle tournante traînée par un cheval. Mais l'ensemble du coup d'œil est encore plaisant ; les chariots chargés, bourrés à couler bas, s'en vont en tremblant, à moitié noyés dans les hautes herbes que le vent fait onduler. On dirait des barques agitées par le roulis. Tout autour Anglais et Anglaises les escortent, le grand râteau de bois blanc sur l'épaule, calmes, silencieux. Et au-dessus des hommes et des choses, le soleil inondant ces grands espaces verts sans les brûler encore ; tout cela est vraiment joyeux,

Excepto quod non simul esses, cætera lætus.

Si vous étiez là, par parenthèse, je vous dirais de regarder ce petit carré dans la pelouse de la terrasse, où l'herbe n'a pas été fauchée, pourquoi ? Comment ! personne de vous ne s'est aperçu qu'à deux pas de l'étude de deuxième division, une perdrix avait fait son nid et couvait. Elle vient de partir avec quinze petits. Vous ne vous en êtes pas doutés. Cela fait bien votre éloge.

En revanche j'ai compté l'autre jour cent vingt-huit roses au berceau qui est près de la chapelle, sur le passage des élèves de deuxième et de troisième division ; or, jamais il n'y avait eu autant de roses ; les autres années, il y en avait même fort peu. J'en ai conclu... Ah ! combien je préférerais qu'il n'y eût plus une seule rose et que vous fussiez tous ici !

Le Père sous-ministre le préférerait bien aussi; il avait préparé tant de légumes! Choux, artichauts, romaines, chicorées, petits pois, petites carottes, foisonnaient, fructifiaient, venaient à point.

Et voilà que le pauvre Père ne sait plus qu'en faire. Les petites carottes, il y en avait dix-sept cents bottes de douze douzaines chacune! Il en sert souvent, très-souvent; mais on a beau s'y mettre, on n'arrive pas.

Vous partis, le bon Père a compté d'abord sur la vente, mais c'était compter sans la France, dont les carottes affluent avec les cerises et les fraises, de sorte que ses carottes lui restent et ses salades montent! C'est un désastre. Seuls les convalescents s'en réjouissent. Et voyez comme la faim rend méchant! Le second Frère infirmier a fini par prendre la scarlatine. « C'est bien, disent-ils; lui qui nous a tant mis à la diète, il y est! »

Vous voyez, mes enfants, que je bavarde; j'ai peine à me détacher de vous. Si l'on vous aime tant, plus encore que les autres années, c'est que celle-ci a été la meilleure de toutes. Le bon Dieu a voulu la couronner par le sacrifice, il faut l'en bénir. — Une bonne nouvelle : Nos examens commencent bien. Charles A..., Pierre de W..., Maurice C... et François F... sont reçus. Priez pour les autres.

N'oubliez pas le premier vendredi du mois d'août.

N'oubliez pas non plus que le 31 mai j'ai demandé au Sacré-Cœur que personne ne succombe à la contagion, et que les examens du baccalauréat n'en soient pas notablement compromis. J'ai fait un vœu que je Lui ai offert par l'intercession des martyrs anglais récemment béatifiés, Edmond Campion, S. J., Thomas Morus, Marguerite Salisbury.

Beaucoup de parents m'ont écrit pour m'exprimer leur sympathie; j'espère qu'ils voudront bien voir dans cette lettre l'expression de ma reconnaissance.

Mes enfants, vous me répondrez, vous, et je vous écrirai encore.

Je vous embrasse et vous bénis de tout mon cœur.

P. S. — Je ne résiste pas à vous transcrire la lettre des foins de madame de Sévigné :

A M. DE COULANGES.

« Aux Rochers, le 22 juillet 1671.

« Ce mot sur la semaine est par-dessus le marché de vous écrire seulement tous les quinze jours, et pour vous donner avis, mon cher cousin, que vous aurez bientôt l'honneur de voir Picard, et, comme il est frère du laquais de madame de Coulanges, je suis bien aise de vous rendre compte de mon procédé. Vous savez que madame la duchesse de Chaulnes est à Vitré; elle y attend le duc son mari, dans dix ou quinze jours, avec les États de Bretagne. Vous croyez que j'extravague; elle attend donc son mari avec tous les États, et en attendant elle est allée à Vitré toute seule, mourant d'ennui. Vous ne comprenez pas que cela puisse jamais revenir à Picard ; elle meurt donc d'ennui; je suis sa seule consolation, et vous croyez bien que je l'emporte d'une grande hauteur sur mademoiselle de Kerbone et de Kerqueoison. Voici un grand circuit, mais pourtant nous arrivons au but... Comme je suis donc sa seule consolation, après l'avoir été voir elle viendra ici, et je veux qu'elle trouve mon parterre net et mes allées nettes; ces grandes allées que vous aimez. Vous ne comprenez pas encore où cela peut aller; voici une autre proposition incidente : Vous savez qu'on fait les foins ; je n'avais pas d'ouvriers ; j'envoie dans cette prairie que les poëtes ont célébrée, prendre tous ceux qui travaillaient pour venir nettoyer ici : vous n'y voyez encore goutte ; et en leur place j'envoie tous mes gens faner. Savez-vous ce que c'est que faner ? Il faut que je vous l'explique : faner est la plus jolie chose du monde, c'est retourner du foin en batifolant dans une prairie ; dès qu'on en sait tant, on sait faner.

« Tous mes gens y allèrent gaiement; le seul, Picard me vint dire qu'il n'irait pas, qu'il n'était pas entré à mon service pour cela, que ce n'était pas son métier et qu'il aimait mieux s'en aller à Paris. Ma foi ! la colère m'a monté à la tête, je songeais que c'était la centième sottise qu'il m'avait faite, qu'il n'avait ni cœur ni affection ; en un mot, la mesure était comble. Je l'ai pris au mot, et quoi qu'on m'ait pu dire pour lui, je suis demeurée ferme comme un rocher, et il est parti. C'est une justice de traiter les gens selon leurs bons ou mauvais services. Si vous le revoyez, ne le recevez point, ne le protégez point, ne me blâmez point, et songez que c'est le garçon du monde qui aime le moins à faner, et qui est le plus indigne qu'on le traite bien.

« Voilà l'histoire en peu de mots ; pour moi, j'aime les relations où l'on ne dit que ce qui est nécessaire, et où l'on ne s'écarte ni à droite ni à gauche, où l'on ne reprend point les choses de si loin ; enfin je crois que c'est ici, sans vanité, le modèle des narrations agréables. »

Je vous ai parlé de la capitulation de York-Town et de la proclamation de l'indépendance des États-Unis. Pour mieux fixer dans votre souvenir ce point d'histoire, je transcris ici les légendes que j'ai fait mettre au bas des deux belles gravures qui se font pendant à l'entrée du *glass corridor*.

1° *Déclaration d'indépendance des États-Unis d'Amérique.*

2° *Mort de lord Chatham, le père de Pitt.*

Cette dernière gravure est la reproduction du beau tableau de Ward qui se trouve à National Gallery.

I. — DÉCLARATION D'INDÉPENDANCE DES ÉTATS-UNIS D'AMÉRIQUE.

Ce fut à la suite de la guerre de Sept ans et du traité de Paris (1763) que commença la lutte des colonies d'Amérique avec la métropole.

L'Angleterre, accablée sous le poids de la dette, voulut établir de nouveaux impôts. Le bill du timbre voté en 1765 par le Parlement, et portant que les colonies ne feraient usage que du papier timbré à Londres, excita des réclamations si vives qu'il fallut le retirer dès 1766. On y substitua l'acte du revenu, qui établissait des impôts nouveaux sur le thé, le papier, les verres, etc. La résistance des colonies ne fit que s'accroître : en refusant d'acheter les marchandises soumises à cette nouvelle taxe, on fit languir le commerce anglais. La ville de Boston, dans le Massachussetts, devint le foyer de l'opposition : on y jeta à la mer des cargaisons de thé venant des Indes ; on y vota une adresse à la métropole. Loin de faire droit aux réclamations, l'Angleterre fit fermer le port de Boston, et occuper la ville par des troupes royales. Les colons, en réponse à cette attaque, ouvrirent le congrès de Philadelphie. Les représentants des États qui s'y réunirent commencèrent par publier, le 4 septembre 1774, une Déclaration des droits. Bientôt après ils nommaient généralissime des milices nationales Georges Washington, né en 1732, officier dont le mérite s'était fait jour pendant les guerres récentes du Canada : les troupes américaines étaient réunies sous le drapeau aux treize étoiles, emblème des treize provinces unies. Washington commença par vaincre les troupes anglaises à Lexington, et délivra Boston.

Jusque-là, malgré ses vives réclamations et même ses revendications à main armée, l'Amérique avait reconnu l'autorité royale et la suprématie de l'Angleterre. En 1776, le congrès de Philadelphie, exaspéré par la résistance du ministère anglais, en vint à une rupture définitive. Il s'enquit du vœu des diverses provinces ; toutes, excepté la Pensylvanie, le Maryland et New-York, se déclarèrent en faveur de la séparation. Alors un comité, composé de Jefferson, John Adams, Franklin, Shermann et Livingston, fut chargé de rédiger une Déclaration d'indépendance. Ce travail, soumis à l'Assemblée, fut adopté à l'unanimité le 4 juillet 1776. La Déclaration porte que les colonies des États-Unis « sont et ont droit d'être des États libres et indépendants; qu'elles sont dégagées de toute obéissance envers la couronne de la Grande-Bretagne ». Bientôt le gouvernement national se constitua en république fédérative, sous le nom de confédération des États-Unis d'Amérique.

Les hostilités continuaient avec des alternatives de succès et de revers. Les Américains furent plusieurs fois vaincus par le général Howe; le congrès dut se retirer à Baltimore, et Washington blessé abandonna Philadelphie. En 1777, les insurgés furent plus heureux; le général Gate força l'Anglais Burgoyne à capituler près de Saratoga. Bientôt la plupart des États de l'Europe prirent parti pour l'Amérique. Franklin fut envoyé en France pour négocier une alliance. Cet homme célèbre était né en 1706 d'une famille obscure : d'abord ouvrier imprimeur, il avait su s'élever au-dessus de la foule par ses talents et son travail opiniâtre; il avait acquis de la réputation comme écrivain moraliste, et s'était illustré dans les sciences par la découverte du paratonnerre. Il fut reçu avec la plus vive sympathie, et conclut une alliance avec le roi Louis XVI; les idées révolutionnaires qui déjà gagnaient dans les esprits contribuaient puissamment à entraîner un grand nombre de jeunes Français au secours des insurgés d'Amérique; le général Lafayette, alors âgé de vingt ans, est un des plus célèbres. L'Espagne se joignit à la France en 1779, et les flottes réunies des deux royaumes effrayèrent parfois la marine anglaise. En 1781, les troupes de Washington et de Lafayette, secondées par le comte de Grasse, commandant de la flotte, enfermèrent lord Cornwallis à York-Town en Virginie et le forcèrent à capituler. C'en était fait de la domination anglaise dans ces contrées.

La guerre se termina par le traité de Versailles. La paix fut signée pour l'Amérique en 1782, pour la France en 1783. L'indépendance des États-Unis était reconnue.

II. — MORT DE LORD CHATHAM, LE PÈRE DE PITT.

Le plus illustre des deux est M. Pitt, second fils de William Pitt. Plus connu sous le nom de lord Chatham, celui-ci naquit en 1708 à Boconnoc en Cornouailles. La carrière militaire qu'il avait d'abord voulu suivre convenant mal à sa santé, il étudia les lois et travailla pour se former à l'éloquence. Appelé au Parlement de 1735, il se plaça dès ses débuts au premier rang des orateurs et des hommes politiques. Il combattit énergiquement le ministère de Robert Walpole, et contribua à le renverser. Après avoir passé par divers emplois publics, en 1757, il devint premier ministre. Il organisa les finances et assura le succès des armes anglaises en Europe et dans les colonies. L'abaissement de la France, qu'il poursuivait constamment en Allemagne, aux Indes et au Canada, lui paraissait le moyen d'assurer la grandeur de l'Angleterre. A l'avénement de George III, n'ayant pu faire adopter les mesures énergiques qu'il proposait contre l'Espagne, à l'occasion du Pacte de famille, il se retira du ministère et n'y reparut plus que peu de temps après, de 1766 à 1768, époque à laquelle il reçut le titre de comte de Chatham.

Les dernières années de sa vie, il continua de venir au Parlement, autant que le lui permirent ses infirmités. Dans la lutte de l'Angleterre et de l'Amérique du Nord, il adopta pour ligne de conduite de défendre tout à la fois les libertés des colonies et les droits de la métropole. En 1778, lorsque les ministres, se résignant aux conséquences désormais inévitables de leur mauvaise politique, proposèrent au Parlement de reconnaître l'indépendance de l'Amérique, le vieux lord Chatham, très-malade déjà, se rendit à la Chambre des pairs. Dans sa réponse à la proposition du ministère, il remercia le Ciel, qui lui permettait de venir, pour la dernière fois peut-être, élever la voix contre le démembrement de la monarchie, et soutint qu'il fallait frapper l'Amérique en combattant la France son alliée. Sur une interpellation du duc de Richmond, Chatham, qui voulait répondre, fit un violent effort pour se lever, puis il mit la main sur son cœur, et tomba évanoui dans les bras de ceux qui l'entouraient. Il ne survécut qu'un mois à cet accident, et mourut le 11 mai 1778, au château des Hayes, dans le comté de Kent. Ses restes furent solennellement déposés à Westminster.

William Pitt, fils de lord Chatham, né à Hayes en 1759, jouit d'une célébrité peut-être plus grande que celle de son père. Ses études, commencées à la maison paternelle, terminées à Cambridge, furent extrêmement brillantes. Il montra un goût particulier pour les mathématiques, étudia les auteurs anciens dans les moindres détails, ne négligea rien pour se former à l'éloquence. En 1781, il entra à la Chambre des communes, et dès son premier discours, Burke s'écria : « Ce n'est pas un rejeton du vieil arbre, c'est le vieil arbre lui-même (1). » Dès 1782, âgé de vingt-trois ans, il faisait partie, avec le titre de chancelier de l'Échiquier, du ministère de lord Shelburne; à la chute de ce ministère, il fit un voyage en France, où son esprit fut fort admiré. A la fin de 1783, William Pitt fut mis à la tête d'un nouveau ministère, et malgré l'opposition qu'il rencontra au début, il s'y maintint, et y resta dix-sept ans, pendant lesquels son histoire se confond avec celle de l'Angleterre.

De 1783 à 1792, il profita de la paix pour rétablir les finances, et faire dans l'administration des colonies d'importantes réformes. Il suivit avec froideur et réserve les débats de la Révolution française, résolu à ne déclarer la guerre que le plus tard possible. Les circonstances l'y contraignirent en février 1793, mais ses calculs ne purent empêcher le succès des armes françaises. En 1800, s'opéra l'union de l'Irlande. Pitt avait promis aux Irlandais l'émancipation des catholiques; ne pouvant l'obtenir, il offrit sa démission en 1801 et fut remplacé par Addington. Redevenu ministre en 1804, il comptait pour maintenir son autorité contre de vives oppositions, sur le succès de la coalition européenne. Mais les avantages de Napoléon à Ulm et à Austerlitz (octobre et décembre 1805) vinrent tromper ses espérances, et achevèrent de ruiner sa

---

(1) *It is not a chip of the block, it is the block itself.*

santé déjà bien affaiblie. Il était revenu à Putney, au commencement de janvier 1806, pour se préparer à la rentrée des Chambres. Les chefs de l'opposition, Fox, Grenville, Addington, se disposaient à l'attaquer, quand on apprit qu'il était mourant. Il expira en effet le 23 janvier 1806. Son corps fut enterré à Westminster, près de celui de son père, à peu de distance de la place que devait bientôt occuper Fox, son adversaire constant.

Pitt avait été orateur de premier ordre, et avait eu le talent de gouverner à son gré le Parlement anglais. Il montra encore des talents comme ministre et comme administrateur durant la paix; mais il fut moins heureux pendant la guerre, et ne parut pas toujours capable de lutter avec les circonstances où l'Angleterre se trouvait alors. Cependant ses fautes et l'insuccès de son gouvernement ne nuisirent guère à son influence et à sa popularité : sa probité, son patriotisme incontestable lui avaient concilié une estime sincère. Au milieu de ses funérailles à Westminster, le roi d'armes s'écria sur la tombe où Pitt descendait âgé de quarante-sept ans : « *Non sibi, sed patriæ vixit.* »

DEUXIÈME LETTRE

20 juillet 1887.

Mes chers enfants,

D'abord plusieurs choses que j'ai peur d'oublier.

La rentrée sera le 4 octobre au soir. — Le Palmarès va être prêt et vous arrivera bientôt. — F., L., de M., T., G. sont reçus au baccalauréat ès sciences; A., C., D., de G., H., du L., de R., de W., de la S., R., à celui de philosophie, ce dernier avec la mention *bien*. — La rhétorique n'a pas encore commencé. — Tous les anciens Cantorbériens qui se préparaient à Saint-Cyr, rue des Postes, onze, ont été déclarés admissibles. — Le photographe qui nous avait pris à bord m'a envoyé des épreuves. Elles ne sont vraiment pas mal. Il y en a de deux sortes; vous vous rappelez bien celle qui représente le groupe dont vous faites partie : chacune coûte uniformément deux francs. Veuillez me prévenir si vous désirez que je vous en expédie, et dites-moi combien. — Vous êtes généralement exacts à nous envoyer votre tâche hebdomadaire; il y a des exceptions, c'est pour confirmer la règle...

Vous l'êtes aussi à nous répondre, et vos bonnes petites lettres nous ont fait grand plaisir en nous montrant que la joie des vacances, qui ne sont pas encore, ne vous empêche pas de continuer le travail d'une année scolaire qui n'est plus. A ce sujet, mes enfants, laissez-moi vous faire une réflexion dont vos parents vous confirmeront l'exactitude. Dieu bénit le travail, cela va sans dire, et c'est sa meilleure récompense ; mais en se plaçant au point de vue purement naturel, il est juste de dire aussi que rien ne rend la vie heureuse comme de mêler à ses joies un travail réglé : si vous faites de l'imprévu le fond du tableau de toutes vos journées, aucune ne vous amènera jamais le bonheur.

Le travail ordonné et régulier n'est pas seulement une source de bonheur, il donne à l'esprit la force en lui facilitant l'attention, augmente en lui le calme et ce qu'on appelle la présence d'esprit.

Royer-Collard disait : « Notre siècle a perdu deux choses ; il a perdu dans l'ordre moral le respect, dans l'ordre intellectuel l'attention. » Depuis Royer-Collard, la perte s'est accentuée de jour en jour. Je ne veux parler ici que de l'attention. Passée à l'état d'habitude, elle constitue la présence d'esprit. Celle-ci est une des conditions essentielles du succès aux examens. Je ne puis vous dire ici le nom de ceux de vos camarades qui ont échoué ; ce que je peux vous dire, c'est que plusieurs doivent leur échec uniquement à leur étourderie. Voici ce que je lis dans les lettres des Pères qui les accompagnent à l'examen : « Si un tel a été refusé, on peut bien dire qu'il l'a voulu. Un peu de réflexion, la bonne pensée de se relire encore et encore. » — Un autre : « Il n'a même pas relu le texte et s'est trompé absolument de sujet : ceci est arrivé à plusieurs. » — Un autre : « Il a omis la deuxième partie par oubli, et c'était ce qu'il savait le mieux. » D'un autre enfin on écrit : « Il n'a pas eu le courage de rester quand il a vu que les autres avaient fini et s'en allaient. »

Pour suivre jusqu'au bout un règlement bien tracé il faut du courage ; n'en faut-il pas pour s'imposer un travail quelconque ? Les mots « goût du travail » sont rarement l'expression de la vérité ; on peut jouir du résultat de son travail, des découvertes auxquelles il conduit, de l'honneur ou du profit qu'il rapporte ; le travail pris en lui-même est une peine ; c'est la peine de la vie. — Dernièrement un de nos anciens élèves que son travail a mené aussi haut qu'il pouvait le souhaiter, m'écrivait : « Oui, je continue à travailler beaucoup, faute de croire qu'on puisse faire autre chose ; j'étais né l'être le plus paresseux et le plus frivole du monde ; si ç'avait été possible, je n'aurais rien fait que suivre mes goûts ; mais mes parents m'ont élevé de telle sorte que j'ai toujours vu dans l'amour du plaisir une honte. »

Après ce petit sermon auquel vous deviez bien vous attendre, mes enfants, et avant d'en venir à ce qui fera le fond de cette lettre, je veux vous dire que dans toutes celles que j'ai reçues j'ai trouvé des promesses de prières et de communions en actions de grâces pour la guérison de vos camarades. Dans une réponse de Gaston V. de V., qui passe le commencement de ses vacances à Londres, un détail complète bien ceux que je vous donne : « Je ne suis pas encore allé voir le Wild West Show, me dit-il, mais j'ai vu quelque chose de très-attendrissant dimanche au Pro-Cathedral : il y avait une douzaine de ces Indiens qui assistaient à la messe avec le plus grand recueillement. Je me suis dit : C'est sans doute l'œuvre d'un de nos Pères. Comme il serait content de les voir là... »

Je reviens à vous.

Mes chers enfants, en ouvrant cette lettre et en apercevant ce tableau, vous devinez déjà que c'est d'une petite leçon d'histoire qu'il s'agit aujourd'hui.

Pour le bien comprendre ayez devant les yeux ceci : Par l'*Act of settlement* de Guillaume III, il a été stipulé que la couronne d'Angleterre est au plus proche héritier mâle ou femelle, les fils passant cependant avant les filles. Le prince de Galles, s'il était né après toutes ses sœurs, monterait cependant sur le trône, et non pas l'une d'elles; mais la couronne reviendrait à celle-ci plutôt qu'à un frère de la Reine. C'est ainsi que Victoria fut reine en 1837, bien que son père laissât deux frères, dont l'un devint roi de Hanovre la même année, et l'autre resta duc de Cambridge. Celui-ci était le père du duc de Cambridge actuel, généralissime de l'armée anglaise, cousin germain de la Reine et né comme elle en 1819.

Une autre remarque qui ressort d'un coup d'œil jeté sur le tableau généalogique.

La famille royale d'Angleterre actuellement régnante est entièrement allemande, à ce point que, depuis 1714, époque où George Ier de Hanovre, son chef, est monté sur le trône, il n'y a pas eu un seul souverain d'An-

DYNASTIES ANGLAISES

TUDORS ET STUARTS

STUARTS.   HENRI VII (Tudor)   TUDORS.
né 1456, comte de Richemond, roi 1485, épouse Élisabeth d'York,
fille d'Édouard IV, mort 1509.

JACQUES IV ép. 1503 MARGUERITE, ép. 1514 2° *Arch. Douglas.*
r. d'Écosse   1489-1539.
1488-1513.

HENRI VIII
né 1491, r. 1509, ép. 1° Cath. d'Aragon, 2° Anne Boleyn,
3° Jeanne Seymour. Meurt 1547.

MARIE
1498-1533, épouse
1° Louis XII, r. de Fr.
2° Charles Brandon.

JACQUES V   MARGUERITE ép. 1543 Matth. STUART
1512, r. 1513-1542   1515-1578.   comte de Lenox
épouse Marie de   m. 1571.
Lorraine.

1°   2°   3°
MARIE Iʳᵉ   **ÉLISABETH**   **ÉDOUARD VI**
1515, r. 1553   1533, r. 1558   1537, roi 1547,
ép. 1554 Philippe II, m. 1603.   mort 1553.
morte sans p. 1558

FRANÇOISE BRANDON
m. 1563, épouse
Henri Grey.

MARIE STUART épouse 1565 2° H. DARNLEY STUART   Ch. STUART
née 1542, r. d'Écosse 1542,   r. d'Écosse 1565,   comte de Lenox
r. de France 1559-1560,   mort 1567.   1555-1576.
ép. 1° François II, m. 1587.

JANE GREY
née 1537
reine 1553
morte 1554.

ARABELLA
née 1575, préten-
dante 1603, ép.
Guill. Seymour,
m. 1615 sans p.

JACQUES Iᵉʳ (VI)
1566, roi d'Écosse 1567, d'Angleterre 1603,
roi de Grande-Bretagne 1604, mort 1625.

CHARLES Iᵉʳ   **RÉPUBLIQUE**   ÉLISABETH
1600, roi d'Angleterre 1625, d'Écosse 1633,   1649-1660   Cf. tableau suivant.
épouse Henriette de France, fille de Henri IV   (Olivier et Richard CROMWELL.)
mort 1649.

CHARLES II   MARIE épouse 1641 *Guillaume de Nassau*   **JACQUES II**   HENRIETTE D'ANGLETERRE
1630, roi 1660   1631-1660.   1626, prince d'Orange   né 1633, duc d'York, roi 1685, détrôné 1689 (Madame), née 1644, épouse
mort 1685   stathouder de Hollande   épouse 1° Anne Hyde, 2° Marie d'Este   Phil. d'Orl., fr. de Louis XIV
s. p. l.   1648-1650.   mort 1701.   m. 1701 sans enfants mâles.

                   GUILLAUME III   épouse 1677
                   né 1650, pr. d'Orange
                   et stathouder 1672
                   r. d'Angleterre 1689
                   mort 1702.

1°   1°
MARIE II   **ANNE**   JACQUES (III)   JACQUES
1662, r. 1689   1664, reine 1702   le Prétendant   Fitz-James
morte 1695.   morte 1714   1688, chevalier   mar. de Berwick
                 épouse George   de St-George   1670-1734.
                 de Danemark.   1766.

CHARLES-   HENRI STUART
ÉDOUARD, 1720   1725
Prétendant   cardinal-
comte d'Albany. évêque de
mort 1788.   Frascati
                 mort 1807.

DYNASTIES ANGLAISES

BRUNSWICK-HANOVRE ET SAXE-COBOURG-GOTHA

JACQUES I**er**
1566-1603-1682.

BRUNSWICK-HANOVRE.

CHARLES I**er**
Cf. tableau précédent.

ÉLISABETH ép. 1612 FRÉDÉRIC V
née 1596, morte 1662. électeur palatin
roi de Bohême.

CHARLES-LOUIS
né 1617, électeur palatin 1648
mort 1680.

ÉDOUARD
né 1624, épouse Anne de Gonzague,
mort 1663.

SOPHIE épouse 1658 ERNEST-AUGUSTE
n. 1630, hér. de la c**té** 1701   1629-1698
m. 1714 av. la r. Anne. duc de Brunsw.
et 1**er** élec. de Han.

CHARLOTTE
1652, épouse
Philippe d'Orléans
frère de Louis XIV.

CHARLES
électeur palat. 1680
mort sans postérité.
1685.

ANNE
1647-1723
épouse Henri-Jules
prince de Condé.

BÉNÉDICTE
1648-1730
épouse Jean-Frédéric de Brunswick,
duc de Hanovre.

LOUISE
1619-1679
ép. Charles-Théod.
prince de Salm.

GEORGE I**er**
né 1660, électeur de Hanovre 1698
roi d'Angleterre 1714, mort 1727
épouse Sophie-Dorothée de Brunswick-Zell.

PHILIPPE
duc d'Orléans
régent, né 1674, ép.
M**lle** de Blois, m. 1723

CHARLOTTE
ép. Renaud
d'Este, duc
de Modène.

WILHELMINE
épouse
Joseph I**er**
empereur
d'Allemagne.

SOPHIE-DOROTHÉE ép.
George I**er**
roi d'Angleterre.

ÉLÉONORE
ép. Conrad
duc d'Ursel.

X.
prince
de Salm.

GEORGE II
1683, roi d'Angl. et élect. de Hanovre 1727
épouse Caroline d'Anspach
mort 1760.

LOUIS
duc d'Orléans
1703-1752.

FRÉDÉRIC-LOUIS
1707, prince de Galles, 1751
épouse Augusta de Saxe-Gotha.

LOUIS-PHILIPPE
duc d'Orléans
1725-1785.

GEORGE III
né 1738, roi et électeur 1760
roi de Hanovre 1815, mort 1820
épouse Sophie-Charlotte
de Mecklembourg-Strélitz.

LOUIS-PHIL.-JOSEPH
duc d'Orléans
1747-1793.

GEORGE IV
né 1762, régent 1811
roi d'Angleterre et
Hanovre 1830
mort 1830.

FRÉDÉRIC
duc d'York
1763-1827
s. p.

GUILLAUME IV
roi d'Angleterre et Han.
1765, r. en 1830,
m. en 1837
eut deux filles mortes
en bas âge.

ÉDOUARD-AUGUSTE
1767, duc de Kent, 1820
ép. 1818 Marie-Vict.
de Saxe-Cobourg-
Saalfeld.

CHARLOTTE
1766-1828, épouse
Frédéric I**er**, roi de
Wurtemberg.

E. ISABETH
1788-1840,
landgrave de Hesse
Hambg.

ERN.-AUG. I
duc de Cumber-
land 1771, roi de
Hanovre 1837
mort 1851.

AUGUSTE
duc de
Sussex
1773-
1843.

ADOLPHE
duc de Cam-
bridge
1774-
1850.

LOUIS-PHILIPPE I
ép. Marie-Amélie de
Bourbon-Napl.
1773-1830-1848-1850.

ALBERT DE SAXE-COBOURG-GOTHA épouse 1840 VICTORIA
né 1819, prince consort, mort 1861.   née 1819, reine 1837.

GEORGES V
1819, r. de Han.
1851, dépossédé
1866, m. 1878.

GEORGE
duc de
Cambre
né 1819
généra-
lissime.

FERDINAND
1810-1842, ép. 1837
Hélène de Meckl.-
Schw.

VICTORIA
1840
ép. 1858
Frédéric,
act. emper.
d'Allemagne

ALBERT-ÉDOUARD
1841, prince de Galles,
épouse en 1863
Alexandr. de Danemark.

ALICE
1843
ép.
Louis,
g**d**-duc
de
Hesse
mort
1878.

ALFRED
duc d'Edimb.
1841, ép. Marie,
fille du czar
Alexandre II.

HÉLÈNE
1846
épouse
Chris-
tian de
Sleswig-
Holst.

LOUISE
1848
épouse
marquis
de
Lorne.

ARTHUR
duc de Connaught
1850, ép.
Louise, fille de
F.-Ch. de Prusse.

LÉOPOLD
duc d'Albany
1853-1884
ép. Hélène de
Waldeck.

BÉATRIX
1857
épouse
Henri
de
Batten-
berg.

ERN.-AUG. (II)
né 1843, prétendant au
Hanovre 1878, au Bruns-
wick 1884, épouse
Thyra de Danemark.

PHILIPPE
comte de
Paris.
1838.

ROBERT
duc de
Chartres.
1840.

ALBERT,
1864.

GEORGE,
1865.

Louise,
1867.

Victoria,
1868.

Maud,
1869.

Marie,
1875.
Victoria,
1876.

ALFRED,
1874.

Alexandra,
1878.
Beatrix,
1883.

Marguer.
1882.

ARTHUR,
1883.

Victoria,
1886.

ÉDOUARD,
1883.

Alice,
1884.

Marie-L**se** 1879.

GEORGE, 1880.
ALEXANDRA, 1882.
CHRISTIAN, 1885.
Olga, 1884.

gleterre ayant dans les veines une goutte de sang anglais. George, entre autres, ne savait pas la langue.

Comment cela se fait-il?

Question de religion par-dessus tout. N'était le protestantisme, les Stuarts, et les Stuarts catholiques, gouverneraient encore l'Angleterre; mais le même acte qui a réglé l'ordre de succession a disposé que le souverain des îles Britanniques doit toujours être protestant; épouser un catholique ou une catholique équivaudrait à une abdication.

Il y a à *National Gallery* un tableau de Ward que je vous engage à chercher et à voir, ce qui s'appelle voir, quand vous retournerez à Londres. Ce tableau est toute une histoire : je veux dire qu'il vous fixera dans l'esprit un point important de l'histoire moderne.

Un salon somptueux : à droite, plusieurs dames semblent uniquement occupées d'un baby; à gauche, quelqu'un qu'on devine être le chef de la maison, assis, laisse échapper de ses mains une lettre. Son visage est d'une affreuse pâleur; ses yeux fixes regardent à terre, et sa tête s'incline. Une dame, debout par derrière, la Reine, se penche vers lui avec des yeux qui interrogent, qui plaignent, et qui voudraient encourager. Enfin, comme au temps de Ward le goût anglais n'était pas aussi formé qu'il l'a été depuis, le tableau est partagé singulièrement en deux par un paravent; et, de l'autre côté de ce paravent, chose plus singulière encore, le messager penché écoute pour tâcher de surprendre l'impression causée par la lettre dont il était porteur.

3.

Celui à qui est adressé le message, c'est Jacques II, roi d'Angleterre ; et ce petit enfant, c'est le prince de Galles, dont la naissance vient d'enlever aux protestants l'espoir que le triomphe du papisme finirait avec le règne de Jacques II, espoir fondé sur ce que les deux filles que Jacques avait eues d'un premier mariage étaient d'ardentes protestantes. Ce fils qui vient de lui naître ne peut être que catholique, comme lui, converti récemment au catholicisme, comme sa femme Marie d'Este, celle dont le Père de la Colombière avait été l'aumônier quand elle n'était encore que duchesse d'York.

Cette lettre, c'est la nouvelle que Guillaume de Nassau, stathouder de Hollande, mari de l'aînée des filles de Jacques II, est débarqué à la tête d'une armée, et marche sur Londres pour détrôner son beau-père. C'est donc la révolution de 1688 et l'avénement de Guillaume III.

Je reviens à ce que je vous disais :

Guillaume et sa femme moururent sans postérité.

La reine Anne, l'autre fille de Jacques II, aussi ardente protestante que sa sœur, leur succéda. A sa mort, au lieu de revenir à cet enfant qui avait alors vingt ans, et qui aurait dû être Jacques III, la couronne d'Angleterre fut offerte à George, électeur de Hanovre. Entre lui, dit un historien (Philarète Chasles), et l'héritier légitime, il y avait cinquante-sept personnes dont les droits primaient les siens.

L'*Act of settlement* de Guillaume en avait ainsi décidé. Tout souverain anglais doit prêter lors de son avénement au trône le serment du Test, ou de l'Épreuve, suivant un bill passé à la Chambre des communes sous Charles II. Voici ce fameux serment du Test :

« Moi, N..., j'affirme et déclare sincèrement et solennellement en présence de Dieu que je crois qu'il n'y a dans le sacrement de la Cène de Notre-Seigneur aucune transsubstantiation des éléments du pain et du vin en corps et en sang du Christ, et que cette transsubstantiation n'est opérée ni pendant ni après la consécration.

« Je crois que l'invocation ou l'adoration de la Vierge Marie et des saints, ainsi que le sacrifice de la messe, tels qu'ils sont pratiqués dans l'Église de Rome, sont superstitieux et idolâtres. »

George Ier descendait, il est vrai, du fils de Marie Stuart, mais par deux générations de femmes ayant épousé des Allemands; tandis que Jacques III, qu'on n'appellera plus que le chevalier de Saint-George, en descendait directement par son père Jacques II et son grand-père Charles Ier, dont le père Jacques Ier (Jacques VI d'Écosse) était fils de la malheureuse reine et de Darnley.

C'est ainsi qu'une famille allemande monta sur le trône d'Angleterre.

Elle y est encore.

George Ier, le fondateur de la maison de Brunswick-Hanovre, Allemand, avait épousé une Allemande (arrière-petite-fille d'Élisabeth Stuart).

Son fils, George II, épousa Caroline d'Anspach.

Le fils de George II, qui mourut prince de Galles, épousa une princesse de Saxe-Gotha.

George III, petit-fils de George II, qui avait dit en ouvrant le Parlement le 18 novembre 1760 : « Je suis un Anglais, j'ai été élevé comme un Anglais et je suis fier d'être appelé Anglais », prit pour femme Charlotte de Mecklembourg-Strelitz.

Le duc de Kent, fils de George III, épousa Marie-Victoria de Saxe-Saalfeld ; de sorte qu'on peut dire en toute vérité que pour trouver à la reine Victoria sa fille, comme à aucun de ces prédécesseurs, une goutte de sang anglais, il faut remonter aux Stuarts. Et, comme Victoria a épousé elle-même Albert de Saxe-Cobourg-Gotha, leur fils le prince de Galles est aussi exclusivement Allemand que le sont tous ses ascendants jusqu'à l'arrière-petite-fille de Marie Stuart, mère de George Ier.

Vous comprendrez bien maintenant l'intérêt du tableau annexé à cette lettre.

Vous le comprendrez mieux encore si vous voulez bien remarquer ce que je vais ajouter.

George Ier eut pour mère la sœur de l'Électeur Palatin. Charlotte-Élisabeth, la fille de celui-ci, qu'on appelle la Palatine, épousa le frère de Louis XIV, Monsieur, duc d'Orléans, après la mort de Madame, Henriette-Anne d'Angleterre, qui ne lui avait donné que des filles.

Le comte de Paris descend donc de Marie Stuart plus directement que la reine Victoria. Ceci soit dit uniquement pour vous donner envie de lire le tableau.

J'ai été entraîné bien loin, mais n'est-il pas juste que vous connaissiez l'histoire du pays que vous habitez, et de la Reine qui vous y reçoit? N'avez-vous pas d'ailleurs cette histoire à apprendre pour votre baccalauréat ?

Au surplus, j'ai ces jours-ci un autre motif de vous parler de la Reine avec tant de soin.

Vous n'étiez pas ici quand, par ordre du Pape, tous les catholiques d'Angleterre ont offert à Dieu des prières pour la Reine. Vous lui devez les vôtres.

Lisez la lettre qui a été envoyée par Monseigneur à tout son clergé :

« Southwark, 3 juin 1887.

« Révérend et cher Monsieur,

« Son Éminence le cardinal Bartolini, préfet de la sacrée Congrégation des Rites, a autorisé les offices suivants pour le 21 juin, en action de grâces du jubilé de S. M. la Reine Victoria :

« 1° La messe solennelle de la Sainte Trinité.

« 2° Après la messe, l'Exposition du Très-Saint Sacrement avec le *Te Deum*, le *Tantum ergo* et la Bénédiction.

« Nous désirons que ces offices soient faits conformément aux intentions de Son Éminence, dans toutes les églises où ce sera possible. Dans les autres églises, on peut dire une messe de la Sainte Trinité, et, après, réciter le *Te Deum*.

« Sincèrement vôtre en J. C.,

« † Jean, évêque de Southwark. »

Est-ce donc que la reine Victoria a favorisé particulièrement les catholiques durant son règne de cinquante ans? S'il ne convient pas qu'un étranger apprécie la conduite du souverain qui le reçoit, je puis du moins emprunter les témoignages de ses sujets, et vous citer à l'appui quelques faits.

Voici comment s'exprime l'organe du catholicisme en Angleterre, *The Tablet* :

« Plusieurs actes du Parlement ont mis certaines catégories de catholiques dans une condition bien meilleure qu'avant l'avénement de la Reine. Parmi ces actes il faut citer l'établissement d'aumôniers dans l'armée et dans la marine, ainsi que pour les prisons ; l'abolition des serments, incompatibles avec les sentiments catholiques ; les facilités plus grandes laissées aux catholiques dans les *workhouses* pour la pratique de leur religion ; les subventions données aux maisons de correction et aux écoles industrielles ; enfin l'abrogation de plusieurs vieilles lois pénales. Je ne pense pas que, en l'an 1837, il y eût, dans la marine, un seul amiral qui fût catholique ; depuis cette époque, il y en a eu plusieurs dont le nom a grandement marqué. Il y avait dans l'armée quelques colonels catholiques, mais je ne me rappelle pas un seul général. Pendant le règne actuel, plusieurs se sont distingués comme généraux. Parmi les juges et les avocats, les catholiques brillent au premier rang. Il me semble qu'on aurait traité de fou, il y a environ dix ans, celui qui aurait dit que, après ce laps de temps, il espérait voir un catholique vice-roi de l'Inde, et deux membres du gouvernement également catholiques.

« Si Sa Sainteté le Pape Léon XIII a jugé à propos de députer un envoyé pour féliciter notre Reine le jour de son jubilé, c'est sans doute non-seulement parce que, comme femme et comme Reine, elle s'est montrée, pendant les cinquante années qui viennent de s'écouler, profondément digne d'estime, mais aussi parce qu'elle n'a jamais agi en ennemie de l'Église catholique. Il se peut qu'elle n'approuve pas toutes les pratiques de l'Église, mais elle n'a jamais été son ennemie. L'influence personnelle du souverain est très-grande. L'illustre homme d'État sir Robert Peel, dans une de ses lettres à Wilson Croker, insiste sur la grande influence des dispositions personnelles du souverain. Il dit qu'elles ont « un immense effet pratique », et que « la certitude que le Roi a une certaine opinion bien arrêtée, et ne changera pas sur ce point, empêche bien souvent l'opinion opposée de se manifester en sa présence. » Sir Robert Peel écrivait ceci le 5 juillet 1837, quinze jours juste après l'avénement de la Reine. Après quelques années d'expérience, il eût dit la même chose de la Reine aussi bien que de tout autre souverain. Si Sa Majesté avait mis en œuvre son influence pour arrêter les progrès de l'Église catholique en Angleterre, un monarque de sa pénétration, de sa prudence et de son caractère aurait pu faire un mal immense à la religion, mais elle ne l'a pas fait. Ne devons-nous pas espérer que Dieu l'a bénie à cause de cela, et qu'elle a mérité une bonne part de la récompense réservée à celui dont on peut dire : *Qui potuit transgredi, et non est transgressus, facere mala et non fecit.*

Le plus grand événement du règne de Victoria au point de vue catholique, c'est le rétablissement par

Pie IX de la hiérarchie. Cela ne se fit pas sans peine.

Je reprends l'article du *Tablet* :

« Quand la Reine monta sur le trône, au cas où elle se fût informée du régime de gouvernement de l'Église catholique en Angleterre, on lui aurait répondu que ses sujets catholiques étaient gouvernés par les successeurs des quatre vicaires apostoliques qui avaient été nommés pendant le règne d'un de ses ancêtres catholiques, Jacques II. En l'année 1840, les quatre anciens districts furent doublés, et nous fûmes gouvernés par huit vicaires apostoliques jusqu'à l'automne à jamais mémorable de 1850, où le Pape Pie IX, d'heureuse mémoire, usant d'un droit incontestable, et en vertu de la même autorité par laquelle son prédécesseur, saint Grégoire le Grand, avait envoyé le moine saint Augustin en Angleterre, en 596, pour fonder le siége de Canterbury, raya expressément les anciens siéges de la liste des églises de la chrétienté, et érigea en Angleterre une nouvelle hiérarchie. L'opinion publique anglaise fut vivement surexcitée par cet événement. Un cri sauvage de « No popery », « à bas le papisme ! » s'éleva dans tout le pays. Lord John Russel et le *Times* surtout prirent l'offensive et allumèrent les passions protestantes contre les catholiques à cette époque ; quand ils eurent épuisé contre eux toute leur haine, la persécution — car c'en était une — commença à se calmer à l'ouverture de la première grande exposition internationale en 1851. Le résultat législatif (on ne peut l'appeler un résultat pratique), le résultat législatif de cette levée de boucliers fut le vote à une grande majorité, aussi bien à la Chambre des lords qu'à la Chambre des communes, de la loi sur les titres ecclésiastiques, loi édictant des peines très-sévères contre les évêques, mais dont personne depuis lors ne s'est jamais occupé jusqu'à ce qu'en l'année 1871, M. Gladstone, qui s'y était fortement opposé en 1851, déposa un projet de loi pour l'abroger, lequel fut voté sans difficulté par les deux Chambres. Mais le décret de Pie IX a eu un très-grand résultat. Il a contribué immensément au développement de l'Église en Angleterre. »

Pour ne vous citer qu'un exemple, voici les dispositions réglant les devoirs des aumôniers catholiques dans les prisons qui leur sont confiées :

Règlement général.

Autant que faire se peut, l'aumônier doit voir et exhorter tout prisonnier de son culte, quand celui-ci entre à la prison et quand il la quitte. Il doit aussi visiter tout prisonnier de son culte qui peut avoir besoin de l'aide et des conseils d'un directeur spirituel.

L'aumônier visitera les prisonniers de son culte qui seraient malades, selon les besoins de chacun.

Les prisonniers de son culte qui seraient condamnés à mort, ou accusés d'un crime qui peut être puni de la peine capitale, doivent être les objets d'une attention toute particulière de la part de l'aumônier.

L'aumônier aura droit au catalogue des livres de lecture, et aucun livre auquel il trouverait à redire ne sera mis entre les mains d'un prisonnier de son culte.

On remettra aux prisonniers des livres comme il suit :

AUX PRISONNIERS QUI DOIVENT COMPARAITRE :

Le *Nouveau Testament*.
Le *Jardin de l'âme*.
Le *Catéchisme*.
Un livre de lecture.

AUX CONDAMNÉS :

Le *Nouveau Testament*.
Le *Catéchisme*.
L'*Instruction morale*.
Un livre de lecture, quand ils y ont droit, d'après le règlement.

L'aumônier aura soin de ne contrarier en rien, dans l'accomplissement de ses fonctions, le règlement et les ordonnances de la prison, ni l'ordre habituel de la discipline et du travail.

Il doit s'entendre avec le gouverneur sur tous les points qui ont rapport avec ses fonctions, et coopérer avec lui et les autres employés de la prison à maintenir le bon ordre dans l'établissement autant que le comportent les devoirs de sa charge.

DEVOIRS DE L'AUMONIER CATHOLIQUE ROMAIN :

Les dimanches, le jour de Noël et le vendredi saint, office à la chapelle à 9 heures du matin jusqu'à 9 heures 50.

Tous les vendredis, allocution à la chapelle, de 4 heures 15 à 4 heures 50 du soir.

Il sera suspendu dans la chambre de l'aumônier au *crescent,* bureau du gardien en chef, prison neuve, et dans le parloir des femmes, une liste de tous les prisonniers catholiques romains.

Le gardien, chargé de l'hôpital, avertira toujours l'aumônier catholique de la présence à l'hôpital de quelqu'un de ses coreligionnaires.

Dans aucun cas, il ne sera permis à l'aumônier catholique de s'entretenir avec des prisonniers qui ne seraient pas catholiques romains.

D'après un règlement des inspecteurs de prisons, il est défendu à tout aumônier, ou ministre d'un culte, ayant l'entrée de la prison, de communiquer avec les amis d'un prisonnier, quelle qu'en soit la nécessité, sans avoir préalablement obtenu le consentement du gouverneur.

L'aumônier ne doit visiter aucun prisonnier dans sa cellule plus tard que 4 heures 30 du soir, le samedi et le dimanche, ni après 7 heures 15 du soir, les autres jours, sans d'abord avertir le gardien chef du quartier où ledit prisonnier se trouve.

Tel est le règlement des aumôniers catholiques, donné aux prisons anglaises, sous le gouvernement de S. M. la reine Victoria.

Maintenant que vous connaissez, pour ainsi dire, le côté officiel de la Reine, je veux essayer de vous la faire connaître d'une façon plus intime.

La couronne ne lui fut pas destinée à sa naissance. Vous comprenez pourquoi, si vous avez lu attentivement le tableau généalogique.

Guillaume IV avait eu deux filles quand il n'était

encore que duc de Clarence, et Dieu pouvait lui envoyer d'autres enfants. Vu cette situation, on résolut sagement d'élever la princesse Victoria dans l'ignorance du brillant avenir qui l'attendait peut-être; ce ne fut qu'à l'âge de douze ans qu'il put lui être dit que personne ne se trouvait entre elle et la succession au trône.

Dans la *Vie de sir Walter Scott*, par Lockart (chapitre x, page 242), se trouve le passage suivant tiré du journal de sir Walter (19 mai 1828) :

« Dîné chez la duchesse de Kent.

« J'ai été reçu par le prince Léopold avec beaucoup de bonté, et présenté à la petite princesse Victoria, héritière de la couronne, selon toute espérance... On élève cette petite princesse avec infiniment de soin, et on la surveille si bien qu'aucune servante ne peut trouver le moyen de lui dire : « Vous êtes l'héritière du trône. »

« Je soupçonne que si nous pouvions pénétrer dans ce petit cœur, nous trouverions que quelque pigeon ou quelque autre petit oiseau lui en a néanmoins porté le message. »

Le soupçon était naturel, mais erroné, ainsi que le démontre l'extrait suivant d'une lettre de la baronne de Leczen, gouvernante de la princesse, adressée à la Reine le 2 décembre 1867 :

« Je demande à Votre Majesté la permission de citer quelques paroles remarquables qu'elle a prononcées à l'âge de douze ans, lorsque le bill de la régence était en discussion. Je dis à cette époque à la duchesse de Kent que maintenant il me semblait que Votre Majesté devait être instruite de son rang dans la succession. Son Altesse Royale fut d'accord avec moi, et je plaçai le tableau chronologique dans le livre que la princesse Victoria étudiait alors.

« Lorsque M. Davys (le professeur de la Reine) fut parti, la princesse Victoria ouvrit de nouveau le livre, et apercevant le papier récemment ajouté, elle dit : « Je n'ai jamais vu cela auparavant. » — « Il n'était pas nécessaire que vous le vissiez », lui répondis-je. « Je vois que je suis plus près du trône que je ne pensais », dit-elle. Je lui répondis : « Il en est ainsi. » — Au bout de quelques instants, la princesse reprit : « Bien des enfants en seraient fiers, mais ils ne se doutent pas des difficultés qu'offre cette situation. Il y a beaucoup de splendeur, mais encore plus de responsabilité. »

« La princesse, qui en parlant avait levé l'index de la main droite, me tendit alors cette petite main en disant :

« Je serai bonne! Je comprends maintenant pourquoi vous vouliez que j'apprisse tant de choses, même le latin. Mes tantes Augusta et Marie ne l'ont pas appris; mais vous me disiez que le latin était le fondement de la grammaire anglaise et de toutes les élégances de notre langue.... et je l'ai appris comme vous le désiriez.... Je comprends tout cela maintenant. » Et la princesse me donna de nouveau la main en répétant : « Je serai bonne. »

Voilà ce qu'on lit dans un livre intitulé : *le Prince Albert,* par sir Théodore Martin.

Un Anglais m'a raconté la chose autrement et m'a

dit qu'un jour la petite princesse refusa le donkey qui était sa monture habituelle, et, quand on voulut savoir pourquoi, elle répondit : « Parce que je serai Reine. Je veux un poney. »

L'éducation de la princesse Alexandrina, — c'était ainsi qu'on l'appelait alors, — fut sérieuse et bien conduite à tout point de vue.

Quand le docteur Davys devint le précepteur de la princesse, la duchesse de Kent exprima le désir que les autres études ne fissent pas sacrifier l'étude de la parole de Dieu, et qu'on lût tous les jours la Bible à sa fille. Il ne devait cependant guère y avoir de temps libre dans la journée de la princesse, au milieu des leçons de français, d'allemand, d'italien, des exercices de dessin, de peinture, de musique et de chant, sans compter les mathématiques et d'autres choses à étudier.

Mais le docteur Davys ne s'occupait pas seulement de cultiver l'intelligence, on sait qu'il apprenait à l'enfant à estimer hautement l'empire et la victoire sur soi-même, et que celle-ci honorait ces vertus dans les autres en même temps qu'elle s'efforçait de les acquérir. C'est ce que nous font connaître plusieurs incidents, en particulier la petite histoire suivante que j'extrais, comme ce qui suit, d'une des biographies de la Reine publiées à l'occasion du Jubilé : « La princesse Alexandrina aimait beaucoup aller faire des emplettes avec sa demi-sœur et sa gouvernante, et toutes trois parcouraient souvent les magasins du West-End. Un jour elles entrèrent chez un bijoutier pour faire un achat, mais le commis était occupé à montrer des chaînes d'or à une autre jeune personne. Elle fut quelque temps avant d'en choisir une. Lorsque enfin son choix fut fait et qu'on lui eut dit le prix, son visage exprima un vif désappointement : « C'est trop « cher, dit-elle, je ne puis pas y mettre autant que « cela », et elle choisit une autre chaîne moins coûteuse.

Aussitôt qu'elle eut quitté la boutique, la princesse demanda au marchand s'il connaissait son adresse. « Certainement, dit celui-ci, c'est une de nos pratiques. » — « Alors envoyez-lui la chaîne qu'elle désirait avoir, et j'en payerai le prix. Dites-lui que la princesse Alexandrina a voulu la lui donner à cause de l'empire sur elle-même dont elle a fait preuve en résistant à la tentation d'acheter ce qui était au-dessus de ses moyens. »

Cet empire sur soi-même prépare au courage.

En 1833, âgée par conséquent de quatorze ans, la princesse faisait une excursion sur le yacht *l'Émeraude*, au large de la côte sud de l'Angleterre. Elle était assise sur le pont. Une bourrasque survint tout à coup et souleva les flots. Tandis que la princesse considérait l'émouvant spectacle, un craquement se fit entendre au-dessus de sa tête, du côté du mât de hune ; Alexandrina ne bougea pas ; le pilote s'élança vers elle et la mit en sûreté ; l'instant d'après, le mât de hune vint s'abattre avec fracas à l'endroit même qu'elle venait de quitter.

Ce pilote fut choisi plus tard pour conduire la Reine et le prince de Galles dans un de leurs voyages.

Alexandrina vivait en général très-retirée avec sa mère, au palais de Kensington.

Cependant le roi Guillaume IV vieillissait. Il était

monté sur le trône en 1830 à soixante-cinq ans ; il mourut en 1837 à Windsor.

Bien que la mort du Roi fût attendue, pour ainsi dire, d'une heure à l'autre depuis plusieurs jours, les paisibles habitants de Kensington Palace continuaient à mener leur train de vie ordinaire. Le matin du 20 juin, ils furent réveillés par un grand tapage qui se faisait à la porte extérieure.

Le portier vint en toute hâte appeler quelqu'une des personnes de service, disant que l'archevêque de Canterbury et le secrétaire privé demandaient à voir la princesse.

« Mais elle dort, et il n'est encore que cinq heures du matin », répondit la femme de chambre, tout étonnée. — « N'importe l'heure. Il faut que je voie la princesse tout de suite », dit l'archevêque.

La Reine ne le fit pas attendre aussi longtemps qu'avaient fait ses domestiques. Vêtue d'un long peignoir blanc, un châle autour de ses épaules, ses cheveux blonds tout en désordre, ayant jeté son bonnet de nuit sans prendre le temps de les relever, les pieds dans des pantoufles, elle arriva dans le salon où l'archevêque l'attendait. Elle avait les larmes aux yeux, mais elle gardait un maintien calme et rempli de dignité.

Après que l'archevêque lui eut annoncé la mort du Roi et qu'elle était reine d'Angleterre, elle resta une minute silencieuse et toute saisie, puis elle dit : « Je vous demande de prier pour moi. »

« Pauvre petite Reine, écrivait alors Carlyle, elle est à un âge où l'on peut à peine s'en rapporter à une jeune fille pour le choix d'un chapeau neuf, et on lui confie une tâche qui aurait de quoi effrayer un archange. »

Ce jour-là même la Reine dut présider le conseil des ministres, et les Anglais aiment à raconter le sang-froid et le naturel dont elle fit preuve en cette circonstance.

On dit qu'elle conquit la sympathie de tous dès son premier mot par le ton de sa voix et par la manière dont elle prononça ces deux mots : *My lords and gentlemen.*

M. Greville, secrétaire du conseil privé, fort peu disposé d'ordinaire à s'enthousiasmer pour les personnes royales, rend compte dans ses mémoires de cette scène, en termes dignes d'être cités textuellement :

« Le Roi est mort à deux heures vingt minutes du matin, et à onze heures la jeune Reine a présidé le conseil privé au palais de Kensington. Il n'y a jamais eu rien de comparable à la première impression qu'elle produisit, ni au chœur général de louanges et d'admiration qui s'éleva sur ses manières et son maintien, et réellement avec toute justice. Cela a été extraordinaire, et au delà de tout ce qu'on pouvait attendre. Son extrême jeunesse et son inexpérience, jointes à l'ignorance où tout le monde était sur ce qui la concernait, avaient naturellement excité au plus ha' point la curiosité de savoir comment elle agirait ɗ cette circonstance difficile, et il y avait au palɐ monde considérable, malgré le peu de tem avait eu pour assembler le conseil. La prem à faire était de lui apprendre sa leçon, leçon que Melbourne avait dû d'abord apprendre lui-même... Elle salua les lords, prit sa place et lut son discours d'une voix claire, distincte et sonore, sans la moindre apparence de timidité ou d'embarras. Elle était simplement vêtue, en grand deuil. Après qu'elle eut lu son discours et signé le serment relatif à la sécurité de l'Église d'Écosse, les conseillers privés prêtèrent serment en commençant par les ducs royaux, et, tandis que ces deux vieillards, ses oncles, étaient agenouillés devant elle prononçant leur serment d'allégeance, et lui baisant la main, je la vis rougir jusqu'aux yeux comme si elle sentait le contraste qui existait entre leurs relations officielles et leurs relations naturelles. Ce fut le seul signe d'émotion qu'elle manifesta. Sa manière d'être vis-à-vis d'eux fut très-gracieuse et cordiale, elle les embrassa tous deux et se leva de son siége pour aller au-devant du duc de Sussex, qui était le plus éloigné d'elle. Elle parut un peu étourdie par le grand nombre d'hommes qui prêtaient serment et qui, l'un après l'autre, venaient lui baiser la main; mais elle ne parla à personne et ne laissa apercevoir aucune différence dans son maintien ni dans sa physionomie, quels que fussent le rang, la position ou le parti de l'individu qui se présentait. Je l'ai souvent observée lorsque Melbourne et les ministres s'approchèrent, ensuite le duc de Wellington et Peel. Pendant la cérémonie, elle conserva la même attitude, 'ant de temps en temps Melbourne lorsqu'elle 'arrassée pour savoir ce qu'elle avait à faire reste arrivait fort rarement), mais avec un calme et un empire sur elle-même, ainsi qu'une modestie gracieuse et une convenance singulièrement attachantes et intéressantes à observer. »

La princesse Alexandrina prit comme reine le nom de Victoria.

Quelques jours après on la proclama Reine en public.

Le jour où se fit cette proclamation solennelle à Buckingham Palace, à la vue des grands, du peuple et de l'armée, au bruit du canon, des fanfares et des hourras, la jeune fille se retrouva dans la Reine, et, se retournant vers sa mère, elle tomba dans ses bras en pleurant.

Une dame dont j'ai oublié le nom, poëte célèbre en Angleterre, lui adressa une pièce de vers intitulée : *Thou wilt not weep !* qui se terminait ainsi :

> O Reine, vous avez pleuré ! Que Dieu les voie,
> Qu'il daigne les bénir, ces larmes de vos yeux !
> Qu'il comble votre cœur si tendre de sa joie,
>   Et de l'amour qui naît aux cieux.
> Un jour, quand, au niveau des tombes effacées,
> Les trônes de ce monde ébranlé crouleront,
> Le Christ, de ses deux mains que les clous ont percées,
>   Ceindra lui-même votre front ;
> Et, quand près de ce roi que le ciel environne,
> Aux applaudissements de la cour des élus,
> Vous sentirez le poids de cette autre couronne,
>   Reine, vous ne pleurerez plus !

Devenue souveraine du royaume, la jeune Reine commença aussitôt à agir en maîtresse dans sa maison, et elle montra tout de suite qu'elle ne tolérerait pas l'inexactitude.

Une de ses dames d'honneur, le jour où elle entrait en fonction, se trouva en retard de quelques minutes.

Même retard le lendemain. Le troisième jour, la jeune Reine l'attendit debout la montre à la main. Jugez de la confusion de la pauvre dame. Mais la Reine la consola aussitôt par quelques bonnes paroles, bien assurée de n'avoir plus à lui faire une autre fois le même reproche.

On aurait pu croire qu'une jeune fille de dix-huit ans serait disposée à faire absolument ce que lui diraient son conseil et son premier ministre. Lord Melbourne découvrit bientôt « que Victoria avait ses idées ». Lorsqu'on lui apportait un document à signer, non-seulement elle tenait à le lire d'un bout à l'autre, mais elle demandait compte des détails et refusait d'apposer sa signature avant de s'être donné le temps de réfléchir. « C'est pour moi un point d'une importance capitale de ne pas attacher ma signature à un document dont je ne serais pas pleinement satisfaite », disait-elle un jour à son ministre qui la pressait de signer tout de suite. Une autre fois qu'il lui soumettait un acte en le présentant comme très-avantageux, elle l'interrompit par ces mots : « On m'a appris, milord, à examiner si quelque chose est bien ou mal, mais avantageux est un mot que je ne veux ni écouter ni comprendre. » On ne s'étonnera pas après cela que lord Melbourne s'écriât qu'il aimerait mieux avoir dix rois à conduire qu'une reine, car on était alors peu accoutumé en politique à une honnêteté aussi intraitable.

Alexandrina avait promis à sa gouvernante d'être bonne, Victoria tint sa promesse.

Le *Times* disait le jour du jubilé : « D'autres souverains d'Angleterre ont régné plus d'un demi-siècle : Henri III, Édouard III, George III, mais aucun n'aura vu tout son royaume acclamer la cinquantième année de son règne avec un tel enthousiasme, et pour aucun l'enthousiasme n'aura été aussi bien justifié. »

Un jour un monsieur légua à la Reine par testament son immense fortune, et la Reine marquait dans son journal : « Je voudrais savoir pourquoi ce vieux gentleman m'a donné son bien, je suppose que c'est parce qu'il a pensé qu'il ne serait pas gaspillé, et il ne le sera pas en effet. »

Tout le monde savait pourquoi, excepté elle ; c'était certainement parce qu'il l'aimait, comme tout le monde en Angleterre aime la reine Victoria à cause de sa bonté.

Elle dut cependant conquérir l'amour de ses sujets, car les souverains ne le trouvent pas sur le trône.

Quand elle alla au Parlement la première fois, le 23 décembre 1837, celui qui faisait la chronique du journal à cette époque dit : « La Reine est allée au Parlement hier sans produire aucune sensation. Il y avait la foule ordinaire pour admirer la beauté des voitures, des chevaux, des gardes, mais pas un chapeau levé, pas un cri ; le peuple anglais semble avoir renoncé au hourra. *The people of England seem inclined to hurrah no more.* »

Les hourras recommencèrent à se faire entendre à propos du mariage de la Reine. Sa main était désirée par bien des cours, et un auteur dit qu'un des candidats les plus en vue était le duc de Nemours ; mais jamais le parlement anglais n'eût accepté un prince

4.

français, et la loi n'admet pas un prince catholique. La Reine d'ailleurs avait fait son choix, elle l'annonça ainsi, dit lord Malmesbury dans ses mémoires, le 24 novembre 1839 :

« Je vous ai réunis aujourd'hui pour vous informer de la résolution que j'ai prise au sujet d'une affaire qui intéresse profondément le bien de mon peuple et le bonheur de ma vie. Mon intention est de m'unir par le mariage au prince Albert de Saxe-Cobourg-Gotha. J'ai jugé avoir à vous faire connaître dès à présent cette résolution si importante pour moi et pour mon royaume, et je suis persuadée qu'elle sera bien accueillie de mes chers et fidèles sujets. » « Cette communication a été reçue avec un grand enthousiasme », ajoute lord Malmesbury. Cet enthousiasme partagé par la foule éclata sur tout le parcours que le cortége suivit, le jour du mariage, du palais de Buckingham jusqu'à Westminster.

La Reine dut penser ces jours-ci qu'elle entendait les mêmes hourras. Pauvre Reine, elle les entendait sans celui qui doublait alors son bonheur en le partageant, et qui, par sa mort, a-t-elle dit, « lui a causé la seule peine qu'il lui ait faite en sa vie ».

Peu de temps après son mariage Victoria écrivait à son oncle Léopold 1er, roi des Belges : « Tous nous devons avoir des épreuves et des contrariétés ; mais si l'intérieur de famille est heureux, alors le reste n'est comparativement rien. Je vous assure, mon cher oncle, que personne ne sent cela plus que moi. J'ai passé, cet automne, par une épreuve des plus pénibles, lorsque j'ai dû me séparer de mon gouvernement, et en particulier de notre cher et précieux ami lord Melbourne, et j'en ressens encore aujourd'hui toute l'amertume ; mais mon bonheur domestique, l'affection de mon mari, sa bonté, ses conseils, ses encouragements et sa société me consolent de tout cela et m'aident à l'oublier..... »

Il était en effet impossible de voir un intérieur privé plus complétement heureux que cet intérieur royal.

Mais ce bonheur ne leur eût pas paru complet si les augustes époux ne l'eussent fait rejaillir autour d'eux, et il est difficile de dire lequel des deux contribua plus efficacement que l'autre à faire aimer la couronne par le peuple anglais.

Le prince consort comprit admirablement sa position. Il refusa tout ce qu'on lui offrait, quand cela ne lui semblait pas officiellement acceptable, et sut prendre en mainte circonstance une initiative qui lui donna une très-réelle et une excellente influence.

Le 6 avril 1850, il répondait au duc de Wellington qui lui demandait de prendre le commandement de l'armée : « Ma situation exige que l'existence individuelle du mari s'absorbe entièrement dans celle de sa femme, qu'il n'aspire à aucun pouvoir par lui-même, ni pour lui-même, qu'il s'interdise toute ostentation, qu'il n'assume devant le public aucune responsabilité séparée, mais qu'il fasse de sa position une partie de celle de la Reine, qu'il remplisse toutes les lacunes que, comme femme, elle pourrait naturellement laisser dans l'exercice de ses fonctions royales, qu'il veille constamment et attentivement sur toutes les branches des affaires publiques afin d'être en mesure de la conseiller et de l'assister à chaque moment, dans les devoirs difficiles et multiples qui lui incombent, dans toutes les questions, tantôt internationales, tantôt politiques, sociales ou personnelles qu'elle peut avoir à résoudre. Il est le chef naturel de sa famille, le surintendant de sa maison, l'administrateur de ses affaires privées, son seul *conseiller confidentiel* dans les affaires politiques, son seul auxiliaire dans ses communications avec les membres du gouvernement. Il est l'époux de la Reine, le tuteur des enfants royaux, le secrétaire particulier de la souveraine, et son ministre permanent. »

M. le comte de Franqueville qui cite cette lettre au tome I, page 328, de son bel ouvrage *le Gouvernement et le Parlement britannique,* ajoute :

« Tout cela est parfaitement exact : un seul mot est de trop, celui de ministre : quant à la théorie de lord Aberdeen, qui avait été également celle de sir Robert Peel et de lord Melbourne, elle fut généralement acceptée par tous les premiers ministres et par le Parlement. »

« La Reine et le prince époux, écrivait M. Gladstone, sont l'un pour l'autre ce que l'adjectif est au substantif; ils ne font qu'un vis-à-vis du cabinet. »

Lord Melbourne écrivait, le 30 août 1840, à la Reine : « Votre Majesté n'a rien de mieux à faire que d'avoir recours aux avis d'un tel conseiller, lorsqu'elle sera embarrassée, et de s'en rapporter à lui en toute confiance. »

Lord Aberdeen, au début de la session de 1854, disait : « Le mari de la Reine n'est pas aussi dépouillé d'attributions constitutionnelles qu'on se l'imagine. Il est membre du conseil privé; donc il peut avoir une opinion sur les questions de l'ordre le plus élevé, et faire connaître cette opinion. Loin que sa situation privilégiée auprès de la Reine lui interdise les suggestions et les conseils, dans les entretiens intimes, il a le droit, comme compagnon de sa vie, comme père des futurs rois d'Angleterre, de lui donner tous les avis que peut lui inspirer sa tendresse pour elle, sa sollicitude pour l'avenir des enfants qui régneront après elle sur la Grande-Bretagne. Son influence est donc réelle, sérieuse, et peut s'exercer très-légitimement dans toutes les circonstances où le prince juge à propos d'intervenir. Les ministres ne sauraient trouver cela mauvais, ni chercher à y mettre obstacle; leur seul droit, lorsque leur opinion n'est pas conforme à celle de la Reine, dominée ou non par cette influence, c'est de se retirer du pouvoir. »

Le prince Albert n'était pas ministre, comme le dit très-judicieusement le comte de Franqueville, mais il fit des choses qu'aucun ministre n'aurait pu faire.

Ce fut lui qui organisa la fameuse exposition universelle du Palais de Cristal, au milieu de quelle opposition, il serait bien difficile de l'imaginer aujourd'hui si l'on n'avait pas les témoignages contemporains.

« Je suis plus mort que vif à force de travail, écrit-il le 15 avril à la duchesse douairière de Cobourg. Les adversaires de l'exposition font, pour jeter l'inquiétude dans les esprits timides, des efforts à me rendre fou. Ils disent que les étrangers ne manqueront pas d'exciter ici des soulèvements, qu'ils nous assassineront, Victoria et moi, et proclameront la république rouge en

Angleterre; que la peste éclatera nécessairement au milieu de ces vastes multitudes et emportera tous ceux que l'augmentation du prix des denrées n'aura pas déjà fait déserter. C'est moi qui dois être responsable de tout cela, et il me faut prendre des précautions en conséquence. »

Je ne veux insister sur ce fait que pour avoir occasion de vous citer les premières paroles que prononça le prince en réponse au toast du dîner annuel de l'Académie royale. Elles renferment un enseignement utile. Voici comment il commença : — « Messieurs, la production de toute œuvre d'art ou de poésie demande dans sa conception et dans son exécution, non-seulement l'exercice de l'intelligence, de l'adresse, de la patience et de l'imagination, mais surtout d'une certaine flamme de sentiment. C'est pourquoi ce sont des plantes délicates, ne pouvant fleurir que dans une atmosphère capable d'entretenir cette flamme. Or cette atmosphère, messieurs, c'est la bienveillance, la bienveillance envers l'artiste personnellement et envers son œuvre. Un mot de critique malveillante passe comme un souffle glacé qui les dessèche et empêche la séve montante de produire peut-être une multitude de fleurs et de fruits. D'un autre côté, cependant, la critique est nécessaire au développement de l'art, et la louange inintelligente d'une œuvre médiocre devient une insulte pour le génie supérieur. »

Le prince consort pouvait parler ainsi après ce qu'il avait souffert et ce qu'il avait fait.

Non-seulement il patronnait l'art et l'industrie en général, mais il s'occupait des artistes en particulier, leur prodiguait les encouragements les plus délicats, éveillait leur talent, soutenait leur goût, assurait au besoin leur existence.

Plus qu'en aucune autre famille d'Angleterre, la musique était en honneur dans la famille royale ; la Reine et le prince jouaient tous les deux remarquablement de l'orgue et du piano. Mendelssohn, dans une lettre écrite à sa mère en 1842, rend compte en ces termes d'une visite qu'il venait de faire à Buckingham Palace : « Le prince Albert m'avait prié de venir chez lui samedi à deux heures, pour essayer un nouvel orgue avant mon départ d'Angleterre. Je le trouvai seul ; et, tandis que nous causions, la Reine entra, seule aussi, et en toilette de matin. Elle dit qu'elle était obligée de partir pour Claremont dans une heure, et puis, s'interrompant tout à coup, elle s'écria « Mais, bonté divine ! quel désordre ! » Le vent avait jonché toute la chambre et jusqu'aux pédales de l'orgue de feuilles de musique échappées d'un grand portefeuille ouvert. Tout en disant cela, elle se mit à genoux par terre et commença à ramasser la musique ; le prince Albert l'aida, et je ne restai pas les bras croisés. Puis le prince Albert se mit à m'expliquer les registres ; la Reine dit que pendant ce temps-là elle remettrait tout en ordre. Je demandai au prince qu'il voulût bien me jouer quelque chose..... et il joua un choral par cœur, avec tant de délicatesse, de netteté et de correction que cela eût fait honneur à un musicien de profession. La Reine, ayant fini son ouvrage, vint s'asseoir auprès de lui, l'écoutant d'un air de contentement. Puis ce fut mon tour, et je commençai mon chœur de Saint-Paul : « Qu'ils sont beaux, les messagers ! » Avant que je fusse arrivé à la fin du premier vers, tous deux joignirent leur voix au chœur, et pendant tout le temps le prince Albert me tirait les registres dans la perfection. »

Mendelssohn raconte ensuite comment la Reine lui chanta un chant composé par lui, comment ensuite il s'assit et se livra à une improvisation, pour satisfaire ses auditeurs au goût si délicat.

On ne faisait pas grand cas de la musique en Angleterre à l'époque de l'avénement de la Reine; mais voyant quelle joie ils en retiraient dans leur cercle de famille, elle et le prince conçurent le désir de voir d'autres foyers participer aux avantages que la culture de la musique peut apporter.

La musique constituait aux yeux du prince un instrument d'éducation si important, qu'il exprimait souvent le désir de voir l'instruction musicale devenir universelle dans les écoles, et il ne laissait passer aucune occasion de faire connaître ses vues sur ce sujet, tandis qu'il s'efforçait en même temps d'élever le niveau du goût en acceptant le patronage, et même en prenant la direction des concerts périodiques où l'on n'exécutait que les œuvres des grands maîtres.

Dans un autre ordre d'idées, le prince consort contribua au bien de son pays d'adoption en y développant un usage bien plus répandu alors en Allemagne qu'en Angleterre, celui de l'arbre de Noël, occasion d'une fête de famille qui, sous des dehors enfantins, cache des enseignements pieux et charitables.

La Reine, de son côté, répandait ses largesses parmi

les pauvres, envoyait des fleurs à tous ceux de Londres à un certain jour de l'année, et les visitait elle-même. Elle le fait encore. — Un jour, dans l'île de Wight, elle était auprès du lit d'une moribonde qu'elle s'efforçait de consoler; la porte de la petite chambre s'ouvre et se referme aussitôt. La Reine insiste pour qu'on entre, et, se levant : « Oh ! je ne voudrais pas que ma présence vous privât, mon enfant, des secours du ministre de Dieu », dit-elle, et celui-ci, après son départ, trouva sur le lit un livre de piété où la Reine avait marqué par des signets les endroits les plus consolants à lire.

Encore un trait de bonté de cœur de la Reine, et j'aurai fini.

Une orpheline, fille d'un clergyman écossais, était devenue gouvernante des jeunes princes. Sa mère tomba dangereusement malade alors qu'elle n'avait commencé ses fonctions à Windsor que depuis quelques mois.

Persuadée que sa vraie place était au chevet de sa mère, la jeune fille voulut renoncer à sa situation. Mais la Reine ne voulut pas un seul instant prêter l'oreille à sa proposition. Elle invita tendrement la jeune fille à aller chez elle, à rester auprès de la malade aussi longtemps que cela serait nécessaire, et puis à revenir. « Pendant ce temps-là, ajouta la Reine, le prince et moi nous ferons réciter aux enfants leurs leçons ; ainsi vous pouvez être tranquille. »

Plusieurs semaines s'écoulèrent pendant lesquelles la gouvernante veilla assidûment auprès du lit de sa mère mourante ; finalement elle la conduisait à sa dernière demeure. Elle revint ensuite continuer les fonctions au palais. La Reine prit grande part au chagrin de la jeune fille, et s'efforça de l'adoucir par des témoignages d'une tendre et délicate bonté. Tous les jours, Sa Majesté venait à la salle d'étude; suivant l'exemple de leur mère, les petits élèves se montraient extrêmement affectueux. Une année se passa, et la pauvre gouvernante vit venir le premier anniversaire. Au milieu de tout ce monde elle avait peine à dominer une impression d'isolement et d'abandon. Les occupations de la journée commencèrent le matin par la lecture accoutumée d'un passage de l'Écriture dans la salle d'étude. A mesure qu'elle lisait, quelques paroles de la divine tendresse saisirent la pauvre fille, et lui percèrent le cœur si profondément qu'en un instant toute force lui manqua, et, laissant tomber sa tête sur le pupitre qui se trouvait devant elle, elle fondit en larmes en s'écriant : « Oh ! ma mère ! ma mère ! » — Les enfants quittèrent doucement la chambre et dirent à leur mère ce qui venait d'arriver. Sa Majesté se rendit aussitôt à la salle d'étude. « Ma pauvre enfant, dit-elle, je suis désolée que les enfants vous aient dérangée ce matin, je voulais donner des ordres pour que vous eussiez cette journée tout entière à vous. Considérez ce jour comme un jour de repos triste et saint tout à la fois..... Je ferai réciter aux enfants leurs leçons. » Et elle ajouta : « Pour vous montrer que je n'ai pas oublié ce douloureux anniversaire, je vous ai apporté ce souvenir. » En même temps la Reine attacha au bras de la gouvernante un magnifique bracelet de deuil avec un médaillon pour les cheveux de sa mère, portant la date de sa mort.

Ce n'est pas une lettre que je vous écris, mes enfants, c'est un cahier; je voulais vous faire bien connaître le caractère de la Reine. Je ne sais si j'y ai réussi.

Mon intention n'est pas de vous raconter l'histoire de son règne, mais je veux cependant vous dire trois visites qu'elle a faites à notre pays. Ce sera pour la prochaine fois.

Priez pour elle, c'est par là que j'ai commencé cette lettre et par là que je la finirai. Offrez pour elle quelques sacrifices pendant les vacances. Vous me causeriez une grande joie, si vous me rapportiez une gerbe de sacrifices que nous offrirons à la Très-Sainte Vierge, le premier dimanche où aura lieu l'exercice de l'archiconfrérie, pour la Reine, et vous ne feriez après tout que vous acquitter d'un devoir de reconnaissance. Un de vos grands camarades qui ne reviendra plus, m'écrit aujourd'hui : « Les petits sacrifices d'archiconfrérie que vous nous recommandiez tant ont été pour moi la source d'une foule de grâces. Je regrette, maintenant que je ne suis plus à Sainte-Marie, de ne m'être pas plus souvent servi de ce moyen pour devenir meilleur. »

Deux choses à glaner dans le courrier d'aujourd'hui: L'examinateur de philosophie interrogeant L. R. lui a demandé où il avait fait ses études. R. a répondu : « Chez les Jésuites. — A Paris, rue de Madrid ? — Non, monsieur, à Cantorbery en Angleterre. — Ah! très-bien, monsieur, j'ai déjà eu le plaisir de faire passer l'examen à l'un de vos camarades il y a quelques jours, et il a passé comme vous très-brillamment. Je vous félicite. » On lui a même dit qu'il serait probablement un jour professeur de philosophie. Cet autre dont parlait l'examinateur était C. A., qui avait si bien fait sa dissertation qu'on l'a cru copiée. Je ne puis m'expliquer qu'ainsi qu'il n'ait pas eu de mention. H. et de la S. ont eu la mention : *Assez bien.*

La seconde et dernière chose à glaner, c'est une remarque de l'un d'entre vous, laquelle me prouve que je me suis mal expliqué quand je vous ai parlé de petites carottes. Il me demande pourquoi le Père ministre a acheté 1,700 bottes de petites carottes. Si on peut dire des choses pareilles! Mais ce sont des carottes du cru. Et rien ne vaut nos petites carottes si ce n'est nos petites pommes de terre. Celles qu'on nomme ici *Early rose* sont parfaites, un peu plus grosses que des billes, et il y en a!!! J'en comptais hier trente-deux sur le même pied. Allez donc demander aux jardiniers de vos parents s'ils en ont déterré souvent autant d'un coup de bêche, vous me le direz, car c'est possible après tout, et j'aimerais à le savoir pour comparer. Je ne parle pas, bien entendu, des pommes de terre *magnum bonum,* — le champ qu'on a défriché l'an dernier, le long de la prairie des daims, et celui qui est au bas de la basse-cour, celles-ci sont pour l'hiver. Je parle d'un petit carré qui est à droite au bout du potager, devant le cottage, où la terre est sablonneuse, friable, sèche : tout justement ce qu'il en faut pour le *Early rose.* Je sais bien, soit dit en passant, que les pommes de terre nommées *Joseph Rigaud* et *Institut des Frères de Beauvais* valent mieux que le *Early rose* et le *magnum bonum* qu'en France on estime peu; mais la pomme de terre est ce que la fait la terre, et la nôtre ici transforme les *Early rose* et les rend farineuses.

Pauvre terre, si on vous traitait comme elle? On ne lui donne pas de vacances : à sept heures ce matin on déterrait, à huit heures on bêchait, à dix heures on replantait. Qu'est-ce qu'on replante ? L'unique espoir de votre soupe pour le mois d'avril. A ce moment de l'année où il n'y a encore rien, le bon Dieu fait pousser une espèce de chou tardif qui est la consolation des cuisinières. On l'appelle chou de Vaugirard, le connaissez-vous? Remerciez-vous quelquefois le bon Dieu qui fait tant de si bonnes et si belles choses? Est-ce que la vue des prairies, des collines et des arbres, n'élève pas votre esprit vers lui ?

Saint Paul de la Croix, traversant une forêt, disait à ses compagnons : « Or, n'entendez-vous pas ces arbres et leurs feuilles qui crient de toutes parts : Aimez Dieu, aimez Dieu »; et il toucha de son bâton les fleurs qui lui disaient : « Aime celui qui t'a créé. »

Dans ma prochaine lettre, je vous citerai un beau passage de saint Augustin à ce sujet ; aujourd'hui je veux finir par une poésie. Elle a été faite à Canterbury devant les grands arbres du parc par le même Père, le Père Delaporte, qui a bien voulu traduire pour vous les vers adressés à la Reine.

Cette poésie est triste : c'est que la maison l'est et le sera jusqu'au jour qui ramènera la date ordinaire de votre départ pour les vacances.

Canterbury, 25 juillet 1886.

UN DEUIL!

Le soleil en mourant sourit à ma fenêtre,
　Brodant d'or le carmin des roses qu'il fit naître
　　Ou raviva.

Le fond du ciel s'empourpre ainsi qu'une tenture ;
La paix, la paix du soir envahit la nature,
   Le jour s'en va.

Des marronniers, là-bas, s'endort la longue allée ;
Ici, des bouleaux gris la tête échevelée
   Frissonne encor ;
Et moi, témoin du jour à son heure dernière,
J'admire le théâtre où pâlit la lumière
   Et le décor.

Mon âme se recueille, et ce calme m'enchante ;
J'entends l'hymne lointain d'une cloche qui chante
   Son *Angelus ;*
Sous mes pieds un rosier sème des fleurs fanées :
Fleurs, reliques d'avril et parfum des journées
   Qui ne sont plus.

Le rosier penche et tremble avec mélancolie ;
Un bouvreuil s'est bâti sur sa branche qui plie
   Un gai séjour ;
Il vient là chaque soir fermer son aile agile,
Et la brise qui passe incline ce fragile
   Palais d'un jour.

L'oiseau dort dans la mousse, à l'ombre d'une rose ;
Sous son aile avec lui tout son trésor repose :
   Trois œufs charmants.
Quand le matin sourit, quand l'abeille bourdonne,
La rosée au soleil lui fait une couronne
   De diamants.

Le bouvreuil a chanté depuis l'aube ; il sommeille
A l'abri d'une feuille et d'une fleur vermeille :
   Quel horizon !...
Le nid pend à la branche, et la branche le berce ;
Quand soudain le vent siffle, il secoue, il renverse
   L'humble maison.

Tout tombe, sur le sol tout s'étale et se brise ;
Le bouvreuil jette un cri de plainte et de surprise
   Et prend l'essor...
Mais bientôt il revient à la branche déserte ;
Il a tout oublié, tout, son danger, sa perte
   Et son trésor.

> Sur l'arbuste tremblant il agite son aile,
> Il dit une chanson joyeuse et solennelle
>   A plein gosier.
> La nuit vient, l'oiseau veille, il chante et chante encore;
> Et demain, sans regrets, il chantera l'aurore
>   Sur son rosier.
>
> Mon Dieu, quand votre main me visite et me broie,
> Quand la crainte ou le deuil ont pris toute ma joie,
>   Puissé-je aussi
> Garder, pour vous bénir, ma voix et mon courage,
> Garder l'espoir qui chante au milieu du naufrage
>   Et dit : « Merci ! »

Adieu, mes bien chers enfants, il faut pourtant me séparer de vous ; je garde au moins cette pensée que non-seulement votre nid à vous n'est pas détruit, mais que vous en avez même deux, et tous nos efforts ici tendent, sous la bénédiction de Dieu, à ce qu'en retrouvant l'un, vous ne regrettiez pas trop l'autre.

Je vous embrasse et vous bénis de tout mon cœur.

P. S. — N'oubliez pas le premier vendredi du mois d'août.

TROISIÈME LETTRE

Saint-Mary's Collége. — Canterbury, le 31 juillet 1887.

Mes chers enfants,

Vos lettres sont décidément bien bonnes ; elles sont méritoires aussi, je sais qu'en vacances écrire n'est pas facile. C'est déjà une affaire de rassembler encre, plumes, papiers, tout ce qui ne manque pas au collége ; et, quand on a réuni les instruments, c'en est une autre de retrouver la manière de s'en servir ; puis le temps manque, oui, le temps ! Aussi je vous remercie au nom de tous les Pères, comme au mien, d'en avoir trouvé pour nous écrire.

Ils voyagent beaucoup, en ce moment, les Pères ; tous les jours, il y a de futurs bacheliers à conduire. Un départ chaque matin. Tout à l'heure, j'entendais de ma chambre les adieux de ceux qui restent, rassemblés autour de l'omnibus : « Allons, courage, il fait du vent, il y aura de la houle, cela te fera du bien. — Envoie-nous ton brouillon. » Et la grosse voix du Père professeur : « Il y a deux *t* à atteindre, n'oubliez pas, vous n'en mettez jamais qu'un. » — Et une voix d'enfant : « N'oublie pas, deux *t*. » *Go on; all right!*

L. S... reçu avec mention : *Bien,* et de G... mention : *Assez bien.* Or de G..., de la S..., A..., trois philosophes qui avaient eu la scarlatine, tous trois reçus, bien qu'ayant perdu six à sept semaines. Voilà bien la preuve, direz-vous, que l'année scolaire est trop longue et qu'on ferait mieux, comme dans les colléges anglais, de donner cinq semaines de vacances à Christmas.

Puisque je vous parle d'examens, je veux vous envoyer un sujet de composition donné aux Saint-Cyriens ; le voici :

ÉCOLE SPÉCIALE MILITAIRE
Composition française, 2 heures et demie.

« La nationalité française. — Elle date de loin. — Contemplons avec un religieux respect les vieux âges où elle s'est formée. Ne soyons pas des fils ingrats. Pour persévérer dans la grandeur, un peuple a besoin d'une tradition. — L'unité nationale avait été formée avant 1789. Que n'ont pas fait pour elle François Ier, Henri IV, Louis XIII, Louis XIV ! Honorer le passé de la France, c'est augmenter l'amour de la patrie commune et préparer des citoyens dignes de continuer sa gloire séculaire. »

Une autre année les candidats ont eu à développer cette pensée :

« L'honneur de l'obscur soldat est de remplir son devoir jusqu'à la mort sans espoir de gloire. »

...Interrompu par l'arrivée du courrier, je trouve une lettre signée : N..., ancien *bandmaster* au... hussards.

« Reverend Sir,

« Les quatre dernières années j'ai eu l'honneur et le

plaisir de faire partie de l'orchestre engagé pour célébrer votre fête. — Je ne peux m'empêcher, en en voyant revenir l'époque, de vous exprimer mes compliments. Cela peut vous paraître extraordinaire qu'un étranger prenne vis-à-vis de vous une telle liberté, veuillez me pardonner ce qu'elle a d'indiscret, mais employé comme je le suis maintenant, dans le nord fumeux de l'Angleterre (*the smoky North*), ma pensée voyage vers le sud ensoleillé, et je me rappelle que les moins heureuses de mes journées à Canterbury ne furent pas celles que je passai à votre collége. — J'ai la confiance que vous, les RR. et les charmants enfants jouissent d'une bonne santé, etc. »

Avec cette lettre, une autre venant aussi du fumeux Nord; beaucoup plus grosse, celle-ci, fort sale, graisseuse, vous ne devineriez pas ce que c'est :

« Dear Sir,

« Ayant reçu vingt-cinq caisses de saucisson premier choix, je me fais un plaisir de vous envoyer un échantillon. » Et l'échantillon est dans la lettre.

Il y a quelque temps j'ai reçu de la même façon, sous enveloppe, quatre petits ronds de beurre!!!

Je vous demande pardon de vous raconter de si petites choses, mais cela apprend à connaître un pays, le vrai pays de la réclame, moins toutefois que l'Amérique.

La date de ma lettre vous fera penser à saint Ignace; quand vous la recevrez, vous vous direz que nous l'avons prié pour vous. Priez-le aussi de vous accorder de bonnes vacances, puisque c'est lui qui d'ordinaire en garde la porte. Puisse-t-il vous obtenir de savoir offrir toutes vos joies à Dieu! On s'amuse bien mieux, et les plaisirs ne laissent pas d'arrière-goût. — Au réveil offrez bien votre journée ; et au cours de celle-ci servez-vous de ce que vous voyez pour la faire remonter vers Celui qui vous la donne.

C'est facile, surtout quand on habite un beau pays : ce qui est beau fait si bien penser à l'Auteur de toutes choses !

Pour vous remplacer le sermon de saint Ignace, que vous n'aurez pas, je vous transcris ici la contemplation par laquelle notre bienheureux Père termine ses *Exercices spirituels* écrits dans la grotte de Manrèse avec cette main naguère friande de l'épée et peu accoutumée encore à tenir la plume (1). Ignace l'intitule : Contemplation pour obtenir l'amour divin.

« Commençons, dit-il, par reconnaître deux vérités : la première, que l'on doit faire consister l'amour dans les œuvres bien plus que dans les paroles ; la seconde, que l'amour réside dans la communication mutuelle des biens ; que l'aimant, dit le texte espagnol, communique à l'aimé, et, de son côté, l'aimé à l'aimant, ce qu'il a, ou de ce qu'il a, ou ce qu'il peut. Si l'un a la science, il la communique à celui qui n'en a pas ; j'en dis autant des honneurs et des richesses, et réciproquement.

« ...Je commencerai par rappeler à ma mémoire les bienfaits que j'ai reçus ; ceux qui me sont communs avec tous les hommes : la création, la rédemption ; et

---

(1) *Exercices spirituels de saint Ignace.* Poussielgue.

ceux qui me sont particuliers ; considérant très-affectueusement tout ce que Dieu Notre-Seigneur a fait pour moi, tout ce qu'il m'a donné de ce qu'il a, et combien il désire se donner lui-même à moi, autant qu'il le peut, selon la disposition de sa divine Providence. Puis, faisant un retour sur moi-même, je me demanderai ce que la raison et la justice m'obligent, de mon côté, à offrir et à donner à sa divine majesté, c'est-à-dire toutes les choses qui sont à moi, et moi-même avec elles, et, comme une personne qui veut faire agréer un don, je dirai du fond de l'âme : « *Prenez, Seigneur, et recevez toute ma liberté, ma mémoire, mon entendement et toute ma volonté ; tout ce que j'ai et tout ce que je possède. Vous me l'avez donné, Seigneur, je vous le rends ; tout est à vous, disposez-en selon votre bon plaisir. Donnez-moi votre amour ; donnez-moi votre grâce ; elle me suffit.* » Vous entendez bien, mes chers enfants, que cet abandon de l'homme entre les bras de Dieu est le moyen le plus sûr pour lui de bien user de sa libre volonté, de son intelligence, et le véritable secret de développer celle-ci comme de fortifier celle-là.

Saint Ignace poursuit :

« Ensuite, je considérerai Dieu *présent* dans toutes les créatures. Il est dans les éléments, leur donnant l'être ; dans les plantes, leur donnant la végétation ; dans les animaux, leur donnant le sentiment ; dans les hommes, leur donnant l'intelligence ; il est en moi-même de ces différentes manières me donnant tout à la fois l'être, la vie, le sentiment et l'intelligence. Il a fait plus : il a fait de moi son temple ; et, dans cette vue, il m'a créé à la ressemblance et à l'image de sa divine majesté. Ici encore, je ferai un retour sur moi-même. Après quoi, je considérerai Dieu *agissant* et *travaillant* pour moi dans tous les objets créés, puisqu'il est effectivement dans les cieux, dans les éléments, dans les plantes, dans les fruits, dans les animaux, et, comme un agent, leur donnant et leur conservant l'être, la végétation, le sentiment, etc. Puis je ferai un retour sur moi-même.

« Enfin je contemplerai que tous les biens et tous les dons descendent d'en haut : ma puissance limitée dérive de la puissance souveraine et infinie qui est au-dessus de moi ; de même la justice, la bonté, la compassion, la miséricorde, etc. ; comme les rayons émanent du soleil, comme les eaux découlent de leur source. Je réfléchirai en m'adressant à Dieu et réciterai : Notre Père, qui êtes aux cieux. »

Mais je vous avais annoncé un passage de saint Augustin, il vient bien ici, et ce bon saint donnera la main à saint Ignace, pour vous élever vers Dieu.

« Ce que je sais de toute la certitude de la conscience, Seigneur, c'est que je vous aime. Vous avez percé mon cœur de votre parole, et à l'instant, je vous aimai. Le ciel et la terre et tout ce qu'ils contiennent ne me disent-ils pas aussi de toutes parts qu'il faut que je vous aime ? Et ils ne cessent de le dire aux hommes, afin qu'ils demeurent sans excuse. Mais le langage de votre miséricorde est plus intérieur en celui dont vous daignez avoir pitié, et à qui il vous plaît de faire grâce ; autrement le ciel et la terre racontent vos louanges à des sourds.

« Qu'aimé-je donc en vous aimant? Ce n'est point la beauté selon l'étendue, ni la gloire selon le temps, ni l'éclat de cette lumière amie à nos yeux, ni les douces mélodies du chant, ni la suave odorance des fleurs et des parfums, ni la manne, ni le miel, ni les délices de la volupté.

« Ce n'est pas là ce que j'aime en aimant mon Dieu, et pourtant j'aime une lumière, une mélodie, une odeur, un aliment, une volupté, en aimant mon Dieu : cette lumière, cette mélodie, cette odeur, cet aliment, cette volupté suivant l'homme intérieur ; lumière, harmonie, senteur, saveur, amour de l'âme qui défient les limites de l'étendue et les mesures du temps, et le souffle des vents, et la dent de la faim, et le dégoût de la jouissance, voilà ce que j'aime en aimant mon Dieu.

« Et qu'est-ce enfin ? J'ai interrogé la terre, et elle m'a dit : « Ce n'est pas moi. » Et tout ce qu'elle porte m'a fait le même aveu. J'ai interrogé la mer et les abîmes, et les êtres animés qui glissent dans les eaux, et ils ont répondu : « Nous ne sommes pas ton Dieu ; cherche au-dessus de nous. » J'ai interrogé les vents, et l'air avec ses habitants m'a dit de toutes parts : « Anaximènes se trompe ; je ne suis pas Dieu. » J'interroge le ciel, le soleil, la lune, les étoiles, et ils me répondent : « Nous ne sommes pas non plus le Dieu que tu cherches. » Et je dis enfin à tous les objets qui se pressent aux portes de mes sens : « Parlez-moi de mon Dieu, puisque vous ne l'êtes pas ; dites-moi de lui quelque chose. » Et ils me crient d'une voix éclatante : « C'est lui qui nous a faits. » (*Confessions*, livre X, chapitre VI.)

Voilà qui était bon pour les grands; trop sérieux, peut-être, pour les petits; j'en viens pour les uns et les autres au récit des trois visites que la reine Victoria a faites en France. Les deux premières vous rappelleront le règne de Louis-Philippe, 1830 à 1848, et celui de Napoléon III, 1852 à 1870; la troisième est toute récente.

Vous vous souvenez que le père de la Reine était le duc de Kent. Lorsque Louis-Philippe n'était encore que duc d'Orléans, vivant en Angleterre, il avait été l'ami du duc de Kent aussi bien que de la princesse Charlotte et de son mari le prince Léopold (regardez le tableau généalogique joint à la deuxième lettre).

Ce fut là l'origine d'une intimité qui amena de nombreuses alliances entre les familles d'Orléans et de Cobourg, et ces alliances nouèrent naturellement des relations étroites entre la Reine et les d'Orléans, longtemps avant son mariage avec le prince Albert, la duchesse de Kent, mère de Victoria, étant une princesse de Cobourg, sœur du duc de Cobourg, père du prince Albert. On croit généralement, mais à tort, que les relations de la Reine avec la famille d'Orléans avaient commencé après son mariage; en réalité, elles existaient depuis le mariage de son oncle, le roi Léopold, avec la princesse d'Orléans, en 1832.

Depuis longtemps la Reine s'était proposé de faire une visite au Roi Louis-Philippe, attirée par le désir qu'elle avait de faire la connaissance de la Reine des Français, pour laquelle elle avait une profonde estime. Estime bien justifiée, car la Reine Amélie était une sainte.

La famille royale se trouvait au château d'Eu, près du Tréport, domaine privé du Roi, à quelques heures de Southampton; et le nouveau yacht *Victoria and Albert* que l'on venait de construire pour la Reine, ne pouvait mieux inaugurer sa carrière que par une semblable expédition. La Reine et le Prince s'embarquèrent à Southampton et arrivèrent au Tréport à six heures du soir le 2 septembre. Le prince de Joinville, ayant rencontré le yacht royal en mer, dans la matinée, vis-à-vis de Cherbourg, était monté à bord et de là guettait attentivement l'arrivée du canot du Roi.

« A mesure qu'il approchait, dit la Reine dans son journal(1), je me sentais de plus en plus agitée. Enfin il accosta; il contenait le Roi, Aumale, Montpensier, Auguste (le prince Auguste de Saxe-Cobourg-Gotha, cousin germain de la Reine et du Prince, marié à la princesse Clémentine d'Orléans), M. Guizot, lord Cowley, ambassadeur d'Angleterre à Paris, et plusieurs officiers et ministres... Le Roi exprima à plusieurs reprises la joie qu'il éprouvait de me voir. Son canot est très-beau, les hommes en jaquettes blanches avec des ceinturons rouges et des rubans rouges aux chapeaux. On ne perdit pas de temps pour quitter le yacht, et bientôt on vit le spectacle nouveau des étendards de France et d'Angleterre flottant côte à côte au-dessus des souverains des deux pays, tandis qu'on les conduisait à terre sur le canot royal français. Le

---

(1) *Le prince Albert de Saxe-Cobourg, époux de la reine Victoria.* Trad. de A. Craven, d'après Sir Th. MARTIN. — Plon, édit.

débarquement, continue la Reine, était magnifique à voir, embelli qu'il était par une soirée délicieuse qu'éclairait le soleil couchant... Une foule de gens (tous si différents des nôtres), des troupes (si différentes aussi de nos troupes), toute la cour et toutes les autorités étaient rassemblées sur le rivage. Le Roi me conduisit par un escalier assez roide, où la Reine, accompagnée de ma chère Louise (la Reine des Belges), me fit le plus tendre accueil; il y avait aussi là Hélène (la duchesse d'Orléans). Son mari, père du Comte de Paris, s'était peu auparavant cassé la tête en sautant de sa voiture dont les chevaux avaient pris le mors aux dents. »

La visite, qui dura jusqu'au 7, fut une source intarissable de jouissances des deux côtés. Quelques extraits du journal dépeignent une mutuelle satisfaction.

« *Dimanche.* — Levée à sept heures et demie; il me semblait que c'était un rêve que je fusse à Eu, et que mon château en Espagne favori fût réalisé. Mais ce n'était pas un rêve, c'était une charmante réalité. La matinée était ravissante, et le son lointain des cloches me rappelait que c'était dimanche, car le moulin est en mouvement, et l'on balaye et l'on travaille dans le jardin.

« Le château est fort joli... Louise et Clémentine sont sorties de leurs chambres pour venir à notre rencontre. Chère angélique Louise! Elle est si bonne pour nous, sans cesse nous demandant ce que nous désirons, ce que nous aimons! Ils sont tous si empressés et si agréables! Cela réjouit le cœur : je me sens à l'aise avec eux tous comme si j'étais de la famille.

A dix heures et demie, le Roi, la Reine, et toute la famille, excepté la pauvre Hélène qui ne se montre qu'après les repas, nous ont conduits à déjeuner... Le Roi est gai, sa conversation riche d'anecdotes. Après déjeuner, nous sommes montés à la galerie des Guise. La pauvre Hélène est venue nous rejoindre; son profond deuil est triste à voir.

« A deux heures et demie, le Roi et la Reine revinrent nous prendre pour nous montrer l'intérieur du château. Les portraits de famille sont innombrables. La petite chapelle est admirable avec des vitraux peints, des statues de saints, etc. Un vrai bijou. C'est la première chapelle catholique que j'aie vue. Il y a une foule de portraits et de souvenirs de mademoiselle de Montpensier. C'est elle qui a bâti la plus grande partie du château, et il reste encore quelques décorations de son temps... Ensuite nous avons fait une promenade en voiture. Le peuple a l'air très-respectueux et très-poli : il criait : Vive la Reine d'Angleterre ! Le Roi est enchanté. Les bonnets des femmes sont très-pittoresques; elles portent aussi des fichus et des tabliers de couleur qui sont charmants. C'est la population plutôt que le pays qui me frappe par la différence avec l'Angleterre que présentent leurs figures, leur costume, leurs manières, tout enfin.

« *Lundi.* — Levée à sept heures et demie; déjeuner à huit heures. Excellentes nouvelles des enfants. La musique du 24e régiment d'infanterie légère a joué sous ma fenêtre admirablement, cinquante-cinq musiciens... A dix heures et demie, le Roi et la famille sont venus nous chercher pour leur joyeux déjeuner. J'étais assise entre le Roi et Aumale. Je me sens si gaie et si heureuse avec ces chères gens!... Plus tard, nous avons vu M. Guizot, qui est venu nous exprimer sa joie de notre visite. Elle semble avoir fait le plus grand bien et avoir causé une certaine satisfaction aux Français. On me dit que j'aurais été très-cordialement reçue même à Paris. Les officiers de la marine française donnent ce soir un banquet à bord du *Pluton* à nos officiers de marine, et j'espère que la haine pour les perfides Anglais finira par cesser. »

La Reine, dans son journal, décrit l'aspect du pays et du peuple, pendant une autre promenade en voiture à une forêt voisine où l'on avait préparé une fête champêtre.

« J'étais assise entre le Roi et la Reine. La pauvre Hélène, à côté du Roi; c'était la première fois qu'elle paraissait à table depuis son terrible malheur. La gaieté et la vivacité du Roi me charment et m'amusent. Nous sommes revenus à six heures moins un quart. C'était une délicieuse fête, et qui ressemblait beaucoup, comme dit Albert, aux fêtes d'Allemagne. Je m'amuse beaucoup, les jeunes gens sont si gais... A dîner, le Roi m'a dit que les officiers français avaient eu un dîner, où ils avaient bu à ma santé avec enthousiasme; cela, a-t-il ajouté, n'est pas mal pour des soldats français; et il a répété plusieurs fois combien il désirait s'allier de plus en plus avec les Anglais, ce qui serait le sûr moyen d'empêcher la guerre en Europe, ajoutant que son amour pour les Anglais était dans le sang. Après le dîner, musique exécutée par les artistes du Conservatoire. Ils ont joué à merveille des symphonies de Beethoven.

« *Mardi 5 septembre.* — Albert s'est levé à six heures et demie pour aller voir les carabiniers avec Aumale... A dix heures, la chère Hélène m'a amené le petit Paris et est restée jusqu'à ce que le Roi et la Reine vinrent pour me conduire au déjeuner. Elle a beaucoup d'esprit et de sens, et elle montre beaucoup de courage et de force de caractère. Elle m'a parlé les larmes aux yeux de ma sympathie pour elle dans son bonheur et dans son malheur... Pauvre excellente Hélène!... Avant de rentrer dans notre appartement, le Roi nous a conduits en bas, où il nous a fait présent de deux superbes tapisseries des Gobelins, qu'on a mis trente ans à achever, et d'un coffret contenant de magnifiques porcelaines de Sèvres. (Ces tapisseries sont aujourd'hui dans le Oak Room à Windsor.)

« Après avoir terminé ma correspondance, Louise est venue me trouver, et avec elle j'ai été faire ma visite à la Reine et aux princesses..... La chère et excellente Reine, qu'on ne peut que vénérer et aimer, m'a dit avec une extrême tendresse qu'elle avait toujours eu un sentiment maternel pour moi, mais que cela avait augmenté depuis qu'elle me connaissait. De là nous allâmes chez la tante, Madame Adélaïde, qui est aussi très-bonne pour moi..... Rien ne se fait sans qu'elle soit consultée.

« *Mercredi 6 septembre.* — Albert parti à sept heures pour se baigner. Moi levée avant huit heures... La musique a encore joué aujourd'hui sous ma fenêtre comme hier et avant-hier.... A déjeuner, assise entre le Roi et Aumale. Il nous a beaucoup amusés en donnant des ordres à une pareille heure pour un second déjeuner dans la forêt. Le Roi nous a dit que Joinville nous accompagnerait jusqu'à Brighton. J'ai montré à la Reine les miniatures de Puss et de son frère qu'elle a beaucoup admirées, et elle nous a dit si tendrement : « Que Dieu les bénisse et qu'ils puissent ne jamais vous donner du chagrin ! » Alors j'ai dit que je voudrais qu'ils devinssent comme ses enfants à elle ; à quoi elle a répondu : « Oui, en une chose, dans leur attachement pour leurs parents ; mais souvent aussi ils donnent du chagrin. » En disant cela, elle baissa les yeux qui se remplirent de larmes, et elle ajouta : « Enfin, ce que Dieu veut... » A deux heures, nous sommes partis avec toute la compagnie, en chars à bancs, Albert assis en avant avec le Roi, ensuite moi avec la Reine, pour laquelle je sens une tendresse filiale, et derrière nous, Louise et les autres princesses. Nous sommes arrivés à Sainte-Catherine, rendez-vous de chasse ; la journée était superbe ; cet endroit de la forêt charmant. Après nous être promenés quelque temps dans le jardin, nous nous sommes tous mis à table sous les arbres pour déjeuner. C'était si joli, si gai, si champêtre, et la rapidité avec laquelle tout avait été préparé était merveilleuse... Nous sommes revenus à six heures et demie par une soirée délicieuse.

« *Jeudi 7 septembre.* — A six heures moins un quart, nous nous sommes levés, le cœur gros, en pensant que nous devions quitter cette chère et aimable famille. A six heures et demie, le Roi avec tous les princes en uniforme, et la Reine, avec la famille, vinrent nous prendre pour déjeuner. Joinville était déjà parti pour Tréport. J'étais si triste de m'en aller! A sept heures et demie, nous sommes partis dans la grande voiture de gala, comme le jour de notre arrivée, avec les princes à cheval, la même escorte, etc. La matinée était belle, et beaucoup de monde dehors. Nous nous sommes embarqués facilement dans le canot du Roi. Lui, la Reine, Louise, toutes les princesses et l'amiral de Mackau étaient avec nous. Les princes, notre suite et celle du Roi, ainsi que les ministres, etc., nous suivirent à bord... Enfin le mauvais moment est arrivé, et nous avons été obligés de prendre congé les uns des autres avec le plus grand regret... Ce fut un grand plaisir de garder encore Joinville, si aimable et notre grand favori. La chère Reine m'a dit en me faisant sa visite hier, et en parlant de ses enfants : « Je vous les recommande, Madame, ainsi qu'au prince Albert, quand nous ne serons plus. Protégez-les, ce sont des amis de cœur... » Nous nous sommes placés de manière à les voir passer sur un petit bateau à vapeur à bord duquel ils sont tous montés. Le Roi a agité sa main et nous a crié encore : Adieu, adieu! Nous partîmes avant neuf heures. — A trois heures et demie nous descendions dans le canot à Brighton avec Joinville, les dames, lord Aberdeen et M. Touchard. Lorsque nous fûmes arrivés au pavillon, Joinville fut très-étonné de la bizarrerie de cette construction. »

Tel est le récit de la première visite de la Reine Victoria à notre pays, voici la seconde.

C'était douze ans après, sous le second Empire,

en 1854, durant la guerre de Crimée, dont je vous parlerai peut-être un jour.

Parti d'Osborne à cinq heures du matin, le 18, le royal yacht *Victoria et Albert,* qui venait d'être achevé, arriva à Boulogne vers une heure et demie, et avança lentement dans le port, aux acclamations de la foule rassemblée tout le long de la jetée qui était toute bordée de troupes. L'Empereur était sur le quai, entouré d'une brillante suite, sous un soleil brûlant, tandis qu'on exécutait le mouvement nécessaire pour permettre le débarquement.

« Enfin (c'est la Reine qui écrit) la passerelle fut fixée. L'Empereur la traversa ; je fus à sa rencontre et l'embrassai deux fois ; ensuite il me conduisit à terre au milieu des acclamations, de salves d'artillerie, et de toutes sortes de manifestations de respect. Nous prîmes place tous les quatre (la Reine, le prince, le prince de Galles et la princesse royale) dans un landau, et nous traversâmes les rues pavoisées et remplies de monde ; l'Empereur nous escorta à cheval jusqu'à la station du chemin de fer, qui était remplie d'une foule enthousiaste et où les dames étaient en grand nombre. »

On s'arrêta pendant quelques instants à Abbeville et à Amiens, où les mêmes acclamations bienveillantes attendaient les augustes visiteurs. La beauté du pays entre Amiens et Paris attira l'attention de la Reine. — « Mais le jour commençait à baisser, et l'Empereur était impatient d'arriver à Paris... Enfin nous passâmes Saint-Leu, Montmorency, tous deux délicieusement situés ; puis nous vîmes un peu Montmartre, ma première vue de Paris... Et à la fin nous passâmes les fortifications... et Paris s'ouvrit devant nous... Nous entrâmes dans la gare du chemin de fer de Strasbourg, qui était illuminée et splendidement décorée, garnie de troupes et remplie de monde; le prince Napoléon, le maréchal Magnan et le général de Lawœstine, commandant la garde nationale, nous y attendaient. Le coup d'œil, en nous rendant à notre voiture, était superbe.

« Figurez-vous, continue le journal royal, cette magnifique ville de Paris, avec ses larges rues et ses hautes maisons décorées de drapeaux, d'arcs de triomphe; partout des fleurs, des devises, plus tard des illuminations; une foule de monde, des troupes de ligne, des gardes nationaux, chasseurs d'Afrique, tous parfaitement tenus et pleins d'enthousiasme ! Et cependant ceci ne donne qu'une faible idée du triomphe tel qu'il a été. On criait sans cesse : Vive la Reine d'Angleterre! Vive l'Empereur ! Vive le prince Albert ! L'approche du crépuscule ne fit qu'ajouter à la beauté du spectacle; il faisait encore assez jour quand nous descendîmes le nouveau boulevard de Strasbourg, création de l'Empereur, et pendant notre route sur les boulevards, passant par la porte Saint-Denis, la Madeleine, la place de la Concorde et l'arc de triomphe de l'Étoile.

« Ici le jour disparut, et le cortége continua sa route jusqu'à Saint-Cloud, à travers le bois de Boulogne. Des troupes faisaient la haie, leurs musiques jouant *God save the Queen*, artillerie, cavalerie, cent-gardes, et en dernier lieu, au pont de Boulogne, près le village et le palais de Saint-Cloud, étaient les zouaves, de beaux soldats magnifiquement habillés; j'ai vu avec le plus grand intérêt ces amis de mes chers gardes.

« Au milieu de cette lumière éclatante des réverbères et des torches, au milieu du bruit du canon, de la musique, des tambours et des acclamations, nous arrivâmes au palais. L'Impératrice avec la princesse Mathilde et ses dames nous reçurent à la porte et nous firent monter un charmant escalier bordé de cent-gardes, de beaux hommes ressemblant beaucoup à nos Life-Guards... Nous traversâmes les appartements pour gagner tout de suite les nôtres qui sont délicieux... Je me sentais tout ébahie, mais enchantée... tout est si beau !

« *Dimanche 19 août.* — Je me suis réveillée pour admirer notre délicieux appartement. Quelques-unes des chambres avaient vue sur Paris, d'autres sur le jardin, avec ses fontaines et ses magnifiques avenues de hêtres, d'orangers et de belles fleurs.

« Après le déjeuner on fit avec l'Empereur une promenade en voiture dans le parc. Nous passâmes devant Villeneuve-l'Étang, la petite villa que l'Empereur a achetée avec le parc et le terrain qui l'entourent, et qu'il s'efforce de rendre aussi anglaise que possible, aimant à échapper à l'étiquette et aux cérémonies... L'Empereur a été très-aimable et très-bon, et il m'a parlé de toutes sortes de choses. Il est très-content des bonnes nouvelles de Crimée.

« Le service anglican fut lu dans une des salles du palais par le chapelain de l'ambassade, et dans l'après-midi le prince et moi fîmes une promenade en voiture avec l'Empereur et l'Impératrice, au bois de Boulogne, qui venait d'être récemment transformé par l'Empereur. Albert en est émerveillé, et dit que les transformations sont merveilleuses. Dans le cours de notre promenade, m'entendant exprimer le désir de savoir où est Neuilly, l'ancien château de Louis-Philippe, l'Empereur et l'Impératrice s'empressèrent de nous offrir de nous y conduire. Nous y allâmes, passant devant plusieurs jolies maisons de campagne, à travers le sale petit village de Neuilly, et nous entrâmes par la grille, où deux pavillons sont en ruine, les fenêtres brisées, l'herbe croissant au milieu des chemins, en somme un triste tableau! Albert se le rappelait si bien! Nous retournâmes par les bords de la Seine, qui sont charmants et qui nous rappellent Richmond.... une grande foule de peuple nous acclamant.

« Grand dîner. Le général Canrobert, nouvellement arrivé des tranchées (j'étais dans les tranchées, dit-il, il y a quinze jours), était le principal invité. Il était assis à côté de moi : j'en fus enchantée ; c'est un homme si bon, si droit, si sincère et si plein d'amitié, aimant tous les Anglais! Il est très-enthousiaste, et gesticule beaucoup en parlant; il est petit et porte ses cheveux qui sont noirs un peu longs derrière; sa figure est rouge avec des yeux qui roulent; des moustaches, mais pas de favoris, et il porte haut la tête. Il loua beaucoup nos troupes, parla des grandes difficultés de l'entreprise, des souffrances que nous avons endurées, des fautes commises, et manifesta beaucoup de bonté pour nos généraux et nos troupes. Je lui dis que je le regardais comme une vieille connaissance, ayant tant entendu parler de lui. Il répondit : « Je suis presque un sujet de Votre Majesté », étant membre de la compagnie des marchands de poissons de Londres. Il me dit, parlant du pauvre lord Raglan : « C'était un noble gentleman, que nous avons regretté », et parlant du 18 juin : « Cela a tué le pauvre milord ! »

La Reine pouvait en effet parler du général Canrobert comme d'une vieille connaissance, car elle et le prince étaient au courant de tous les détails de la guerre. Toutes les dépêches du camp, tous les rapports hebdomadaires, faits sur un modèle proposé par le prince, qui parvenaient au gouvernement, étaient lus par tous les deux, et ils en conservaient soigneusement une copie. Des plans montrant chaque avancement des tranchées leur étaient envoyés, ce qui fait que la situation précise de l'armée devant Sébastopol était aussi bien connue dans le cabinet de travail de la Reine, qu'au quartier général du commandant en chef. Le général Canrobert fut sans doute étonné de l'exactitude des informations de la Reine. Il dit à lord Clarendon « qu'il avait causé avec bien des personnes civiles et militaires des affaires de Crimée, du siége et des troupes, mais que personne n'était aussi parfaitement renseigné que Sa Majesté ».

« *Lundi 20 août.* — Une belle matinée, l'air délicieux, le soleil brillant et les belles fontaines jaillissant. Encore de bonnes nouvelles de Crimée... L'Empereur est venu nous chercher pour déjeuner, comme hier. Le café est excellent, et toute la cuisine simple, mais très-bonne. Pour le déjeuner et le lunch, nous avons une petite table ronde, comme chez nous... les domestiques très-attentifs... A dix heures moins un quart nous sommes partis pour Paris avec toute notre suite. L'Empereur a de jolies calèches, un peu plus petites que les nôtres, avec des chevaux bais, harnachés tout à fait comme les nôtres ; la livrée est vert foncé, noir et or, avec gilet rouge et or.

« En traversant le pont au Change, on voit la Conciergerie, et l'Empereur, la désignant, m'a dit : « Voilà où j'ai été en prison ! » Étrange contraste avec le moment actuel, où, comme Empereur, il traverse avec nous les rues de la ville en triomphe.

« *Mercredi 22 août.* — Encore une belle journée ! Vraiment le ciel favorise cette heureuse alliance, car lorsque l'Empereur était en Angleterre, au mois d'avril, le temps était superbe... Des dépêches télégraphiques du général Simpson nous informent qu'on a commencé un feu vertical qui faisait bon effet. L'Empereur est très-inquiet et regrette de n'être pas sur le théâtre de la guerre. Dix mille obus ont été lancés sur la ville depuis quelques jours, et l'on en demande encore !

« La matinée a été employée à une visite à l'exposition ; mais nous n'avons parcouru que le rez-de-chaussée ; et cela même, vu le grand nombre des objets intéressants à voir, n'a pas été sans fatigue. On a remarqué que l'Angleterre et nos colonies font très-belle figure, et nos porcelaines aussi plaisent beaucoup. L'Empereur a donné un magnifique vase de Sèvres à Albert, représentant l'exposition de 1851, lui disant qu'il lui avait été spécialement destiné, cette exposition ayant été son œuvre. Albert en est ravi, car c'est un chef-d'œuvre dans toute l'acception du mot. Il y a d'innombrables belles choses dans l'exposition, et dans tous les genres. — Il y en a beaucoup que je reconnais pour les avoir vues aux expositions de Londres et de Dublin. »

De l'exposition l'Empereur conduisit ses invités aux Tuileries.

« L'Empereur nous mena à ses appartements — par un petit escalier. — Ils consistent en six chambres en enfilade.... Dans sa chambre à coucher, on voit les bustes de son père et de son oncle, et une vieille châsse, qu'il avait en Angleterre, dans laquelle sont toutes sortes de reliques qui lui sont personnellement chères. Dans quelques-unes des autres pièces, il y a des portraits de Napoléon et de Joséphine; puis un portrait de sa mère avec son frère aîné, et un autre de sa mère avec lui et son frère encore enfants. Ces derniers étaient dans la pièce où nous avons pris le lunch, et qui sert de petit salon. Il y a là aussi le secrétaire où Louis-Philippe signa sa fatale abdication. L'Empereur nous a conduits par un petit escalier particulier aux appartements de l'Impératrice, et de là dans un salon où j'ai reçu le préfet et la municipalité, qui venaient nous inviter à un bal à l'Hôtel de ville; le préfet voulut me lire une adresse, mais l'Empereur l'arrêta. J'ai répondu que j'irais au bal avec plaisir et que j'étais très-touchée de la réception que j'avais rencontrée en France, et que je ne l'oublierai jamais. Alors le préfet a demandé s'il leur serait permis de donner mon nom à la rue qui conduit à l'Hôtel de ville, à quoi j'ai répondu que « j'en serais bien flattée. — Puis me tournant vers l'Empereur, si l'Empereur le permet. » Sa Majesté y a consenti de bon cœur. Ensuite j'ai fait plusieurs observations sur les beautés de la ville et tout ce que l'Empereur a fait pour cela. »

On passa quelques heures à visiter les splendides salles de cérémonie du palais. Puis, après une visite à l'ambassade anglaise, la Reine et le prince allèrent à l'Élysée, d'où ils ressortirent en voiture pour une promenade *incognito* dans Paris.

« Nous sommes montés dans une remise, au grand amusement de l'Empereur, ayant, moi et miss Bulteel, mis des chapeaux ordinaires, et moi un voile noir baissé et une mantille noire. Nous étions placées l'une à côté de l'autre, tandis que Albert et Vicky qui avait aussi un chapeau et une mantille que nous avions envoyé chercher à la hâte, étaient assis en face de nous. En sortant de la grille, la foule curieuse a regardé dans la voiture qui s'était arrêtée un instant, et nous avons eu l'air fort sot. Cependant nous sommes partis, et grâce à mon voile, j'ai pu regarder par la portière pendant une charmante promenade à travers la rue de Rivoli, la rue Castiglione, la place Vendôme, la rue de la Paix, tout le long des boulevards jusqu'à la Bastille (où est la colonne de Juillet), et le boulevard Bourdon, la place Mazas, traversant le pont d'Austerlitz, où nous avons joui d'une vue superbe de la rivière, puis le long des quais, où tout paraissait si éclairé, si blanc et si brillant ;... et tout ce monde et ces soldats habillés de couleurs si éclatantes, des marchands de coco, le peuple assis et buvant à la porte des maisons, tout cela me paraissait si méridional et si gai. Nous avons continué notre chemin par la place Valhubert, au Jardin des plantes, par le Marché aux fleurs (très-joli sur le quai), par la Halle aux vins (une réunion de curieuses petites maisonnettes dans une espèce de jardin), prenant le quai de la Tournelle, de Montebello, de Saint-Michel, puis traversant le pont au Change, en face la vieille tour Saint-Jacques, tournant par le quai de la Mégisserie, de l'École, du Louvre, rentrant aux Tuileries à six heures moins vingt, saufs et sans avoir été reconnus. Nous avons trouvé l'Empereur dans le salon en bas. Nous avons changé de chapeaux, puis nous sommes montés en calèche découverte pour rentrer à Saint-Cloud, où nous sommes arrivés vers sept heures.

« Un grand dîner de quatre-vingts couverts nous attendait.... — Au dîner, l'Empereur est venu à parler de M. Drouin de Lhuys et de son attitude étrange à Vienne, de ce qu'il avait été complétement en faveur de la guerre et de l'alliance de la France et de l'Angleterre, et ensuite contre, ayant même insinué que la France avait vu avec plaisir la chute de Louis-Philippe à cause de son alliance avec nous. « J'ai répondu à Drouin de Lhuys, a continué l'Empereur, que Louis-Philippe n'était pas tombé à cause de son alliance avec l'Angleterre, mais parce qu'il n'était pas sincère avec l'Angleterre. » — Je lui ai dit, poursuit la Reine, que je ne trouvais pas de paroles pour exprimer notre appréciation de sa franchise ; que s'il avait quelque chose dont on eût à se plaindre, ou qui le contrariât, il n'avait qu'à parler et à nous désigner le grief, car en agissant ainsi, tous les malentendus et toutes les complications seraient évités. Il a répondu qu'il ne se préoccupait que de grandes choses, qu'il ne permettrait pas qu'il existât dans les différentes cours un parti français agissant contre les Anglais; mais qu'il avait beaucoup de peine à rompre cette vieille et mauvaise habitude ; qu'il avait eu beaucoup de difficultés à faire comprendre aux Français que la guerre se faisait pour le bien de la France, et non pas pour plaire aux Anglais. Il était donc très-content de l'enthousiasme avec lequel toutes les classes de la nation nous avait accueillis, enthousiasme qu'il n'aurait pas pu commander.

« *Jeudi 23 août.* — Albert est parti immédiatement après déjeuner pour Paris, pour visiter encore l'exposition. Je me suis promené un peu dans le jardin, près du palais, seule avec Vicky, et j'ai vu l'Empereur se promenant dans une des allées voisines avec lord Clarendon. Nous sommes passés de l'autre côté du palais, près de la grille, où les zouaves étaient de garde, et je les ai esquissés de loin ; leur uniforme est ravissant...
— Dans l'après-midi, il y eut une visite au Louvre, pour donner un coup d'œil aux divers trésors d'art qui s'y trouvent On ne put donner que trois heures à ce qui, on le sentait, eût exigé plusieurs heures chaque jour, et cela pendant plusieurs semaines. Pour ajouter à la fatigue, la chaleur était tropicale, et avec la perspective du bal de l'Hôtel de ville le même soir, il fallait réprimer le désir de voir plus en détail tous les trésors qui sont accumulés au Louvre.

« Nous sommes rentrés dans nos appartements aux Tuileries, à sept heures. — Nous nous sommes reposés un instant, tandis que la musique des guides jouait dans le jardin; ensuite je me suis retirée dans le petit salon de l'Impératrice pour écrire. La musique m'avait rendu *wehmüthig* et mélancolique. Tout était si gai ! le public était là qui acclamait l'Empereur, qui se promenait dans le petit jardin ; et quand on pense qu'il n'y a pas longtemps que le sang a coulé, qu'une dynastie est tombée, et combien l'avenir est incertain !... Tout est si beau ici, tout semble si prospère ; l'Empereur paraît si bien fait pour sa place, et cependant comme on sent peu de sécurité pour son avenir ! Toutes ces réflexions occupent mon esprit, malgré mon plaisir et ma reconnaissance pour ce que je voyais, pour l'amitié qu'on me témoignait ! — Nous avons eu un petit dîner avec l'Empereur. (Les enfants sont retournés à Saint-Cloud à sept heures et devaient aller chez l'Impératrice dans la soirée.) Nous avons causé très-gaiement, et l'Empereur était de très-bonne humeur. Nous avons beaucoup ri d'une antique cafetière impériale où le café ne voulait pas couler malgré les efforts du valet de chambre. Ensuite, nous nous sommes mis à la fenêtre ; parfois il me semblait rêver en songeant que nous étions là, aux Tuileries, avec l'Empereur... et en songeant à tout ce qui s'était passé en ce même lieu. L'Empereur m'a dit qu'il avait connu madame Campan, qu'elle avait été une des dames d'atour de Marie-Antoinette, et qu'elle avait élevé sa mère; et quoiqu'il ne se rappelât pas ce qu'elle avait raconté elle-même, il avait étudié ses Mémoires, dans lesquels elle explique comment la pauvre Reine, étant appelée devant l'Assemblée nationale, avait dû traverser Paris à pied, et dans quelle constante inquiétude elle était elle-même de ce qui allait se passer. Elle racontait aussi comment sa vie à elle n'avait tenu qu'à un cheveu ; la populace, après avoir monté l'escalier et tué l'heiduque qui était de service, s'avançait déjà vers elle, lorsqu'un d'entre eux s'écria : Respect aux femmes ! Sur quoi le bandit qui allait tuer, dit : Hein ! et remit son sabre au fourreau. Madame Campan, nous a dit l'Empereur, n'a jamais pu oublier ce Hein ! elle l'avait toujours à l'oreille, car c'est ce mot qui lui sauva la vie. »

Vendredi 24 août. — On fit encore une visite à l'exposition, où le Prince se donna entièrement à la section d'agriculture, tandis que la Reine visitait les galeries qu'elle n'avait pas encore vues. Une grande revue de troupes devait avoir lieu au champ de Mars dans l'après-midi. La Reine poursuit ainsi : « A quatre heures et demie, nous sommes montés en voiture aux Tuileries. L'Impératrice et les deux enfants (Bertie dans son costume écossais) étaient avec moi. L'Empereur, Albert, le prince Adalbert, le prince Napoléon et une brillante suite étaient à cheval. L'Empereur de mon côté, et Albert du côté de l'Impératrice. La foule était immense et enthousiasmée. Nous sommes arrivés au champ de Mars en traversant la belle place de la Concorde et le pont d'Iéna. Le coup d'œil était vraiment grandiose, 30 à 40,000 hommes formant plusieurs lignes ; et leurs tambours-majors avec leurs grands sapeurs (ceux des voltigeurs de la garde ont des tabliers jaunes) et les pittoresques cantinières, tous nous acclamant, et les musiques jouant : *God save the Queen!* Lorsque nous avons passé entre les lignes de troupes (seulement dans le milieu, autrement cela eût pris trop de temps), les maréchaux, les généraux se joignirent au cortége, y compris Canrobert, et les curieux Arabes. Nous avons d'abord passé devant l'infanterie, puis la cavalerie, qui est superbe, puis devant l'artillerie. Ensuite nous sommes entrés dans l'École militaire. L'Empereur, descendant seul de cheval, me donna la main pour me conduire sur le grand balcon, devant lequel, en bas, lui, Albert et les autres ont pris place. Là, nous avons trouvé la princesse Mathilde. Les troupes alors ont commencé à défiler au pas redoublé ; cela a duré trois quarts d'heure, et a été magnifique. Quelles belles troupes !... Les uniformes sont bien mieux faits que ceux de nos soldats, ce qui m'ennuie beaucoup. Les tambours aussi, qui sont en cuivre, ont bien meilleure apparence que chez nous. Ce fut un beau spectacle. Albert a regretté, et moi aussi, que je ne fusse pas montée à cheval. Le défilé fini, j'ai pris congé de l'Impératrice. L'Empereur est venu me prendre, et je lui ai dit combien j'étais charmée d'avoir vu ces belles troupes, qui étaient les camarades de celles qui se battaient avec les miennes, et que je sentais une vraie affection pour elles. L'Empereur m'a répondu qu'il espérait que cette heureuse union durerait toujours, et que je pourrais les regarder comme si elles étaient à moi...

« Ensuite, quoiqu'il fût tard, nous sommes allés directement à l'hôtel des Invalides, où repose Napoléon. Nous tenions vivement à ne pas omettre de visiter cette tombe qui était pour moi l'objet d'un plus grand intérêt encore que tout ce que j'avais déjà vu pendant ce séjour si important et si intéressant. Il était près de sept heures quand nous sommes arrivés. Tous les invalides (principalement ceux des anciennes guerres, mais quelques-uns aussi de la guerre actuelle) étaient rangés de chaque côté de la cour où notre voiture est entrée. Il paraît qu'on ne nous attendait pas, à cause d'un malentendu, l'heure de la revue ayant été changée ; elle devait avoir lieu le matin, mais vu la grande chaleur, l'Empereur l'avait remise à cinq heures...

« Le gouverneur, le comte Ornano, était extrêmement contrarié de n'avoir point été prévenu. Néanmoins tout s'est bien passé. Nous fûmes éclairés par quatre torches, ce qui ne fit qu'augmenter la solennité de la scène, déjà bien émouvante. L'église est belle et spacieuse. Nous sommes montés en haut pour voir le caveau ouvert : effet que n'aime pas l'Empereur, il dit que « cela a l'air d'un grand bassin. Au premier moment on se demande ce qu'il y a dans le tombeau de l'Empereur ; on s'attend à y voir de l'eau. » — L'architecture en est belle cependant, ainsi que les ornements intérieurs. Le cercueil n'y est pas encore placé, mais il est dans la petite chapelle latérale de saint Jérôme. L'Empereur m'y a menée. J'étais là, au bras de Napoléon III, son neveu, devant le cercueil de l'ennemi le plus acharné de l'Angleterre ; moi la petite-fille du Roi qui le haïssait et qui l'a le plus vigoureusement combattu ; et là, près de moi, son neveu, qui porte son nom, devenu mon plus proche, mon plus cher allié!... Puis l'orgue de l'église a joué *God save the Queen,* et cette scène solennelle se passait à la lumière des torches et pendant un orage. C'était étrange et extraordinaire. Mais il semble que dans cette marque de respect envers un ennemi mort, les vieilles inimitiés et les anciennes jalousies se sont effacées, et que Dieu a mis son sceau sur cette union, qui est aujourd'hui si heureusement établie entre deux grandes et puissantes nations. Que le ciel la bénisse et la fasse prospérer !

« Le cercueil est recouvert de velours noir et or, et les ordres de Napoléon, son chapeau et son épée, y sont déposés. L'Empereur ne veut pas qu'il demeure ici, mais à Saint-Denis, où sont enterrés tous les rois de France, son grand désir étant d'affermir la situation de sa famille comme dynastie française. Le cœur restera ici. Nous sommes descendus dans le caveau un instant ; mais il y faisait très-froid. Nous sommes partis et rentrés aux Tuileries à sept heures et demie... Nous avons eu notre petit dîner intime avec l'Empereur (les enfants étaient rentrés chez eux), et nous avons beaucoup causé de la guerre. Il était arrivé des dépêches jusqu'au 14, et Albert a montré à l'Empereur le *Morning-State* (un tableau donnant chaque jour le nombre exact et le détail des troupes devant Sébastopol, sous le commandement du général Simpson), et a parlé des rapports que nous avions reçus. Les domestiques étaient encore là, l'Empereur s'est mis à parler anglais. Il déplorait amèrement le manque d'initiative et d'énergie chez tous nos chefs, anglais et français, dès le début de la guerre, ainsi que l'absence de génie. Puis, il a attaqué franchement les défauts de nos généraux, et nous lui avons dit aussi avec la même franchise ce qu'on reprochait aux siens, et rien ne pouvait être plus satisfaisant que cette conversation, et rien de plus droit, de plus loyal que les observations et les « suggestions » de l'Empereur. On aurait dit que nous n'avions qu'une seule et même armée ; et le fait est qu'il en est ainsi, mais cela fait du bien de voir le même sentiment chez un autre souverain.

« C'était charmant d'entendre battre la retraite, qui était le signal (longtemps après la nuit) pour que le monde sortît des jardins des Tuileries.

« Il était près de deux heures quand nous sommes partis... L'Empereur m'a dit en nous en allant : « C'est terrible que ce soit l'avant-dernier soir ! » C'est ce qui me chagrinait comme lui. Je lui ai dit que j'espérais qu'il viendrait de nouveau en Angleterre, et il m'a répondu : « Très-certainement. Mais, n'est-ce pas, vous reviendrez ? Comme nous nous connaissons maintenant, nous pouvons aller nous voir à Windsor et à Fontainebleau sans grande cérémonie, n'est-ce pas ? » J'ai répondu que cela me ferait grand plaisir, et c'est vrai... Il était deux heures passées quand nous sommes rentrés, enchantés, les enfants ravis, et trois heures passées avant que nous fussions couchés. »

« *Dimanche 26 août*... Ce jour si cher n'a pas été annoncé comme de coutume, ni fêté au foyer comme je l'eusse désiré ; mais mon Albert a été heureux, et la journée s'est passée au milieu de ceux qui savent vraiment l'apprécier. Que Dieu le bénisse et le protége pendant de longues, longues années encore, et qu'il fasse que nous demeurions ensemble jusqu'à la fin de nos jours !

« L'Empereur est venu nous trouver, et nous avons déjeuné... Aussitôt après, l'Empereur nous dit qu'il avait à nous faire entendre un morceau de sa composition en l'honneur de la naissance du prince Albert. Il nous a conduit sur le balcon du cabinet de toilette d'Albert, qui donnait sur la cour où trois cents tambours se trouvaient réunis avec leurs tambours-majors. Une fois sur le balcon, l'Empereur leur a donné le signal : Commencez. Là-dessus, ils ont, comme un seul homme, battu un certain roulement magnifique que l'on ne bat que le jour de l'an. Ils l'ont répété une seconde fois, et puis sont partis en nous acclamant. »

Dans l'après-midi, les illustres visiteurs allèrent avec leurs hôtes impériaux à la chapelle Saint-Ferdinand (élevée à l'endroit où le duc d'Orléans fut tué en se jetant hors de sa voiture) dont les décorations sont en partie du baron Triquetti. (Il a vécu assez longtemps pour dessiner les décorations artistiques du *Memorial Chapel* dédié au Prince à Windsor.)

« En sortant de la chapelle, dit la Reine, une femme venant de la maison d'en face où demeure le curé qui nous accompagnait, nous a apporté deux médailles dans une boîte, l'Empereur les lui a prises des mains, la payant lui-même, et me les a offertes « comme souvenir ». Elles représentaient les têtes du pauvre Chartres (feu le duc d'Orléans) et de Paris avec quelques lignes faisant allusion au dernier comme l'espoir de la France, et au revers la représentation de la chapelle. C'est singulier que l'Empereur les ait achetées.

« Le soir, il y eut dîner, suivi d'un concert de musique classique qui fait grand plaisir à Albert, mais qui a ennuyé l'Empereur.

« *Lundi 27 août, Saint-Cloud...* Je veux écrire aujourd'hui ici, dans mon joli boudoir, dans ce charmant Saint-Cloud, au bruit rafraîchissant des fontaines, quelques paroles d'adieu. Je suis profondément reconnaissante de ces huit jours de bonheur, et de la joie que m'a causée la vue de tant de beaux sites et d'objets intéressants, et de l'accueil que j'ai rencontré dans Paris et généralement en France. L'union des deux nations et des deux souverains — car une grande amitié a surgi entre nous — est de la plus grande importance. Puisse Dieu bénir ces deux pays, et protéger la vie de l'Empereur, et puisse cette heureuse union continuer toujours pour le bien du monde!

« Une belle matinée, qui a augmenté le charme de ce lieu, et rendu notre départ encore plus triste... Enfin à dix heures, nous étions prêts à partir, et l'Empereur est venu, disant que l'Impératrice était prête, « mais ne pouvait se résoudre à nous voir partir », et que si je voulais aller dans sa chambre, cela la ferait venir. En entrant, l'Empereur lui cria : « Eugénie, la Reine est là ! » et elle est venue, et m'a donné un magnifique éventail, une rose et de l'héliotrope du jardin ; et un superbe bracelet garni de rubis et de diamants, contenant de ses cheveux, à Vicky, qui en a été ravie. Nous sommes partis à dix heures et demie, l'Empereur et l'Impératrice nous accompagnant. Avec beaucoup de regrets j'ai quitté ce charmant Saint-Cloud ! La journée était plus belle que jamais, quoique terriblement chaude. La foule était immense partout, à commencer par la ville de Saint-Cloud, et dans d'autres endroits encore. J'y ai vu de pauvres soldats blessés, de Crimée, parmi lesquels plusieurs de mes favoris les zouaves. Sur toute la route des masses de monde nous acclament tous le plus cordialement possible. L'Arc de triomphe, sous lequel nous passions presque tous les jours, n'avait jamais, je crois, été traversé auparavant, excepté une fois par l'Empereur, et, avant cela, lorsque les cendres de Napoléon passèrent dessous en entrant dans Paris. Tout cela me frappe et a pour moi une grande valeur, comme preuve du changement qui s'est opéré dans l'esprit de la nation. »

Les augustes visiteurs, après s'être séparés de l'Impératrice, aux Tuileries, se mirent en route accompagnés de l'Empereur et du prince Napoléon. Comme sur leur route vers Paris, le même accueil bienveillant les attendait au retour dans toutes les villes qu'ils traversèrent jusqu'à Boulogne, où ils arrivèrent à cinq heures et demie.

« Nous sommes allés sur-le-champ en voiture, écrit la Reine, jusqu'à la plage, où étaient réunies toutes les troupes du camp, 36,000 hommes d'infanterie, sans compter la cavalerie (lanciers, dragons) et la gendarmerie. Nous avons parcouru les rangs, une vraie forêt de baïonnettes, dont l'effet, avec la mer bleue et calme au fond, et le soleil couchant jetant une lumière cramoisie sur le tout, était grandiose...

« Ils marchent bien moins serrés que nos hommes, mais ils marchent bien ensemble, et leur air et leur tenue sont des plus militaires...

« Un peu avant la fin du défilé, notre escadre a salué, et parmi les contrastes qui s'étaient tant de fois présentés à l'esprit pendant ce séjour, le moindre assurément n'était pas celui qu'offrait cette scène, lorsqu'on se souvenait que c'était sur cette même plage que Napoléon Ier avait passé en revue les troupes destinées à envahir l'Angleterre, tandis que la flotte de Nelson attendait cette même armée là où était en ce moment l'escadre anglaise. Aujourd'hui, notre escadre salue Napoléon III, pendant que son armée défile devant la Reine d'Angleterre, les musiques jouant *Rule Britannia!* Le spectacle qu'offraient ces troupes en défilant par bataillons de 800 hommes chacun, le long de la plage, le soleil dorant leurs milliers de baïonnettes, de lances, etc., était indescriptible. » — La Reine et le Prince allèrent ensuite visiter les camps de Honvault et d'Ambleteuse. — « La lune se levait, dit le journal de la Reine, comme un globe cramoisi, faisant un effet admirable dans le ciel sombre du crépuscule... J'ai fait appeler une cantinière auprès de ma voiture pour regarder son uniforme et son petit baril. Elle était très-bien tenue, propre, et s'exprimait bien. Je voudrais que nous en eussions dans notre armée. On exige qu'elles soient mariées, et si leurs maris meurent, ou s'ils sont tués et qu'elles veuillent rester au régiment, elles doivent se remarier dans le courant de la même année... A onze heures, après avoir dîné, nous sommes montés en voiture. Les rues et les maisons de la ville étaient illuminées, des feux d'artifice éclataient de tous côtés. Les canons tonnaient, les musiques jouaient, les acclamations résonnaient, et une lune majestueuse et calme éclairait cette scène brillante et étourdissante. L'Empereur m'accompagna à bord, avec toute sa suite, désirant rester avec nous quelque temps sur mer. Le yacht glissa tranquillement hors du port, moi le cœur bien ému et attendri.

« Une fois sortis du port, nous avons montré notre yacht du haut en bas à l'Empereur, qui a été émerveillé de sa grandeur ; il veut s'en faire construire un, mais plus petit. Je lui ai dit qu'il devrait en construire un de la même grandeur, et il m'a répondu : « Cela convient à la reine des mers, mais non à un simple potentat terrestre comme moi. » En remontant sur le pont, le colonel Fleury a dit à l'Empereur qu'il fallait partir, sans quoi son petit yacht ne pourrait pas rentrer dans le port. — Nous avons beaucoup remercié l'Empereur de toutes ses bontés, et du plaisir que cette visite nous avait causé. Il m'a dit : « Vous reviendrez ? » Nous lui avons réitéré notre espoir de le revoir en Angleterre ; je l'ai embrassé deux fois, et il a donné une chaleureuse poignée de main à Albert et aux enfants. Nous l'avons suivi jusqu'à l'échelle, où, encore une fois, je lui ai serré la main et l'ai embrassé en lui disant : « Encore une fois, adieu, Sire ! » Nous l'avons regardé entrer dans le canot, d'où il nous a crié : « Adieu, Madame, au revoir ! » Et j'ai répondu : « Je l'espère bien. » Nous avons entendu le bruit des rames et vu le canot, éclairé par la lune et par les nombreuses fusées à la Congrève, lancées de notre yacht, aborder l'*Ariel*, et l'Empereur et sa suite y monter. Nous avons attendu encore un peu, jusqu'à ce que la *Fairy* eût amené les bagages, regardant le yacht impérial passer devant nous, aux vivat de nos matelots, pendant que nous agitions nos mouchoirs, puis tout est devenu tranquille, tout était fini! Il était minuit passé quand l'Empereur nous a quittés; nous sommes, ensuite, restés à causer avec lord Clarendon jusqu'à une heure. »

La Reine reprend et conclut le récit, dont je n'ai extrait qu'une partie relativement restreinte, par les observations suivantes :

« Étranges, en effet, sont les voies de la Providence! Qui aurait imaginé que cet homme, cet Empereur, pour qui nous n'étions certainement pas bien disposés depuis décembre 1851, contre lequel on disait tant de choses et contre lequel il y avait tant à dire, dont la vie avait été remplie de tant de vicissitudes, serait, par les circonstances, par sa conduite droite et loyale envers ce pays, et par sa sagesse et sa modération en général, devenu non-seulement l'allié le plus ferme et l'ami de l'Angleterre, mais même notre ami personnel?

« J'en ai, depuis, causé fréquemment avec Albert, qui est naturellement plus calme, et qui surtout est beaucoup moins captivé par les gens qu'il voit, et moins influencé personnellement que moi. Il reconnaît parfaitement combien on s'attache à l'Empereur quand on se trouve avec lui dans l'intimité et sans contrainte, comme nous venons de le faire pendant les dix jours qui viennent de s'écouler, et cela pendant huit, dix, douze, et même, aujourd'hui, quatorze heures par jour. Il est si calme, si simple, si naïf même, si heureux qu'on lui apprenne ce qu'il ignore; si doux, avec tant de tact, de dignité et de modestie; si plein de respect et d'aimables égards pour nous, ne disant jamais un mot, ne faisant jamais la plus petite chose qui pût me contrarier ou m'embarrasser! Je connais peu de gens à qui je me sois sentie plus prête à me confier et à parler sans réserve. Je ne craindrais pas de lui dire quoi que ce fût. Je me sentais, — je ne sais comment dire, — en sûreté avec lui. Sa société est particulièrement agréable ; il y a en lui quelque chose d'attrayant, de mélancolique, de séduisant, qui vous attire, en dépit de toutes les préventions qu'on peut avoir contre lui, et cela, certes, sans l'aide d'aucun avantage extérieur, quoique sa figure ne me déplaise point. Il n'y a pas à en douter, il a un pouvoir extraordinaire pour s'attacher les gens. Les enfants l'aiment beaucoup ; pour eux aussi, sa bonté a été grande, mais en même temps parfaitement judicieuse. Puis il aime tant Albert, il l'apprécie tant, et lui montre tant de confiance! Enfin, je regarderai toujours ce voyage en France, non-seulement à cause des magnificences que nous y avons vues et qui nous ont fait tant de plaisir, mais aussi à cause du temps que nous avons passé avec l'Empereur, comme un des moments les plus agréables et les plus intéressants de ma vie. L'Impératrice a aussi beaucoup de charme, et nous l'aimons tous beaucoup. »

Je ne peux m'empêcher d'ajouter ici, ces lignes extraites des Mémoires de lord Malmesbury :

« *1er mars 1848*. — Pas de nouvelles de Louis-Philippe et de la famille royale. Un vapeur sous le commandement du capitaine Smihett croise devant Dieppe et le Tréport pour les prendre à bord. On prétend que la duchesse d'Orléans et ses deux enfants, accompagnés par le général Lefèvre et M. Guizot, seraient arrivés à Jersey dans un cotre. L'ordre est rétabli à Paris, mais pas encore en province, où il n'est pas sans danger de voyager. Neuilly a été incendié, et cent cinquante individus qui se trouvaient dans les caves, ivres-morts, y ont été brûlés vifs. Les journaux d'aujourd'hui racontent que Louis-Philippe a quitté les Tuileries; il est parti à pied, au bras de la Reine, entouré de gardes nationaux à cheval qui l'ont escorté jusqu'à la place Louis XV ; là, tous deux sont montés dans une petite voiture à un cheval qui les a emmenés à fond de train. Ils sont arrivés le soir même à Dreux, y ont couché et ont loué une voiture pour continuer leur chemin. »

« *3 mars*. — Louis-Philippe est arrivé hier à Newhaven, mais à cause de la marée n'a pu débarquer avant minuit. Il est descendu avec la Reine dans une méchante auberge dont la patronne a fait de son mieux pour les recevoir conformément à leur rang. Le Roi et la Reine ont été si touchés de ses efforts, qu'ils ont refusé les nombreuses offres qu'on leur a faites d'une hospitalité plus confortable, et ont résolu de rester chez elle en attendant la réponse de notre Reine à une lettre qu'ils lui ont expédiée par un exprès.

« Il paraît que le Roi a passé la nuit à Dreux chez un

fermier dont il était sûr et qui lui a procuré ainsi qu'à la Reine des déguisements. Le Roi a rasé ses favoris et ôté sa perruque, et ils sont arrivés à Honfleur le samedi matin. Ils y sont descendus chez quelqu'un qui connaît le Roi et, à cause du mauvais état de la mer, n'ont pu s'embarquer que le jeudi. Le paquebot de Southampton l'*Express* avait été secrètement averti et croisait dans les eaux du Havre, où le bateau de pêche sur lequel le Roi et la Reine avaient pris passage, avec les généraux Dumas et de Rumigny, l'a rencontré sous vapeur. Les fugitifs y sont montés et sont arrivés en Angleterre le lendemain matin. En mettant le pied à terre, le Roi s'est écrié : « Dieu soit « loué, je suis sur le sol britannique ! » Ils sont arrivés à Londres aujourd'hui et repartis aussitôt pour Claremont. On leur a témoigné beaucoup de déférence, tout le monde se découvrant sur leur passage... »

... « Le 20 mars 1871, Napoléon débarqua à Douvres, venant de Wilhemshöhe, et le lendemain même je fus le voir à Chislehurst. L'Impératrice et son fils avaient été au-devant de lui à Douvres, et l'accueil cordial de la foule lui a montré la générosité du peuple anglais, ainsi que sa gratitude pour la constante amitié dont, pendant vingt années, il lui avait donné des preuves. On se rappelait la guerre de Crimée et la sympathie qu'il nous avait témoignée lors de notre conflit avec les États-Unis. Il avait fait plus encore au moment de la révolte des Cipayes, lorsque le salut de l'Inde dépendant de l'arrivée rapide des renforts, il nous avait offert pour nos troupes le passage par la France. Pendant tout son règne les Anglais ont été reçus à Paris avec une extrême cordialité, bien différente de l'accueil que leur avaient fait les régimes précédents.

« Il entra seul dans le salon où je me trouvais et me serra cordialement la main avec ce sourire qui éclairait si singulièrement sa physionomie naturellement sombre. J'avoue avoir été extrêmement ému. Sa dignité calme et tranquille, son absence de toute surexcitation et de toute irritation étaient l'indice d'une force morale digne du stoïcien le plus sévère. Tout le passé me traversa la mémoire : notre jeunesse à Rome en 1829, ses rêves ambitieux de cette époque et les tentatives désespérées qu'il fit dans la suite pour les réaliser; sa captivité dans laquelle je l'avais trouvé si ferme et si plein d'espoir, puis sa miraculeuse évasion de Ham; son séjour à Londres, où, pendant les émeutes de 1848, il avait fait fonction de constable spécial, comme un sujet anglais; ensuite son élection à la présidence de la République française en 1850; son avénement au trône impérial également ratifié par des millions de suffrages, et la part que j'avais prise, comme ministre anglais, à cet événement qui réalisait ses rêves de jeunesse; enfin la gloire et l'éclat de ses vingt années de règne pendant lesquelles il avait enrichi la France au delà de toute vraissemblance, et fait de Paris la reine des capitales : tous ces souvenirs affluèrent dans mon esprit quand je vis devant moi cet homme dont la carrière avait été si aventureuse et si prospère, sans couronne, sans armée, sans patrie, sans un pouce de terre qu'il pût appeler sien, autre que la maison qu'il avait louée dans un village anglais

« Ma physionomie décela sans doute mes sentiments, car il me serra de nouveau la main en me disant : « A la guerre comme à la guerre. C'est bien bon à vous de venir me voir. » Puis d'un ton naturel et tranquille il se mit à me vanter les bons procédés que les Allemands avaient eus pour lui à Wilhemshöhe. Pas un mot de plainte ne lui échappa pendant notre entretien. Il me dit avoir été trompé sur la force et l'état de son armée, mais sans faire de reproches à personne. Pendant une demi-heure il causa avec moi aussi tranquillement qu'aux meilleurs jours de sa vie, avec une résignation telle que le fatalisme seul peut l'inspirer et que ne pourrait donner aucune autre foi humaine. Ce n'est pas la première fois que je fus frappé de cette tendance de son esprit.

« Je le revis plus tard et le trouvai beaucoup plus affecté des calamités de Paris et de l'anarchie qui régnait en France, qu'il ne l'avait été de ses propres malheurs ; le fait que les communards se rendaient coupables de semblables horreurs en présence des armées prussiennes, lui paraissait le comble de l'humiliation et de l'infamie.

« Le 9 janvier 1873, la mort vint le délivrer des agitations de son orageuse existence et des souffrances d'une cruelle maladie. Il rendit le dernier soupir dans les bras de l'Impératrice et, plus heureux qu'elle, ne vit pas la lamentable fin du fils sur lequel reposaient toutes leurs espérances. »

Voici maintenant le récit de la troisième visite que la Reine d'Angleterre a faite à la France. Je l'emprunte au *Pall-Mall Gazette* :

« L'extrait qui suit d'une lettre d'un moine chartreux adressée à sa nièce en Écosse, au sujet de la récente visite de la Reine à la Grande-Chartreuse, aura de l'intérêt pour les sujets de Sa Majesté. Ce moine écrit d'une autre Chartreuse; mais comme son prieur se trouvait à la Grande Chartreuse lorsqu'elle fut visitée par la Reine, il est à même de rendre l'impression des Chartreux sur la royale visite. On remarquera qu'il dément ce que plusieurs journaux avaient affirmé, à savoir que la Reine ait été reçue en vertu d'une permission spéciale du Pape.

« Comme vous prenez plaisir à recueillir toutes sortes de détails sur Sa Majesté la Reine, je suis bien heureux de pouvoir vous dire que je viens d'être mis au courant de tout ce qui concerne la royale visite à la Grande-Chartreuse; et ainsi cet événement remarquable sera la matière de la présente lettre. De ce que vous me disiez dans votre dernière lettre, il ressort que tous les récits des journaux touchant la visite royale peuvent se réduire à deux points. Premièrement, pour recevoir Sa Majesté on a dû déroger aux règles de l'Ordre, et, secondement, la Reine a refusé le repas de bienvenue qui lui était humblement offert. »

Il n'y a pas un seul mot de vrai dans ces affirmations. Toutes deux sont fausses..... « Depuis le temps de saint Benoît le monde catholique n'a jamais entendu parler d'aucune règle monastique au sujet de l'introduction des étrangers dans les couvents cloîtrés de l'un ou de l'autre sexe. Il existe et il a toujours existé une loi générale qui n'a été faite ni par des moines ni par des religieux, mais par un concile général de l'Église, sur cette matière très-importante. Cette loi défend, sous peine d'excommunication, d'introduire des hommes dans des couvents de religieuses cloîtrées, et d'introduire des femmes dans des monastères de moines qui vivent séparés du monde. Mais la loi fait une exception formelle en faveur des évêques et des têtes couronnées. Sans aucun doute lorsque la loi fut faite, les personnes des Rois et des Reines étaient tenues pour sacrées. A cette époque, ils étaient tous catholiques, un bon nombre d'entre eux étaient saints, et l'on ne songeait pas à l'éventualité qu'on pût voir quelque part en Europe une anomalie aussi monstrueuse que celle d'un Roi et d'une Reine hérétique. La révolution religieuse du seizième siècle donna naissance à plus d'un de ces exemples inouïs, mais leur apparition dans la chrétienté ne changea rien à la loi. La lettre et son esprit sont toujours restés et resteront toujours ce qu'ils étaient dans les âges de foi.

« Il est donc parfaitement vrai que le pied d'une femme de condition ordinaire n'a jamais passé le seuil de la Grande-Chartreuse ; mais durant les huit derniers siècles un grand nombre de Reines ont visité l'antique et magnifique monastère et y ont dîné. De ce nombre est la fille et l'héritière du trône du fameux Gustave-Adolphe : Christine de Suède y fut reçue très-peu de temps avant d'abdiquer la couronne et d'abjurer le protestantisme, et devint une fille dévouée de l'Église catholique. Par conséquent aucune règle n'a été violée, aucun usage n'a été momentanément oublié, aucune exception n'a été faite en faveur de Sa

Majesté Britannique. La Reine Victoria avait un droit tout à fait authentique à être introduite dans les vieux cloîtres, à être conduite par toutes les cellules, et à visiter tout ce qu'elle désirait voir depuis le sommet jusqu'aux fondements du vénérable édifice. Mais pour être reçus dans les couvents cloîtrés, il faut que les Rois soient actuellement régnants, et pour être admises dans les couvents cloîtrés il faut que les Reines soient actuellement régnantes ; de sorte que, si la Reine d'Angleterre abdiquait demain, et venait frapper le jour suivant à l'antique porte de la Grande-Chartreuse, on ne lui permettrait pas d'en passer le seuil. Lorsque les Rois ou les Reines cessent de régner, ils tombent dans la catégorie des simples particuliers et sont invariablement exclus. Telle est la loi. Elle n'a jamais été et ne sera jamais changée.

« Sa Majesté est restée au monastère environ quatre heures. Elle n'y a pas dîné, parce qu'aucune annonce de sa visite n'avait été envoyée à l'avance au Père général, et par suite, il n'y avait pas le temps de préparer un dîner pour la Reine et sa suite. Mais la bonne Reine accepta de grand cœur une collation qui se composait de chocolat, de biscuits, de gelées et de bonbons de différentes sortes.

« Elle fit plus que cela. Elle demanda au Révérend Père si quelqu'un de ses bons sujets des trois royaumes se trouvait parmi ses enfants de la Grande-Chartreuse, et ayant appris qu'il y avait en ce moment dans la communauté un jeune Anglais, elle exprima aussitôt un vif désir d'aller le voir dans sa petite cellule. Je ne sais pas le nom de famille de ce jeune homme, mais c'est un converti, le fils d'un ministre protestant anglais. On accéda immédiatement au désir de Sa Majesté. Le Père Général se fit son guide à travers les sombres détours des cloîtres. Le jeune fils de Saint-Bruno reçut sa souveraine avec beaucoup d'aisance, de modestie et de politesse. La bonne Reine fut tout à fait enchantée. Elle s'assit sur une vieille chaise de paille tout près de lui, et devisa avec lui maternellement pendant près d'une demi-heure. Elle se recommanda pieusement, ainsi que ses fidèles sujets, à ses bonnes prières ; et elle fut si charmée de sa conversation édifiante qu'elle alla jusqu'à le prier de lui donner un petit souvenir qui lui permît, après son retour en Angleterre, de se remettre en esprit le plaisir de son entrevue avec lui et de sa visite à la Grande-Chartreuse. Il était le premier moine cloîtré, anglais, à qui Sa Majesté eût adressé la parole. Le jeune fils de Saint-Bruno lui fit aussitôt cadeau d'un petit crucifix d'argent, très-ancien et d'un très-beau travail. C'était le seul objet de quelque valeur qu'il eût dans sa cellule. La Reine ne baisa pas l'image de notre Rédempteur crucifié, mais elle l'accepta gracieusement, la mit soigneusement dans une de ses poches, dit un adieu très-affectueux au jeune converti, et après quelques instants quitta le berceau vénérable de l'Ordre des Chartreux.

« Je tiens ces petits détails de la bouche de notre Père qui vient d'arriver du Chapitre général de l'Ordre qui se tient tous les ans à la Grande-Chartreuse. Ils lui ont été transmis par le Père Général, il ne saurait donc y avoir le moindre doute sur leur authenticité. »

...Tel est le récit d'un journal.

J'en trouve un autre dans la revue *The Month* : « Aucune femme ne peut, non pas entrer dans la cellule, mais même franchir les murailles d'une Chartreuse sans la permission expresse du Pape. Il n'y a qu'une exception. La coutume a donné au souverain du pays le droit d'entrer dans tous les monastères de Chartreux ou autres situés sur le sol de leur royaume.

« Si la Reine d'Angleterre venait frapper à la porte de la Chartreuse de Saint-Hugues dans le Sussex (et s'il plait à Dieu, peut-être un jour le fera-t-elle), elle serait admise de droit et sans aucune difficulté; mais non pas à la Grande-Chartreuse de France; là, la permission du Pape lui était nécessaire comme à toute autre dame pour y entrer. Ce n'est que dans les monastères situés entre les frontières de son royaume qu'une Reine jouit du privilége consacré par la coutume. »

Le récit qui a été publié ne peut qu'être faussement attribué à un Chartreux anglais, il est plein d'inexactitudes... Pas un Chartreux au monde ne possède un crucifix d'argent dans sa cellule, il est contre sa règle d'avoir quoi que ce soit en argent. Ce Père chartreux aurait, de plus, péché contre ce vœu de pauvreté en donnant quelque chose qui était la propriété du monastère.

Voici ce qui est vrai : La Reine a visité dans sa cellule un des moines, un jeune Anglais, neveu d'un prêtre de Londres bien connu; elle a passé quelque temps à converser amicalement avec lui. Après son départ, elle lui a envoyé un souvenir de sa visite, une jolie croix d'argent. Bien que cette croix lui fût apportée par l'ordre de la Reine, le moine ne pouvait évidemment pas la garder. Mais avant de la rendre à son prieur, il écrivit par derrière :

« *Regina dedit — Regula abstulit — Sit nomen Domini benedictum — Amen!* »

Si ma lettre n'était pas déjà si longue, je vous dirais un mot de cette Chartreuse de Saint-Hugues. J'y ai été conduire un novice : j'avais même songé à vous y mener en pèlerinage tous, mais ce serait un voyage trop coûteux. J'ai visité là, dans leur cellule, un capitaine de hussards, ancien élève de la rue des Postes : de Faconnet, et un lieutenant de vaisseau, celui-ci qui avait fait le tour du monde à bord du *Cassini*, où il avait pour capitaine le commandant de Plas, aujourd'hui Jésuite ; pour lieutenant, Alexis Clerc, Jésuite aussi, fusillé avec l'archevêque de Paris.

Ces exemples de renoncement ne sont pas rares. Le général russe Nicolay, l'adversaire de Shamyl dans les guerres du Caucase, s'est retiré à la Grande-Chartreuse, près Grenoble, et son parent, le jeune prince Charles de Broglie, officier de cavalerie et ancien élève de la rue des Postes, dont vous avez lu le nom au-dessus de la porte de notre chapelle, l'y a rejoint. Combien d'autres sacrifices ignorés, connus de Dieu seul !... Les Chartreuses et les Carmels, comme en général les couvents d'ordre contemplatif, voilà ce qui sauve la société.

Victor Hugo, qui avait écrit de si belles pages sur les religieuses, a voté contre elles... Comment expliquer cela? Ne serait-ce pas que le caractère est rarement à la hauteur du talent, qu'agir et sentir font deux, et que la vanité pousse l'homme à des résolutions que le cœur déteste et que son esprit désavoue? Heureux, mes enfants, ceux qui ont la foi, heureux êtes-vous de l'avoir trouvée dans votre berceau. Vous comprenez ces choses, et elles vous semblent comme naturelles. Gardez toujours de tels sentiments. Toute votre vie, n'oubliez pas de respecter la robe du Sauveur Jésus. Du Guesclin mourant disait : « Je vous recommande les femmes, les pauvres et les gens d'Église. »

« Où vas-tu? » disait un jour l'empereur Valens à un seigneur persan, Aphraate, qui s'était fait religieux et missionnaire de la foi de Nicée. « Je vais prier pour votre empire », répondit le moine.

Une nuit, la flotte de Philippe-Auguste, voguant vers la Terre sainte, est assaillie par une tempête affreuse, les nautoniers se découragent : « Il est minuit, leur dit le Roi, c'est l'heure où la communauté de Clairvaux se lève pour chanter *Matines*. Ces saints moines ne nous oublient jamais. Ils vont prier pour nous, et leurs prières nous arracheront au péril. » Il avait à peine fini, dit la chronique :

Jam fragor omnis et œstus
Ventorumque cadit rabies, pulsisque tenebris
Splendiflua radiant et luna et sidera luce.

La prière, c'est l'explication unique de la fondation de bien des monastères, et l'on se trompe quand on en cherche exclusivement la raison d'être dans la charité corporelle.

« Il faut, dit le comte de Chester, dresser dans mon

domaine une échelle où les anges monteront chaque jour pour porter à Dieu les prières des hommes, et en redescendront avec ses grâces. »

— « Moi, Guillaume, comte de Poitou et duc de toute l'Aquitaine, je transfère de ma main en la main de Saint-Pierre de Cluny, cette église que, Dieu aidant, j'ai arrachée et affranchie de l'usurpation laïque, et je fais ce don parce que je me souviens de mes péchés et parce que je veux que Dieu les oublie. »

Les religieux prient, ils travaillent aussi.

On ne discute plus maintenant l'utilité des moines, l'histoire a prouvé qu'ils n'ont pas seulement défriché la France, mais encore sauvé sa vie intellectuelle et que, sans ces hommes qu'on a accusés d'obscurantisme, nous serions encore dans la barbarie.

Le 21 avril 1690, Leibniz écrivait au landgrave Ernst von Hessen Rheinfeld à propos de la suppression d'un monastère de Camaldules : « Je voudrois que les moines fussent conservés, mais bien employés. Et si j'estois Pape, je voudrois distribuer entre eux les recherches de la vérité qui servent à la gloire de Dieu, et les œuvres de la charité qui servent au salut et au bien des hommes. Les Bénédictins, Cisteaux et autres semblables, bien rentés, feroient des recherches dans la nature pour la connaissance des animaux, plantes et minéraux, et ils seroient hospitaliers et feroient des aumônes ; ils ont des terres et de quoy faire des expériences et des charités. Les moines mendiants, surtout les Franciscains, Capucins et Observans seroient appliqués, nonobstant les canons contraires, à la médecine, à la chirurgie et au soulagement des pauvres soldats et malades, par l'assistance personnelle, ce qu'on trouvera assez conforme à leur génie et institution. Les Dominicains et Jésuites resteroient Lecteurs et Professeurs avec les Carmes et les Augustins et seroient prédicateurs et maistres d'escole, mais avec quelque réforme, pourtant. Ils feroient des recherches pour l'histoire ecclésiastique et profane et seroient versés dans la lecture des Pères et dans les humanités. Les Pères de la Mercede et toutes sortes d'autres missionnaires de quelques ordres qu'ils soient, dépendant de la congrégation *De propaganda fide*, cultiveroient particulièrement les langues orientales et autres, et répareroient les ruines de la confusion de Babel, quant à la foi et quant à la langue. Outre qu'ils rendroient de très-grands services au genre humain, en éclaircissant la géographie et en faisant passer jusques à nous les arts, connaissances, simples et drogues des autres pays, portant en échange chez les autres, et les lumières de la foy et celles des sciences, en quoi, pourtant, il faut quelque circonspection... Mais, revenant à nos religieux, je vois d'avoir oublié les Chartreux, Anachrorètes et autres retirés, qui seroient fort bons pour les sciences abstraites, comme pour l'algèbre, la pure mathématique, la métaphysique réelle et la théologie mystique sobre et solide et pour la poésie sacrée qui chanteroit à Dieu ces hymnes d'une beauté admirable. Je ne veux pas à présent toucher aux Chanoines et autres Bénéficiers séculiers, que nous garderons pour un autre temps ; si cette milice religieuse estoit bien employée et bien ordonnée, ce seroit une chose admirable. »

Mais on dit que les religieux font profession de n'avoir plus d'affections pour leurs proches? Écoutez saint Bernard pleurant son frère : « Sortez, sortez, mes larmes si désireuses de couler ! Celui qui les retenait n'est plus là... Ce n'est pas lui qui est mort, c'est moi qui ne vis plus que pour mourir... Pourquoi, pourquoi nous sommes-nous aimés et pourquoi nous sommes-nous perdus ? »

« Tant la tendresse de la nature, dit Montalembert dans son Introduction aux *Moines d'Occident,* tant les affections légitimes savaient revendiquer leurs droits dans les cœurs des saints, et y pénétrer à travers ce que saint Bernard lui-même appelle la large et suave blessure de l'amour. »

Non, tous les grands hommes comme tous les peuples ont rendu hommage à ces martyrs volontaires. « Dans mes lectures, dit un protestant, Johnson, je ne rencontre jamais un anachorète sans lui baiser les pieds, ni un monastère sans tomber à genoux pour en baiser le seuil. » « *I never read of a hermit but in imagination I kiss his feet : never of a monastery but I fall on my knees and kiss the pavement.* »

Telle est l'opinion des protestants qui, en grand nombre, vont visiter la Chartreuse anglaise ; telle a été certainement l'impression de la Reine quand elle a vu celle de France. Ira-t-elle jamais voir Saint-Hugues ? Dieu le sait et l'y conduira peut-être. En attendant, Il lui a donné la bonne pensée de visiter à l'occasion de son cinquantenaire notre collège de Beaumont, comme elle avait fait celui d'Eton.

Voici ce que le *Times* dit de cette visite : « La Reine

s'est rendue à Beaumont College, Old Windsor, pour y recevoir les hommages des autorités et des élèves de la maison. L'entrée des pelouses était magnifiquement ornée de drapeaux et de fleurs, et on lisait sur la grille cette inscription : *Felix diu maneat Angliæ Regina.* A sept heures, le R. P. O'Hare, recteur, les maîtres et les élèves du collége se rendirent à la grille pour attendre la visite royale.

« Sa Majesté, accompagnée de la princesse Henri de Battenberg et de la princesse Irène de Hesse, et escortée par le général Ponsomby, le major général du Plat et le colonel Carington, après avoir quitté Frogmore, avait visité d'abord la manufacture royale de tapisserie qui était décorée avec le plus grand soin. Le directeur, M. Henri, lui lut une adresse. Les voitures royales se dirigèrent alors vers Beaumont College. Un triple hourra s'éleva dans les airs dès que Sa Majesté fut en vue, et les élèves entonnèrent l'hymne national. Quand la voiture royale s'arrêta, le Père recteur dit à Sa Majesté : « Nous, le recteur, les maîtres et les élèves de Beaumont College, nous associant du fond du cœur à la joie et aux félicitations que les sujets de Votre Majesté lui ont, la semaine dernière, si spontanément manifestées, nous sommes particulièrement reconnaissants de ce qu'il nous est permis d'offrir à Votre Majesté notre tribut de fidélité et d'affection. La plupart d'entre nous n'ont connu d'autre souverain que vous; et nous nous en faisons gloire. D'ailleurs nous savons par l'assentiment de tous comme par l'histoire, que jamais la liberté individuelle n'a été mieux garantie, jamais notre pays n'a marché plus glorieusement dans la voie du progrès, que pendant les cinquante années du règne heureux de Votre Majesté... Dieu daigne prolonger ce règne pendant de longues années encore et donner à Votre Majesté de voir l'amour de son peuple grandir (s'il était possible) à mesure que le temps s'écoulera. »

La Reine, après avoir exprimé ses remercîments, reçut de magnifiques bouquets qui lui furent offerts par Charles Wood, fils du général sir Evelyn Wood, Francis Pigott et Charles Stoner. Les élèves chantèrent alors une strophe du chant de leur collége, le *Carmen Baumontanum*, comme les élèves d'Eton avaient chanté : *Carmen Etonense*. La Reine quitta le collége aussitôt après et continua sa promenade du soir.

Dans une autre occasion, il y a quelques années, après une tentative d'assassinat contre sa personne, la Reine, ayant reçu une adresse des Pères et des élèves du collége, avait fait une première visite, et un des plus petits élèves lui avait offert un bouquet. La princesse Béatrix, qui était assise dans la voiture à côté de sa mère, tendit la main pour le saisir, mais le *boy* le retira en disant : « Ce n'est pas pour vous, mademoiselle, c'est pour votre maman. »

Le R. P. recteur avait adressé à la Reine les paroles suivantes : « C'est un bonheur pour nous d'assurer Votre Majesté que notre fidélité, appuyée sur la base inébranlable de notre foi, est et sera toujours vivante dans nos cœurs, et que Votre Majesté pourra toujours compter sur la constante obéissance et l'absolu dévouement des élèves de Beaumont. »

En parcourant tout à l'heure les *Moines d'Occident*

pour y trouver quelques paroles à l'éloge des Ordres contemplatifs, mes yeux ont rencontré un passage de l'introduction, lequel finira bien cette lettre :

« Il est une pensée qui doit armer le courage et remonter les forces du plus humble soldat de la foi : c'est le souvenir du mal immense qu'a fait à l'humanité non-seulement le génie des grands ennemis de Dieu, mais encore toute cette nuée de scribes obscurs, de copistes vulgaires et serviles qui ont distillé en détail le venin de leurs maîtres, et l'ont infiltré jusque dans les dernières veines du corps social. A la vue de leurs ravages chaque jour renouvelés, on comprend qu'il puisse y avoir une ambition légitime et un pur honneur à se faire le scribe de la justice et le copiste de la vérité.

« Même dans ces modestes limites, que de fois ne me suis-je pas dit que j'avais entrepris une œuvre au-dessus de mes forces ! Que de fois n'ai-je point été tenté de renoncer à cette tâche excessive et de fuir cet abîme où semblaient devoir s'engloutir, avec les années fugitives, une patience épuisée et une fatigue impuissante !

« Mais que de fois aussi, dans le silence des nuits, sous le toit du vieux manoir où j'ai écrit la plupart de ces pages, derrière les massifs in-folio où leurs actes ont été enregistrés par une laborieuse postérité, n'ai-je pas cru voir apparaître autour de moi tout cet imposant cortége des saints, des pontifes, des docteurs, des missionnaires, des artistes, des maîtres de la parole et de la vie, issus, de siècle en siècle, des rangs pressés de l'ordre monastique ! Je contemplais en tremblant ces augustes ressuscités d'un passé plein de gloire méconnue. Leurs austères et bienveillants regards semblaient errer de leurs tombes profanées, de leurs œuvres oubliées, des monuments dédaignés de leur infatigable industrie, du site effacé de leurs saintes demeures, jusque sur moi, leur indigne annaliste, confus et accablé du poids de mon indignité. De leurs mâles et chastes poitrines j'entendis sortir comme une voix noblement plaintive : Tant de travaux incessants, tant de maux endurés, tant de services rendus, tant de vies consumées pour la gloire de Dieu, pour le bien des hommes ! et pour prix, la calomnie, l'ingratitude, la proscription, le mépris ! Ne se lèvera-t-il donc personne, dans ces générations modernes, à la fois comblées et oublieuses de nos bienfaits, pour venger notre mémoire ?...

Exoriare aliquis nostris ex ossibus ultor!

« Point d'apologie, point de panégyrique : un récit simple et exact ; la vérité, rien que la vérité ; la justice, rien que la justice : que ce soit là notre seule vengeance !

« Et alors je sentais courir dans mes veines un frémissement d'ardente et de douloureuse émotion. Je ne suis, leur répondais-je, qu'une pauvre poussière, mais cette poussière s'animera peut-être au contact de vos ossements sacrés. Peut-être une étincelle de votre foyer viendra-t-elle allumer mon âme. Je n'ai pour arme qu'une triste et froide plume, et je suis le premier de mon sang qui n'ait guerroyé qu'avec la plume. Mais qu'au moins elle serve avec honneur, qu'elle devienne un glaive à son tour dans la rude et sainte lutte de la conscience, de la majesté désarmée du droit, contre la triomphante oppression du mensonge et du mal! »

Je lisais ces pages en descendant de l'abbaye où j'allais voir notre dernier et unique malade, désormais guéri. Je m'arrêtai près de la tombe d'Étienne Dijols pour remercier Dieu de ne nous avoir pris aucun de nos enfants. Puis je revins par la longue allée des lauriers de Portugal... Le jour baissait. A mesure que je marchais, la grande tour des Anges dominant la cathédrale se dressait devant moi, incendiée par les feux du soleil couchant. Je m'arrêtai, je fermai le livre et je pensai à tous les saints moines dont les corps dorment sous les dalles aujourd'hui profanées, au Prince noir, qui, par un désir exprès, repose auprès d'eux. Je pensai aussi à ce corps d'un enfant de quatorze ans près duquel je venais de prier et je me dis : Un jour, je l'espère, vous, mes enfants, et nous, nous rentrerons en France, et alors ce collége passera à d'autres mains, ce ne sera plus peut-être un collége, mais la demeure des morts sera toujours respectée, et, de notre passage sur la terre anglaise, il ne restera que le corps d'un enfant et sur lui une table de granit portant sa dernière parole : « Dites à mes camarades qu'il n'y a rien de plus beau que le bon Dieu. » Et sa courte vie l'aura égalé aux vieux serviteurs de Dieu dans le voisinage de qui il repose jusqu'à ce qu'ils se réveillent ensemble pour l'éternité.

Je pensai alors à vous, et je priai toutes ces saintes âmes de vous bénir et de protéger vos vacances.

Je viens d'avoir l'occasion d'aller à la cathédrale pour la montrer à M. Arthur Loth, auteur de la magnifique *Vie de saint Vincent de Paul,* illustrée. Nous avons rencontré à la bibliothèque le Dr Sheppard, un des plus illustres savants d'Angleterre. Comme je lui disais que Louis VII était venu en pèlerinage au tombeau de saint Thomas Becket, qui avait été son ami, et qu'il avait obtenu de lui la guérison de son fils Philippe-Auguste gravement malade, M. Sheppard sourit et me dit : « Je vais vous montrer quelque chose. » Il m'exhiba aussitôt un grand parchemin signé de la main même de Louis VII, portant promesse, si son fils guérissait, d'envoyer chaque année à Canterbury cent muids de vin de Poissy, à la mesure de Paris (*centum modios, ad mensuram Parisiensem*); ensuite la confirmation de la promesse sur un autre parchemin, signée de la main de Philippe-Auguste : « *Thomas Becket ad cujus tumulum pro salute animæ et sanitate corporis impetranda pater noster in multa devotione profectus* »; sur un troisième et sur un quatrième la confirmation signée de la main de saint Louis et de Louis XI. A côté, il nous fit voir les sceaux de chacun de ces rois. Ce sont de vrais gâteaux de cire plus grands que de grandes hosties, épais de deux centimètres, sur lesquels le sceau représentant le roi sur son trône est profondément empreint. Quand je vous dis : signé de la main du roi, je veux dire qu'elle a tracé le monogramme du nom. On appelle ainsi une sorte de caractère ou de chiffre formé de plusieurs lettres entrelacées, et où toutes les lettres qui composent le mot sont exprimées. Le droit de signer par monogramme fut réservé aux rois jusqu'au xive siècle, et ils ne signaient guère autrement.

Voici le monogramme de Charles le Chauve : Karolus.

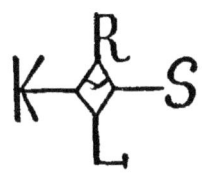
... Vous voyez que c'est d'un dessin assez rudimentaire..... Les monogrammes de Louis VII, Philippe-Auguste, saint Louis, Louis XI, sont du même genre. Celui de Charlemagne est très-compliqué.

Priez bien pour le collége Sainte-Marie à votre communion de l'Assomption.

P. S. — M. Hubault, professeur d'histoire au lycée Louis-le-Grand, dont les ouvrages vous plaisent tant, et à bon droit, cite, en note d'un article de la *Semaine des familles,* un mot du livre de M. Geffroy : *Madame de Maintenon d'après sa correspondance.*

Je lui emprunte ce mot, qui vient bien à la fin de cette lettre :

« Le jour de la bataille de Denain, madame de Maintenon écrivait à une dame de la maison royale de Saint-Cyr : « Il se doit passer quelque chose en Flandre dont « il ne faut rien dire; mais je vous prie de mettre de-« main tout le monde en prière pour obtenir de Dieu « une fin heureuse à cette triste campagne. » On prie à Saint-Cyr, on combat à Denain, et Dieu donne la victoire qui sauve la France. »

QUATRIÈME LETTRE

Le 6 août 1887. Entre Douvres et Calais.

Mes bien chers enfants,

J'ai reçu ce matin une dépêche qui m'appelle auprès d'un mourant. C'est un homme qui, avant de connaître aucun de nous personnellement, s'était décidé à nous défendre de sa plume en 1879, au moment de la discussion de l'article 7, et nous lui sommes redevables, pour une bonne part, de la victoire (1).

Nos ennemis, battus sur le terrain légal, ayant pris leur revanche par des décrets d'expulsion, il rentra en lice, et il n'a pas tenu à lui que nous ne connussions jamais l'exil.

Ce fidèle soldat des bonnes causes bataillait encore pour la liberté de l'instruction quand un mal ancien déjà, mais envenimé par un travail excessif, est venu l'abattre. Je ne sais dans quel état je vais le trouver ce soir, je vous demande de m'aider de vos prières. Vous recevrez cette lettre après qu'il aura été décidé de sa vie en ce monde et en l'autre, mais je crois fermement le cœur de Dieu assez bon et assez puissant pour

---

(1) M. Albert Duruy

escompter d'avance en faveur des agonisants le bénéfice des prières qui leur sont destinées.

Vous avez vu d'où je vous écris.

Parti à huit heures, j'ai pu prendre le premier bateau, c'est le *Calais-Douvres* : j'y ai retrouvé votre souvenir. Mais, au lieu de passer la Manche comme nous avons fait ensemble il y a déjà sept semaines, au milieu de la paix et de la solitude, je fais aujourd'hui la traversée dans le voisinage de deux grandes flottes armées en guerre et de plusieurs flottilles. Hier vos camarades apercevaient de la côte de Whitstable vingt grands cuirassés et vingt canonnières. Durant toute la nuit des pièces de canon monstrueuses ont tonné ; à Calais les vitres de la gare maritime, me disait-on tout à l'heure, sont brisées, et ce matin on voit disparaître à l'horizon, du côté de Portsmouth, la flotte de l'amiral Fremantle, emmenant prisonniers tous les vaisseaux de l'amiral Hewitt, ou bien c'est le contraire, je ne suis pas sûr de bien placer les noms, mais je le suis qu'une des deux flottes, surprise pendant la nuit, après plus de soixante-douze heures de manœuvres est prisonnière de l'autre.

Malheureusement la guerre, même pour rire, ne se fait pas sans danger ; et l'accident qui, pendant la revue de la Reine, a coûté la vie ou des membres à quelques matelots canonniers, s'est renouvelé deux fois hier ; cinq ou six marins en resteront aveugles, et plusieurs autres sont morts ou expirent maintenant au milieu d'atroces douleurs. L'explosion de deux gargousses à poudre, ce que les Anglais appellent *blank cartridges*, a été cause de ces malheurs.

Je me suis fait expliquer comment, par un capitaine de vaisseau que j'ai rencontré sur le *Pier,* et je vais vous répéter son explication.

Ces gargousses à poudre sont enveloppées dans de la flanelle. Lorsque le coup est parti, il reste souvent dans l'âme de la pièce des morceaux de cette flanelle brûlant encore. Aucun danger pourvu que le servant ait soin de bien éponger le canon avant de recharger ; parfois il y a négligence, ou bien on se sert pour placer la gargousse d'une sorte de pince qui la saisit et l'introduit dans la pièce, et, naturellement, cette pince ne peut sentir la présence de la flamme comme le ferait la main; la gargousse repose alors littéralement sur du feu, l'explosion se produit, et, comme ces pièces se chargent par la culasse, vous comprenez ce qui arrive: si le canon n'est pas du tout refermé, la flamme de la poudre est projetée en arrière autant qu'en avant et brûle les hommes ; si, au moment où la poudre s'enflamme, ceux-ci sont en train de refermer la culasse, les pièces qui servent à la fermeture, mal assujetties, sont projetées en éclat parmi eux ; si enfin l'obturation est complète, ce n'est qu'un coup de canon parti trop tôt. Mais tel n'était pas le cas, et voilà comment, durant cette journée merveilleuse de la revue de Spithead, dont j'espère avoir le temps de vous faire le récit, tandis que la canonnade de centaines de vaisseaux mêlait sa voix à des milliers de hourras, une scène bien triste venait jeter au milieu de ce concert joyeux sa note lugubre.

Une chaloupe s'était détachée et se dirigeait du côté de l'hôpital de Haslat. On vit bientôt le yacht de la

Reine signaler une question suivie de l'expression de témoignages de sympathie... Ainsi, mes enfants, Dieu permet souvent, pour faire réfléchir les hommes, que la douleur côtoie leurs plaisirs. Le chrétien profite de ces leçons pour adresser au ciel une prière qui élève son âme au-dessus de la terre et purifie son bonheur sans en altérer le juste sentiment... Mais je vous ai promis le récit d'une fête, et m'en voici loin.

Celle du cinquantenaire de la Reine a eu pour bouquet la grande revue navale de Spithead.

Il y a deux manières pour un souverain de passer une flotte en revue, ou bien c'est elle qui défile devant lui, ou c'est lui qui défile devant elle.

En 1856, date de la dernière grande revue navale d'Angleterre, on adopta la première méthode; toute la flotte anglaise, formant un effectif de deux cent cinquante-six vaisseaux, défila devant celui de la Reine; cette fois-ci on usa de la seconde. Je me demande dans l'un et l'autre cas comment on faisait avant l'invention de la vapeur. Je le demandai tout à l'heure à ce capitaine, il me dit, si j'ai bien compris, que le vaisseau du souverain s'ancrait sous le vent, et que tous les autres vaisseaux de la flotte, ayant pris leurs distances, en remontant dans le lit du vent, passaient alors vent arrière. C'est bien, pourvu que le vent ne change pas..... George III pour son cinquantenaire de règne, au commencement de ce siècle, car les souverains anglais règnent cinquante ans plus facilement que les nôtres, passa ainsi la revue de sa flotte.

Avant de vous raconter comment fit la Reine, je vais vous dire ce qu'était sa flotte.

Voici d'abord où j'ai puisé mes indications. Hier, ne me doutant pas que je partirais pour la France aujourd'hui, j'avais lu les quatre grands journaux anglais les mieux informés, deux libéraux et deux conservateurs ; le *Times*, le *Daily-News,* le *Daily-Telegraph* et le *Standard,* et noté leurs indications. J'ai aussi entendu le récit d'un témoin oculaire des mieux placés. Vous le connaissez bien, c'est le jeune prince de Waldburg-Zeil, qui était cette année au collége pour apprendre le français et l'anglais. Par suite des relations allemandes dont je vous parlais dans ma seconde lettre, Georges de Zeil s'est trouvé recevoir une invitation royale par l'entremise de la princesse de Hohenlohe, sa cousine, et il a passé trente-six heures à bord du yacht royal *Victoria and Albert,* où, par parenthèse, il se trouva être l'hôte de l'Impératrice Eugénie. Celle-ci présidait la table, la Reine n'étant venue à bord de son yacht que pour le moment précis de la revue.

Maintenant veuillez jeter les yeux sur l'épure qu'a bien voulu dessiner pour vous le Père de J..., et faites abstraction d'abord du trajet suivi par la Reine, ou plutôt oubliez ce plan et le papier et ma lettre, fermez les yeux et figurez-vous, le matin, au lever du soleil, sur l'eau calme, de longues lignes parallèles toutes noires et immobiles.

Quand la cloche piqua huit heures, pour parler le langage des marins, comme à un coup de baguette de la sorcière des eaux, toutes ces lignes noires se couvrirent de pavillons. Il y en avait des milliers et des milliers, de petits et de plus grands et d'immenses. Tous se déployèrent à la fois. La précision et l'uniformité de ce

9

mouvement, dit le *Times*, offrirent un coup d'œil très-frappant.

Tel fut le premier acte de la revue.

Le théâtre où va se dérouler toute la pièce, je n'essayerai pas de vous le décrire, je ne le connais pas. Prenez donc votre carte. Voyez l'île de Wight à l'ouest, en face, à l'est, Portsmouth; entre les deux le détroit de Spithead; faites briller sur la blancheur éblouissante de ces falaises de craie, sur la verdure de Wight, sur le bleu foncé de l'eau, un soleil radieux, vous aurez la scène; mais, si je puis ainsi parler, les décorations ne sont pas encore en place.

Voici les immenses transports pour les Indes qui viennent du côté d'Haslar et se dirigent vers Osborne pour aller au-devant de la Reine. Tous ces prodigieux navires sont semblables, tous d'une blancheur éclatante à cause de la chaleur du pays où ils doivent porter des troupes; ils ne se distinguent l'un de l'autre que par une large bande de couleur verte, jaune, bleue, noire ou rouge.

Ils s'appellent *Euphrates, Crocodile, Jumna, Malabar, Serapis.*

Pendant qu'ils sortent du port, jetons-y les yeux.

A l'entrée s'élève, comme un haut monument, le vieux trois-ponts le *Victory*, où a vaincu, où a été blessé mortellement Nelson. Tous les ans, dans l'infirmerie qui fut témoin de sa mort, se donne un grand dîner aux survivants de Trafalgar. On avait pensé d'abord à faire sortir du port cette vénérable et glorieuse relique, les autorités ont décidé de ne mettre en ligne que les vaisseaux capables de prendre part à un combat. Cette décision a probablement sauvé les jours du *Victory* (1).

Derrière lui, l'*Asia,* qui portait le pavillon de sir E. Adrington à la bataille de Navarin, où l'amiral de Rigny détruisit la flotte égyptienne. A côté, le *Warrior,* le plus ancien navire cuirassé anglais.

Un peu plus loin est *the Duke of Wellington*. Il portait, dans la Baltique, le pavillon de sir Ch. Napier durant la guerre de Crimée. C'est ce navire que Sa Majesté vint saluer en 1854, au moment où il quittait Spithead. Le jeune prince de Galles était avec sa mère et portait le costume de marin.

Vous voyez paraître ensuite deux navires qui servirent autrefois comme yachts. L'un, *the Ariadne,* est une frégate de quarante canons ; c'est sur ce vaisseau que le prince de Galles alla avec la princesse Alexandra de Danemark, qu'il venait d'épouser, visiter l'Égypte, Constantinople et les champs de bataille de la Crimée. L'autre, *the Royal George,* porta le prince régent, l'Empereur de Russie et le Roi de Prusse, lorsqu'ils

---

[1] Cette probabilité est devenue une certitude. Le 20 octobre, pendant qu'on faisait les préparatifs de la fête du lendemain, anniversaire de Trafalgar, le vieux vaisseau parut s'affaisser ; on n'eut que le temps de mettre aux pompes tous les hommes présents et ceux d'un ou deux vaisseaux voisins. Il fut sauvé. Quelques jours après, le *Times* disait : — Depuis l'accident arrivé au vaisseau de Sa Majesté, *Victory,* on l'a surveillé de près, et on a trouvé que plusieurs des poutres au-dessous de la ligne de flottaison étaient pourries.

On les remplacera. Quand cette opération sera terminée, tout le vaisseau sera revêtu d'une espèce de couverture métallique peinte couleur de bois.

De la sorte, le vaisseau pourra peut-être durer un siècle encore.

passèrent la flotte en revue en 1814, à la fin de la guerre de France.

Voici *the Thalia* qui se met en mouvement. A sa suite, le vieux navire *Valorous*, frégate à aubes, construite en 1851 et ayant figuré à la première revue offerte à Sa Majesté. *The Himalaya*, construit en 1853 pour le service des Indes et acheté par l'Amirauté au moment de la guerre de Russie.

Un autre petit navire qui semble vouloir rivaliser de vitesse avec les plus grands, est *the Sprightly*; il date de 1823 et est un des plus anciens navires à vapeur. Cependant le *Monkey*, qui ne quitte guère Chatham, le précède de deux ans.

Pendant que nous passons ainsi la revue du port, tous les navires destinés aux hôtes de l'Amirauté sont venus avec une précision mathématique se ranger bord à quai, et les neuf trains spéciaux, arrivant jusqu'à la jetée, se sont vidés successivement devant chacun d'eux. On voit descendre pêle-mêle du chemin de fer les ambassadeurs, les lords commissaires de l'Amirauté et leurs amis, les invités des Indes et des colonies dans leurs splendides costumes asiatiques, les pairs et les pairesses et les membres de la Chambre des communes. Il eût été difficile, dit le *Standard*, de reconnaître le président de celle-ci, avec sa jaquette bleu marine et son chapeau à larges bords, causant et riant au milieu des autres membres comme un midshipman en congé. Les M. P. (1) s'embarquèrent sur le *Crocodile*, les pairs sur l'*Euphrates*, la presse sur

---

(1) On appelle ainsi couramment les membres du Parlement.

l'*Assistance*, les invités des colonies sur le *Malabar*, les lords de l'Amirauté sur l'*Enchantress*, les ambassadeurs sur l'*Helicon*.

Comment diriger tant de milliers de visiteurs vers leurs navires respectifs? Tout a été si bien prévu, qu'il semble impossible de se tromper, même en y mettant de la bonne volonté. Non-seulement il y a de grands écriteaux indiquant le nom des différents navires et leurs positions, il y a de plus sur chaque carte d'invitation un plan montrant la direction à suivre pour trouver le navire désigné, et des marins pleins de prévenance sont postés çà et là pour remettre dans leur route les visiteurs égarés.

Pendant que les hôtes quittent le rivage à bord des vaisseaux qui doivent faire cortége à celui de la Reine, un petit groupe de navires s'est massé à l'opposé; ce sont les étrangers, une frégate hollandaise, une prussienne, deux navires français, l'*Iphigénie* et l'*Élan*.

De Portsmouth on les voit à peine. L'œil s'arrête forcément sur la flotte ancrée entre eux et le port.

Il est temps de vous dire comment se décomposent les cent vingt-cinq navires dont elle est formée.

Il y a : 26 cuirassés.
    9 non cuirassés.
    3 croiseurs à torpilles.
    28 torpilleurs de première classe, une canonnière à torpilles.
    1 vaisseau à un canon et une torpille.
    38 canonnières simples.
    13 transports de troupes.

1 frégate à aubes.
6 vaisseaux-écoles.

Total des hommes (officiers et matelots), 20,200. — Environ 500 canons.

Sur ces cent vingt-cinq vaisseaux, vingt-six étaient des cuirassés de différentes sortes dont l'épaisseur variait entre quatre pouces (le *Minotaure* et l'*Azincourt*) et 24 pouces (l'*Inflexible*), et l'on peut dire que chacun de ces navires attirait le regard, et que rien n'était plus propre que ce spectacle à flatter l'orgueil britannique.

« Ce ne fut pourtant pas sans un léger excès d'enthousiasme, dit le *Standard*, que l'autre jour, lord Hamilton, le premier lord de l'Amirauté, au dîner de l'Académie royale, établissant le bilan du spectacle, disait : « On y verra tous les genres de navires de guerre modernes, depuis le torpilleur à l'enveloppe ténue, jusqu'au géant avec sa peau de mastodonte, épaisse de deux pieds de fer. Il y aura là toutes les variétés de pièces d'artillerie, depuis le canon de 110 tonnes, capable de lancer un boulet de 1,800 livres à la distance de six milles, jusqu'aux effroyables machines à feu, crachant plusieurs centaines de décharges à la minute. »

« Il n'en est pas moins vrai, ajoute ce journal, que le *Benbow* attend toujours ses canons de cent dix tonnes à Chatham. »

Peu de jours après la revue navale, j'eus l'occasion de montrer l'arsenal de Chatham à quelques anciens élèves. Nous l'avons visité, ce *Benbow*. Il n'était pas encore terminé, il attendait encore ses hunes armées de quatre canons, mais il avait à bord, des deux côtés de son grand mât de fer, deux canons de cent dix tonnes. Leur affût seul en pèse près de cent (quatre-vingt-dix mille kilogrammes). Ces pièces lancent un projectile de huit cent seize kilogrammes. Le diamètre du canon, à sa culasse, est de 1 m. 695, et il va toujours en s'amincissant. La longueur de la pièce est de plus de treize mètres ; treize mètres, c'est-à-dire que, si on la faisait entrer ici, dans notre *hall*, elle aurait une de ses extrémités appuyée contre la porte, tandis que l'autre dépasserait l'escalier de deux mètres. J'ai mesuré les obus avec mon parapluie, ils ont plus d'un mètre de long.

On dit que le *Benbow* coûtera, au bas mot, vingt-cinq millions. Lorsque sir John Franklin, parti à la recherche d'un passage libre entre l'Atlantique et le Pacifique, se fut perdu dans les glaces, les quinze expéditions que le désir de retrouver ce vaillant homme et son équipage mirent en mouvement, coûtèrent ensemble vingt-cinq millions.

Revenons à nos vaisseaux, je veux dire à ceux des Anglais. On peut déterminer ainsi leur force :

Dans l'escadre *a,* quatre vaisseaux portant des canons de quatre-vingts tonnes, six avec canons de quarante-trois tonnes et quatre avec canons de vingt-six tonnes... Dans l'escadre *b,* quatre navires portant des canons de quarantre-trois tonnes, huit avec des canons de trente-huit tonnes et quatre avec des canons de trente-cinq tonnes. « Il est consolant, conclut le *Times,* de penser que cette flotte monstrueuse s'est trouvée prête pour un service réel et a été équipée sans affaiblissement ni pour la défense de nos côtes, ni pour nos stations à l'étranger, et sans détriment pour nos ports de construction. S'il ne s'était agi que d'une simple parade, nombre d'autres vaisseaux auraient pu, en peu de temps, être amenés à une perfection suffisante pour se mettre en ligne. »

En tête des deux lignes paraissent les puissants navires à cinq mâts, *Minotaure* et *Azincourt*, ce dernier avec des boules dorées à l'extrémité de tous ses mâts. « Nous admirions ces magnifiques vaisseaux, dit le *Standard,* lorsqu'un matelot, debout sur une pièce de vingt-quatre, répond à nos cris d'admiration par ces quelques mots : « Oui, magnifiques, mais bons à « rien, sauf à faire des écoles de gymnastique. » — De fait, les plaques de ces deux vaisseaux ne supporteraient pas plus de deux boulets lancés par l'*Inflexible*. Cette remarque du malin *blue jacket* s'applique aussi au *Black Prince*. On reconnaît facilement celui-ci à la belle peinture qui reproduit les traits du héros dont le corps repose sous sa statue de bronze dans la cathédrale de Canterbury.

Vous connaissez maintenant, mes enfants, la plupart des vaisseaux qui composaient la flotte : le nom de tous est sur le plan. Si vous voulez bien y jeter les yeux, vous verrez aussi que, d'un autre côté, des centaines, on pourrait dire des milliers de yachts se rassemblaient au point qui leur est indiqué. Une légère brise soufflant de Cowes vers Portsmouth suffisait à gonfler leurs voiles ; très-peu étaient sous vapeur, et l'ordre le plus sévère avait été envoyé de n'employer que du charbon du pays de Galles, lequel ne donne pas de fumée. Rien donc ne venait ternir la splendeur du coup d'œil.

Rien non plus ne dérangea les habitudes anglaises.

« Le 25 juillet à une heure, les fourchettes et les couteaux, dit un journal anglais, manœuvraient partout: les matelots, en compagnie, à leur mess, les officiers au leur; ceux-ci, il faut bien le dire, sans enthousiasme, car si la chaleur n'était pas trop accablante sous les toiles pour tous ceux qui n'étaient pas tenus à revêtir un uniforme et qui pouvaient porter des vêtements légers et à leur fantaisie, il en allait tout autrement pour les officiers de marine avec leurs tuniques bleues, bien boutonnées et galonnées d'or, l'épée au côté et la tête couverte du chapeau à claque. Aussi tournaient-ils souvent leurs jumelles du côté de Wight et appelaient-ils de tous leurs vœux l'arrivée de la Reine. »

Elle ne devait plus tarder longtemps. A trois heures on aperçut l'*Alberta*, d'un tirant d'eau moindre que le *Victoria and Albert*, venant de l'est de Cowes.

Au mât d'artimon, l'*Alberta* portait le pavillon de l'Amirauté, rouge avec une ancre jaune, marque que les lords de l'amirauté sont à bord. L'étendard royal au grand mât indiquait la présence de la Reine; au mât de misaine flottait l'*Union Jack*. La Reine avait à son bord son gendre, le prince impérial d'Allemagne et la princesse, le comte de Paris avec sa fille et son mari, le prince héritier de Portugal, l'Impératrice Eugénie, etc., etc.

Il fallut transborder toute la *Royal Party* de l'*Alberta* sur le *Victoria and Albert*, cela prit un peu de

9.

temps ; on porta aussi d'un yacht à l'autre l'*Union Jack* et l'étendard royal, tandis qu'on déployait sur l'*Alberta* les pavillons blancs, les souverains d'Angleterre ayant toujours adopté l'*Union Jack* comme pavillon d'honneur. L'*Union Jack* est précisément le grand drapeau rouge avec la croix de Saint-André bleue et rouge au coin, que nous arborons sur le collége pour le *birthday* de la Reine ; le pavillon de la marine ordinaire est blanc avec la même croix de Saint-André aussi au coin : c'est celui qui est à l'arrière de vos barques.

Il était alors trois heures vingt-cinq. Le *Victoria and Albert* se mit en route dans la direction de la flotte, précédé à quatre cents mètres d'intervalle par la *Galatée*, yacht de *Trinity-House* (1), et suivi, à la même distance, par l'*Osborne* portant les pavillons du prince de Galles et du roi de Grèce. L'*Alberta* venait ensuite. Vous voyez le reste sur le tableau.

Un premier coup de canon partant de l'*Inflexible* annonce aux barques de patrouille qu'elles doivent s'écarter et laisser le passage libre pour la Reine. Une décharge générale de tous les canons de la flotte suit un second coup qui était le signal convenu.

A ce salut, par égard, sans doute, pour le tympan des hôtes embarqués, on ne se servit que des petites charges. Cette décharge soudaine de toutes les pièces d'artillerie produisit cependant un effet magique. Au même moment, nous voyons les équipages des navires

---

(1) *Trinity-House* est l'établissement chargé de la direction des phares, du pilotage, etc.

les plus rapprochés de nous courir sur les mâts et les vergues, et en un clin d'œil chaque vergue est dessinée sur l'horizon par des lignes de marins revêtus de leurs vestes blanches; plus bas apparaissent les matelots fusiliers en *blue jacket,* et, sur le pont, les soldats d'infanterie de marine, en rouge. Les navires qui ne possèdent pas de voiles ont leurs équipages rangés sur les tours, les parapets, les bordages, et forment aussi des lignes blanches, bleues et rouges... « Le coup d'œil est splendide », dit le correspondant du *Standard,* qui, ayant pris place sur le vaisseau de la presse l'*Assistance,* fait partie du cortége de la Reine et en jouit comme elle.

Celui du *Times* s'était embarqué sur un navire de guerre. Mal lui en prit. Aussi est-il de mauvaise humeur.

« En premier lieu, dit-il, toute la flotte fut plongée, pendant quelques minutes, dans un épais nuage de fumée dû au salut royal de *vingt et un* coups de canon partant de chaque navire.

« De plus, il avait été recommandé aux visiteurs de se placer de telle sorte qu'ils ne pussent pas être vus : la conséquence était qu'ils ne pouvaient rien voir.

« Nous nous amusâmes assez de cet ordre qui semblait indiquer que Sa Majesté serait offensée à notre vue, tandis que le prince de Galles ne semblait pas en être affecté. Mais pleins de reconnaissance pour nos hôtes, et fidèles à la discipline militaire, nous obéîmes avec la meilleure grâce du monde.

« On pourra donc dire que la revue navale n'eut comme témoins que les officiers et les hommes de la marine royale, tandis que les fidèles sujets, invités à bord, n'y trouvèrent qu'une occasion extraordinaire de visiter les casernements de l'équipage. Cependant, après le passage du yacht royal, nous fûmes de nouveau admis sur le pont. »

Le yacht royal *Victoria and Albert* était alors à la hauteur de l'*Inflexible*. Bientôt il le dépasse et s'avance lentement. Tous les regards sont tournés vers la Reine, les hommes en armes font le salut, la musique joue le *God save the Queen*, le capitaine sur son pont donne le signal des trois salves de hourras. Victoria, entourée de ses petits-enfants et de ses dames d'honneur, est assise au milieu de la dunette. Elle passe si près des navires que l'expression de son visage est visible à ceux qui ont des lunettes ordinaires. Sa Majesté paraît très-bien portante et sourit avec une grâce parfaite au moment où le vaisseau devant lequel elle arrive commence le hourra.

Sur l'*Osborne,* le prince de Galles, debout, portant pour la première fois l'uniforme d'amiral de la flotte, lequel lui va fort bien, ne détache la jumelle de ses yeux que pour dire de temps en temps un mot à sa femme.

La Reine, après avoir passé ainsi au large de la côte du Hampshire, entre la ligne de canonnières et la ligne nord des cuirassés et des croiseurs, au lieu de compléter la courbe qu'elle décrit, continue sa course tout droit, suivie de sa flottille, jusqu'à une distance considérable. Puis son yacht tourne, s'arrête et en même temps signale coup sur coup : « Préparez-vous à jeter l'ancre, — jetez l'ancre ; — Sa Majesté attend à son bord tous les capitaines de vaisseau avec leurs capitaines de pavillon. »

Georges de Zeil, bien placé pour jouir du spectacle, me dit que ce fut un coup d'œil curieux de voir alors à bord de chaque vaisseau le canot major qui était sous vapeur, mais suspendu, descendre le long de la muraille et se diriger aussitôt vers le yacht de la Reine. Seul le prince de Galles y vint à rames dans sa baleinière. Celle-ci, au milieu du remous causé par l'arrivée de tant d'embarcations, eut assez de peine à accoster l'échelle.

Une fois tous arrivés à bord du *Victoria and Albert*, on procéda à une « levée », vieux mot français que les Anglais ont conservé et qui signifie une présentation officielle à la Reine, dans le genre, — mais avec beaucoup plus de solennité, — de celles qui se faisaient à Versailles au lever du Roi.

Mardi. — Je ne sais plus au juste où j'en étais du narré de la revue navale quand j'arrivai à Paris samedi soir.

J'ai envoyé tout de suite à Canterbury ce que j'avais écrit durant la route pour qu'on le copiât ; demain à mon retour je tâcherai de souder les deux fragments de cette lettre ; mais je vais trouver un arriéré d'affaires de quatre jours, j'aurai peu de temps, je ferai donc mieux d'employer encore celui de la traversée à causer avec vous : cela me fera croire que je suis encore en France.

Avant tout, que je vous dise que le bon Dieu a bien voulu exaucer d'avance vos prières et bénir mon voyage. Quelle reconnaissance j'ai à la personne qui m'a fait venir ! Mes enfants, c'est un crime plus grand que l'homicide, que de laisser aller une pauvre créature humaine à son jugement sans l'avertir qu'il faut s'y préparer. La regarder se balancer au-dessus d'un gouffre béant, compter les oscillations qui se ralentissent de minute en minute, tandis que le fil qui la retient se détord, la voir tomber enfin, détourner la tête, et pleurer alors en s'accusant trop tard et se reprochant d'avoir attendu, quelle horreur ! Et pourquoi attendre ?

Un chirurgien principal des armées qui avait eu à soigner nos blessés durant plusieurs guerres et dans les affaires les plus sanglantes : en Crimée, après la fausse attaque du 18 juin et après Malakoff ; en Kabylie, à Icheriden ; en Italie, à Magenta et à Solférino, disait : « Je n'ai jamais pu annoncer à un officier ou à un soldat qu'il n'y avait plus d'espoir sans le voir blêmir. » C'est vrai. Voilà la nature. Mais voici la grâce : posez à n'importe quel prêtre qui a vieilli dans l'exercice de sa vocation, cette question : « Avez-vous remarqué que votre ministère auprès d'un mourant ait jamais produit sur lui un effet de trouble ? » — Je suis sûr de la réponse qu'il vous fera. Un malade, quelque gravement atteint qu'il soit, reçoit des sacrements un effet d'apaisement et de force : le sang de Jésus-Christ qui s'épanche sur son âme par le canal des sacrements, *vasa sanguinis Christi,* rejaillit jusqu'à son corps, et au lieu du trouble et de l'angoisse, c'est le calme, la paix qui se peignent sur le visage du mourant. Il m'a été donné de le constater une fois de plus.

Mes enfants, vous croirez facilement que je rentrai

dans Paris, heureux, et que je ne regrettai pas mon voyage.

Mais voici que l'*Empress* part... Nous sortons du port, elle vire, bout pour bout, à cinquante mètres des jetées. Nous sommes en route, la mer est déserte, pas un cuirassé, pas une cheminée à l'horizon. J'ai entendu dire en France que les Anglais ne sont pas contents du résultat de leurs manœuvres; je n'en sais rien, et cette lettre partira avant que j'aie pu avoir occasion de connaître ce qu'ils en pensent, si toutefois je l'ai jamais. Mais, quoi qu'il en soit, qui peut conjecturer quelle sera l'issue de la prochaine grande bataille navale?

Les seules où l'on ait pu voir l'effet des cuirassés n'ont-elles pas tourné d'une manière absolument inattendue?... A Lissa, le *Kayser*, vaisseau de l'amiral Teghetoff, était tout en bois, il n'avait ni cuirasse, ni éperon; dans la flotte ennemie, l'*Affondatore* semblait le dernier mot des cuirassés. L'amiral autrichien s'élance à toute vapeur contre l'italien, le prend par son travers et le coule du coup, une aussi énorme masse ne retrouvant pas vite son centre de gravité quand elle l'a perdu.

Et voilà en somme ce que nous savons de plus clair sur la manière dont se comportent les cuirassés en bataille. Aussi a-t-il peut-être raison, l'amiral qui disait : « Donnez-moi dix croiseurs de bois, je me charge de vingt cuirassés. Pendant le temps qu'ils mettront à virer, je les canonnerai, puis, à l'abordage! »

L'intérêt d'ailleurs se détourne de ces citadelles flottantes, et va aux torpilleurs; la dépense est trop forte de changer l'épaisseur des cuirasses à mesure qu'on découvre un boulet qui les perce, et la certitude trop grande aussi de sauter, quelque lourd qu'on soit, au contact d'un engin sous-marin.

Parlons encore marine puisque nous sommes sur mer, c'est-à-dire parlons de vous, mes enfants, parlons de notre pays, que vous songiez à le servir sur terre ou sur mer. Si je prends occasion de la revue navale pour vous parler marine, vous le devinez, ce n'est pas seulement pour vous instruire ; je voudrais aussi produire en vous cette conviction que la meilleure arme qui existe, la meilleure qui existera jamais, c'est un courage personnel que rien n'étonne, que rien n'ébranle ; les nouvelles inventions n'y changent rien. Vous rappelez-vous les différents combats navals représentés ici sur vos murailles ?

Par exemple, dans l'étude de deuxième division, la gravure dont voici la légende : « Représentation exacte d'un engagement très-vif entre les frégates française et anglaise *la Blanche* et *the Pique* au moment où le capitaine Faulknor reçut d'un Français un coup de feu au cœur, tiré du beaupré de l'ennemi, l'instant d'après qu'il eut attaché lui-même *the Pique* au cabestan de la *Blanche*. »

Dans la classe de philosophie, le combat du *Québec* et de la *Surveillante*, épilogue de la bataille livrée au large de l'île d'Ouessant (1778) : la *Surveillante* commandée par *Monsieur Couëdic*, comme dit la gravure anglaise ; l'abordage du *Victory* à Trafalgar, etc.

Vous avez peut-être vu aussi à la cathédrale, dans la chapelle des guerriers, l'épitaphe de l'amiral Rooke :

IPSE APERTA CYMBULA,
IMMIXTUS TORMENTORUM GLOBIS,
IMBRIBUS QUE GLANDIUM,
(TOT GALLIS TESTIBUS CREDITE POSTERI)
ULTRICES PRIMUS FLAMMAS APTANS,
NAVES BELLICAS XIII JUXTA LA HOGUE COMBUSSIT.

Autant d'engagements où le bras, le cœur, la présence d'esprit ont eu la plus grande part. Vous vous dites que ce n'est plus le temps, soit d'aller se jeter avec un brûlot au milieu d'une flotte, soit de se jeter soi-même à bord de l'ennemi, le sabre aux dents, le pistolet au poing. Vous êtes dans une grande erreur : c'est encore le temps de faire acte de courage individuel.

Le *boy* qui vend à bord l'*Illustrated London News* m'a tenté en me montrant ce titre : *the Jubilee naval revew.* J'ai acheté le journal illustré, pour les malades, et je viens d'y faire à votre intention une lecture dont le résumé vous blessera peut-être dans votre orgueil de Français, mais d'où nous tirerons une conclusion très-propre à corroborer ce que je viens de vous dire.

Après avoir décrit les plus grands vaisseaux anglais : *the Great Harry*, commencé sous Henri VII, fini sous Henri VIII, construit à l'aide des contributions tirées des *Cinque Ports* (1), puis *the Henry grâce de Dieu* de quinze cents tonneaux, *the Royal Soveraigne,* le premier trois-ponts anglais, construit en

---

(1) Douvres, Sandwich, Romney, Hythe et Hastings. C'est à Walmer-Castle, près de Douvres, que le gardien des *Cinque Ports* a sa résidence. Wellington y est mort en cette qualité.

1637, qui portait cent canons et six cents hommes d'équipage ; enfin le *Royal George*, de cent vingt canons, coulé le 20 août 1782 dans le port même de Portsmouth et du bois duquel on fit tant de milliers de tabatières, *memorial snuff-boxes*, l'écrivain s'anime à ces vieux souvenirs : « J'ai eu pour camarades des combattants de Trafalgar et du cap Saint-Vincent ; ils auraient ri de mépris, ces braves marins, s'écrie-t-il, si on leur eût parlé de couvrir d'une armure de fer leurs murailles de bois. Elles étaient faites pour loger cent boulets en moins d'une heure, et ceux qui les montaient ne l'ignoraient pas. Aussi, officiers, matelots et soldats n'avaient qu'une tactique, manœuvrer de manière à se ranger au flanc du plus gros navire ennemi, les vergues de l'un touchant presque aux vergues de l'autre ; ou bien, s'il était possible, se glisser entre deux adversaires, un Français et un Espagnol, jeter l'ancre de l'avant et de l'arrière, et, là, lâcher des bordées pleines, de tribord et de bâbord, jusqu'à ce qu'on vît l'ennemi coulé, ou amenant son pavillon. Telle était la coutume de Nelson... Si on pouvait jeter les grappins d'abordage, un millier d'hommes se précipitait d'un navire sur celui de l'ennemi, le poignard aux dents, le pistolet d'une main, la pique ou la hache d'abordage dans l'autre. Ainsi se battaient sur mer nos braves ancêtres. »

Heureusement ils n'étaient pas les seuls, puisqu'il y avait bataille, et s'ils ont fini par l'emporter sur nous comme manœuvriers à une époque où les états-majors de l'excellente marine de Louis XVI avaient été détruits par la guillotine ou par les fusillades de Quiberon, je crois que l'abordage seul ne leur eût pas donné l'avantage, et que la bravoure individuelle était au moins égale en France.

Nous causerons de cela demain, je vois déjà le *Shakspeare's cliff* se profiler en noir sur le ciel tout rouge; il est vrai que du côté de la France, le cap Blanc-Nez étincelle encore; mais l'air est si pur qu'on le verra aussi bien de Douvres.

Nous n'avons mis que soixante-deux minutes à traverser. Or il y a vingt-cinq milles de Calais à Douvres. L'*Empress* fait *en moyenne* vingt nœuds à l'heure. Ses machines sont de la force de 7,000 chevaux. C'est un bateau tout neuf. Il a une longueur de 324 pieds anglais, est fort large, bien établi sur l'eau, et tient mieux la mer que l'*Invicta*. Du reste, pas une vague qui blanchisse, mais il y a eu hier un *gale* dans la mer du Nord, et la conséquence sur la Manche est un reste de grande houle qui, depuis le départ de Calais, se résolvait pour nous en un long bercement. A mesure que nous approchions des côtes d'Angleterre, la surface de l'eau s'est égalisée, et le calme est devenu complet.

Je remarquais tout à l'heure un vieux matelot qui montrait du doigt à un petit mousse quelque chose sur l'eau, j'ai été regarder, c'était un fragment de bordage où j'ai cru déchiffrer des lettres. Quand ce bateau a-t-il sombré? Où sont ceux qui le montaient? Le vieux matelot a suivi longtemps cette épave des yeux... Ce long regard du matelot, nous le connaissons bien. Cela me fait penser à vous, mes enfants, à vous les aînés, qui venez de nous quitter pour cingler décidément en haute mer et que le port, le nôtre du moins, ne verra plus revenir. Petites barques ! longtemps nous vous avons dit :

O navis,
Fortiter occupa portum.

Nous voudrions vous le redire encore ; mais non, le désir de la Providence, c'est que vous voguiez, puisqu'elle vous a placés sur l'eau. Allez donc, vos parents ont mis tout en œuvre pour armer votre nef ; nous y avons fait de notre mieux, je crois, vous nous avez aidés aussi, vous voilà parés autant qu'on peut l'être et lancés, n'oubliez pas qu'un navire périt s'il ne se ravitaille, — et une âme aussi. — Le P. Lacordaire et le P. de Ravignan disaient chacun : « J'ai connu bien des jeunes gens, je crois que cinq minutes de prière chaque jour, et la communion tous les quinze jours, c'est ce qui leur est suffisant, mais indispensable. Je réponds d'un jeune homme fidèle à cette pratique. »

Le P. de Ponlevoy, dans une retraite de partants, à Pennboc'h, près Vannes, a cité devant moi cette parole, et l'a confirmée de la sienne.

Saint-Mary's College, 10 août.

Je vous disais hier, mes enfants, qu'on en reviendra toujours au courage personnel, et que sur terre comme sur mer, il est aussi nécessaire qu'autrefois. N'en faut-il pas autant pour attendre immobile les éclats d'un obus dont on ignore, dont on ne peut même pas voir le point de départ, que pour attirer sur sa poitrine des fers de lance comme Arnold de Winkelried à Sempach ? Et sur mer fallait-il plus de vaillance pour lancer un brûlot ou pour sauter à l'abordage, qu'il n'en faut aujourd'hui pour attacher une torpille au flanc d'un navire, ou au contraire pour y veiller de longues heures la nuit, toujours sur le qui-vive, cherchant à percer les ténèbres ou à saisir les moindres bruits afin de prévenir le torpilleur qui s'approche en silence ? Je n'en sais rien. Je ne sais pas non plus comment les Anglais manœuvreront leurs torpilles, mais je veux vous dire comment nos officiers ont mené les nôtres, la première fois qu'ils en ont présenté à la muraille d'un vaisseau.

Quelques explications sont ici nécessaires.

Une torpille est en somme une mine portative. Bien qu'on distingue les torpilles en torpilles remorquées, dirigeables, projetées, automobiles et portées, mots qui ont en eux-mêmes leur définition, je ne veux vous parler que des deux dernières, ce sont celles dont sont actuellement armés nos torpilleurs et nos embarcations à vapeur.

1° Torpilles automobiles ou Whitehead. Ce sont de véritables petits navires lancés par le torpilleur à trois cents ou quatre cents mètres du but et courant sur lui par l'action d'une machine à air comprimé pendant que le torpilleur s'éloigne au plus vite. — Ces torpilles, qui sont actuellement le plus en honneur et qui arment la plupart de nos torpilleurs actuels, sont envoyées au moyen d'un tube dans lequel elles ont été introduites. — Une faible charge de poudre suffit pour cela. Une fois à l'eau, elles prennent, sous l'action de leurs propres hélices, une vitesse considérable et atteignent le but si elles ont été bien pointées.

J'ai vu dernièrement à Chatham une torpille Whitehead et son tube. Celui-ci ressemble beaucoup à une mitrailleuse, la torpille à un poisson d'acier qui aurait ses nageoires à la queue sous forme de deux hélices. C'est un instrument très-soigné ; une torpille coûte mille livres, tout y est parfaitement lisse et brillant, rien qui dépasse, qu'une sorte de petite clef ou gâchette qu'on ouvre au moment du départ ; l'air comprimé en s'échappant fait alors mouvoir les hélices.

Ces torpilles ont l'immense avantage de ne pas obliger le torpilleur à aborder l'ennemi de trop près ; leur défaut est d'être compliquées et difficiles à manier.

On a beaucoup perfectionné leur mécanisme ces dernières années, toutefois elles n'ont point encore fait leurs preuves dans les guerres navales. Les Russes affirment avoir coulé un croiseur turc avec une torpille Whitehead sur le Danube. Le fait a toujours été nié par les Turcs.

2° Torpilles portées. Celles-ci, plus anciennes que les précédentes, arment encore plusieurs de nos torpilleurs et la plupart de nos canots à vapeur.

Les torpilleurs dont disposait l'amiral Courbet, à Fou-tchéou, étaient armés de torpilles portées. — Les canots à vapeur qu'il lança à Shei-poo et dont je vous parlerai ensuite, également.

Comment se place et s'enflamme la torpille portée ?

Elle se place dans un auget ou écope qui s'ajuste à l'extrémité d'une lance. Généralement le torpilleur porte deux lances ou espars. L'espar est supporté par une sorte de fourche qui s'appelle aussi hampe, laquelle est mobile et peut s'avancer ou se retirer à peu près comme le bout dehors d'un mât de beaupré.

La torpille, réservoir à peu près cylindrique en cuivre, contient une charge de fulmicoton. L'amorce est faite avec du fulminate de mercure. Celle-ci s'enflamme au moyen de l'électricité. Deux circuits électriques peuvent amener l'étincelle, l'un au choc, l'autre à la volonté de celui qui manœuvre. Pour obtenir sûrement l'inflammation au choc, la torpille porte à son avant des antennes coupantes. Ces antennes, en mordant sur la carène du vaisseau ennemi, s'y appuient, et, ramenées en arrière par ce choc, elles pressent sur la touche électrique qui détermine l'explosion.

L'inflammation à volonté, nécessaire en cas de mauvais fonctionnement de l'autre circuit, ou encore si l'on veut essayer d'éviter le choc, tout en étant à distance convenable, est déterminée par un commutateur électrique placé à la portée de la main du commandant du torpilleur. — Cela posé, passons à l'ensemble du dispositif.

Une hampe d'acier, longue d'environ dix mètres, porte la torpille à son extrémité. — Cette hampe peut être poussée ou retirée à volonté au moyen d'un palan. — Pour la navigation, la hampe est retirée, la torpille est hors de l'eau.

Lorsqu'on approche de l'ennemi, on pousse la hampe qui bascule; la torpille se trouve par suite immergée de trois mètres environ et s'approche de la carène du bâtiment ennemi. Lorsqu'elle arrive au contact, le choc détermine l'explosion comme nous l'avons vu plus haut, la hampe est brisée, mais le torpilleur est indemne, fait machine en arrière pour se dégager et s'en va au plus vite.

C'est ce mode d'attaque qui a été employé à Fou-tchéou, comme à Shei-poo, par les torpilleurs 45 et 46 dans le premier combat, et par des canots à vapeur dans le second.

Fou-tchéou ! on ne peut prononcer ce nom sans donner dans son cœur un souvenir à l'amiral Courbet, non-seulement à cause de la victoire qu'il a remportée, mais à cause de la patience qu'il a mise à l'attendre, et des angoisses que cette attente lui a valu. On ne saura jamais ce qu'a souffert Courbet du 16 juillet au 23 août devant Fou-tchéou, attendant la permission d'attaquer. D'heure en heure durant ces quarante jours sa situation devenait plus terrible et le succès de son entreprise plus douteux.

L'amiral anglais Dodwell estimait que la destruction de la flotte et des forts chinois coûterait à l'amiral Courbet trois ou quatre de ses navires. Nos marins n'étaient pas d'un autre avis, témoin cette lettre écrite par un officier de l'escadre en date du 28 juillet et publiée par le journal *le Temps* (1) :

« Laisser une escadre française sous le canon chinois pendant des semaines entières est une aventure grosse de conséquences..... Soyez certain que si nous quittons pacifiquement la rivière, ils se riront de nous, et notre prestige en Indo-Chine n'y gagnera rien ;

---

(1) *L'Amiral Courbet,* par E. Ganneron, p. 284.

si, d'autre part, nous nous battons, quelques-uns de nos navires ont chance d'y rester, justement parce que nous aurons laissé les Chinois prendre confiance et renforcer tous leurs ouvrages de la rivière Min. »

Quant aux Chinois, à en croire le *Times* (1), Chan-pei-loun, haut commissaire chargé du commandement suprême, disait qu'il tenait la flotte française, et qu'il ne s'en échapperait pas un bâtiment.

On prétend même, nous ne savons jusqu'à quel point l'aventure est exacte, mais nous la citons parce qu'elle est vraisemblable, étant donné l'outrecuidance de ce personnage, — qu'il répondit à une demande d'entrevue que lui avait faite l'amiral Courbet :

« Si vous désirez combattre, combattez d'abord et venez me voir ensuite. Si vous désirez la paix, adressez-vous à un autre, car je ne suis pas pacifique de ma nature. Si vous tenez à venir me voir par admiration pour ma renommée, vous pouvez le faire, mais soyez certain que je ne vous rendrai pas votre visite. »

La situation de l'escadre mouillée à Pagoda devenait donc très-difficile, et l'amiral s'en montrait justement inquiet.

Enfin, le 22 août, arrive l'ordre d'agir.

Courbet en prévient immédiatement l'amiral anglais Dodwell, et le capitaine de la corvette américaine l'*Enterprise*.

Nous mettions en ligne quatre vaisseaux, trois canonnières et deux torpilleurs. Les Chinois avaient six vaisseaux, cinq canonnières, douze grandes jon-

---

(1) *Eodem loco,* p. 284 jusqu'à p. 285.

ques de guerre, sept torpilles à vapeur, quatre à l'aviron, des brûlots et en plus les batteries des forts.

Les torpilleurs numéro 45 et numéro 46 furent confiés, le premier à M. Latour, le second à M. Douzans.

Quelques-uns d'entre vous ont vu des torpilleurs anglais à l'arsenal de Chatham, d'autres ont vu l'an dernier à Ramsgate les deux torpilleurs italiens construits à Stettin, qu'une tempête avait contraints de se réfugier là et à qui une autre causa, bientôt après, une collision qui leur fut fatale.

Vous vous rappelez que ce sont des bateaux presque fermés où les projectiles ne peuvent entrer que par de rares ouvertures relativement étroites.

Mais il faut bien que les hommes soient de temps en temps à découvert. Ils sont protégés tellement quellement par une sorte de capuchon en tôle.

C'était en plein jour, à deux heures de l'après-midi, le 23 août 1883. Le soleil inondait les deux flottes (1).

Le signal est donné.

Le commandant Latour avec son torpilleur 45 court droit au *Fou-po*, magnifique vaisseau, qui aussitôt fait feu de partout, des sabords, du pont, des haubans, des hunes. Mais déjà le torpilleur est sous lui. M. Latour a commandé coup sur coup : Feu ! Machine arrière !

La torpille a éclaté, le *Fou-po* est soulevé et retombe entr'ouvert, mais le torpilleur n'obéit plus. Sa fourche est prise dans la carène.

Les Chinois redoublent leur feu infernal et s'acharnent sur ce petit être de fer rivé à leur flanc.

---

(1) Dick de Lonlay, *La Marine française en Chine*.

M. Latour a un œil crevé d'un coup de revolver.

Il commande de nouveau machine arrière.

A l'instant même où le mécanicien obéit, le *Fou-po* qui se sent couler, pressé d'aller s'échouer sur un bon fond, fait machine en avant; les deux ennemis se séparent, et le numéro 45, dégagé, s'enfuit.

La torpille du numéro 46 avait ouvert le *Yang-ou*, qui n'eut que le temps d'aller se jeter à la côte. Les marins de la corvette américaine l'*Enterprise,* comme ceux de l'amiral Dodwell montés dans les vergues, poussèrent trois hourras en l'honneur de nos petits bateaux.

Un Anglais, quelque temps après ce combat, me disait froidement, mais les yeux étincelants d'une sympathique fierté : « Quand vos torpilleurs, après avoir coulé les deux vaisseaux chinois, ont passé auprès de notre stationnaire, nos officiers et nos matelots leur ont crié : *Well done!* » Puis, en me serrant la main, il ajouta : « Si la France et l'Angleterre sont unies comme en Crimée, comme en Chine, personne ne bougera dans le monde sans leur permission. »

Pendant que cet Anglais me parlait ainsi, je me rappelais la parole citée par Thiers. Un jour Fox causait à Paris avec Napoléon. Celui-ci lui montrant un globe terrestre s'étonnait du peu de place qu'y tenait l'Angleterre : « Oui, lui répondit Fox, c'est dans cette île si petite que naissent les Anglais, et c'est dans cette île qu'ils veulent tous mourir. Mais, ajouta-t-il en étendant les bras autour des deux Océans et des deux Indes, mais, pendant leur vie, ils remplissent ce globe entier et l'embrassent de leur puissance. » En somme l'article de l'*Illustrated London News* rend bien l'idée anglaise. Albion est toujours aux yeux de ses enfants la Reine des mers. Il n'y avait pour s'en convaincre qu'à voir avec quelle attention passionnée les Anglais suivaient les phases de nos succès dans l'extrême Orient. Vous avez vu qu'ils savaient d'ailleurs y applaudir sincèrement. Ils sont grands admirateurs de l'amiral Courbet : « A Fou-tchéou on a vu sa tête, à Shei-poo on a vu son cœur », me disait l'un d'eux qui a lu tous les récits publiés sur ces combats.

Laissez-moi vous résumer encore celui de Shei-poo, je me servirai, comme pour le récit de Fou-tchéou, de l'admirable relation publiée par Dick de Lonlay.

Deux vaisseaux chinois, le *Yu-yen* et le *Tcheng-tching,* que l'amiral Courbet avait rencontrés non loin des passes du Shei-poo, avaient réussi à disparaître derrière les îles nombreuses de ces parages.

Il fallait d'abord les découvrir, puis les torpiller.

L'amiral avait désigné le commandant Gourdon, chef de l'expédition, et le commandant de vaisseau Duboc pour conduire les deux canots porte-torpilles : son aide de camp, M. Ravel, naguère blessé à côté de lui à Fou-tchéou sur la passerelle du *Bayard,* devait mener un petit canot qui servirait d'éclaireur.

On passe la journée à faire tous les préparatifs. La nuit est naturellement le temps le plus favorable pour les attaques de torpilles. On l'attend. C'est une nuit sombre. Après avoir serré la main au commandant Parrayon et à tous les officiers du *Bayard,* qui souhaitent bonne chance, on s'embarque.

Les canots ont huit mètres quatre-vingts de long, un mètre de moins que vos barques ; ils portent une sorte de carapace pour protéger contre les grenades, les balles, etc.

Il y a à bord onze hommes.

Le mot d'ordre est silence et vitesse, deux choses difficiles à combiner dans des embarcations dont les machines sont fatiguées par un long service.

On marcha d'abord à toute vapeur, étouffant le bruit comme on put et voilant les feux; mais, quand, après quatre heures de marche, on se trouva avoir dépassé les îlots qui ferment la passe à l'entrée de la baie intérieure du Sheï-poo, il fallut bien modérer la vitesse si l'on voulait voir avant d'être vus.

A bord du canot éclaireur comme des deux canots porte-torpilles, officiers et matelots fouillent les ténèbres de leurs regards; rien n'apparaît. Cependant il est quatre heures du matin, quelques étoiles brillent au ciel; vaguement, au loin, on croit voir se dresser un mât, puis deux, puis trois; plus de doute, c'est le *Yu-yen*. Les cœurs battent, tous les hommes regardent l'officier, guettant ces ordres silencieux que donnent les marins, on n'entend pas un mot, on n'entend, et malheureusement trop, que le bruit de trousseau de clefs causé par les machines.

Les mâts grandissent, toute la frégate se dessine nettement. On est à bonne portée de fusil. On approche encore. Cette grande carcasse semble dormir. On est à deux cents mètres, le canot numéro 2 pousse sa hampe et file en avant à toute vapeur. Il n'a plus rien à ménager, la frégate l'a aperçu, elle se couvre de feu. Le commandant Gourdon crie coup sur coup : « Le plus vite possible », puis « en arrière ». En même temps un choc s'est fait, on a vu toute la hanche de la frégate un instant soulevée. En retombant elle abaisse violemment l'avant du canot, dont la hampe est restée engagée sous elle.

Au moment du choc, le commandant Gourdon, debout sur la machine pour voir au-dessous de la carapace, était tombé la tête la première, et, presque en même temps, à l'avant, sous la carapace, un homme pousse un cri de douleur. Le commandant qu'on croyait tué se relève, le choc seul l'avait fait tomber; mais le fusilier Arnaud ne s'était pas relevé. Une balle traversant le blindage improvisé l'avait tué roide.

Cependant on ne peut se dégager. Un quartier-maître, monté debout sur la carapace, pousse du pied contre la frégate; un Chinois qui veut lui prendre la jambe par un sabord reçoit un coup de poing furieux dans la figure et se le tient pour dit.

Il n'y a plus qu'à déboulonner la hampe et à la laisser là, c'est ce qu'on fait.

Tandis que le canot numéro 2 s'échappe et vire aussitôt pour tourner la frégate, celle-ci lui apparaît soulevée tout à coup comme par une vague de fond, c'est le numéro 1 qui a fait éclater sa torpille de l'autre côté.

M. Duboc, resté à dessein un peu en arrière, avait manœuvré hardiment au milieu d'une effroyable explosion d'armes de toute espèce: canons, mitrailleuses, fusils, revolvers, qui faisaient rage sur la frégate depuis le plat bord jusqu'aux hunes garnies de tirailleurs. Il avait merveilleusement réussi. Le *Yu-yen* crevé à tribord comme à bâbord était retombé, effleurant à peine la carapace du canot; celui-ci avait pu rentrer sa hampe, et, au moment où, faisant faire machine arrière, M. Duboc reprenait sa marche en avant, le premier objet qui tomba sous ses yeux au milieu des nappes de lumière qui, à tout instant, des flancs de la frégate inondaient les alentours, ce fut la bonne figure du commandant Gourdon et sa main tendue. Les deux canots partent de conserve à toute vitesse sous les boulets et les obus qui passent en sifflant au-dessus d'eux.

Hors de portée, ils s'interrogent, ils n'ont perdu qu'un homme, mais le canot éclaireur du commandant Ravel qui devait arborer un feu rouge pour les rallier, où est-il? On ne voit rien. On ne sait ni où l'on est, ni où se trouve la sortie de la passe. On comptait sur l'éclaireur. C'est lui qui a la bonne carte. On le cherche. En cherchant, le canot numéro 2 s'échoue, le numéro 1 le renfloue; mais il faut le prendre à la remorque, son hélice est cassée.

Enfin une bande blanche raye le ciel, les objets deviennent plus distincts, des barques passent, on prend les armes, ce sont des pêcheurs inoffensifs. L'horizon rougit, la terre paraît, le jour vient: du côté du large, rien; les cœurs se serrent, on pense à l'amiral, à son inquiétude bien grande, si, douze heures après le départ de l'expédition, il ne voit rien revenir, plus grande encore si le commandant Ravel est revenu seul.

C'était précisément le cas.

A cette heure-là même, M. Ravel, après avoir vu couler le *Yu-yen*, avait longtemps erré, cherché, fouillé toutes les profondeurs, et, désespéré, tristement, lentement, il avait enfin rallié le *Bayard*.

L'amiral attendait : « Eh bien ?

— Amiral, la frégate est coulée.

— Et Gourdon ? et Duboc ? »

M. Ravel, en silence, le regarde les yeux pleins de larmes.

L'amiral pâlit : « C'est acheté bien cher », dit-il doucement, et il se détourne.

Mais il ne veut pas croire à son malheur, il signale à un des vaisseaux de lui envoyer un canot à vapeur, et il part seul pour explorer la baie, remplissant jusqu'au bout son devoir, et espérant encore contre toute espérance. Devoir stérile! A bord du *Bayard* on a perdu tout espoir. Le commissaire fait son funèbre service, met les scellés sur les coffres à effets des hommes, sur les portes des officiers, se fait apporter les livrets. Tout à coup un cri part du haut des hunes : « Un canot. Un autre à remorque. Ce sont eux. » Ah! les émotions de la guerre! sur mer surtout où l'immensité des distances et la difficulté de les franchir apportent tant d'imprévu dans la douleur et dans la joie!

Celle-ci éclate, court d'un bout à l'autre du *Bayard*, elle descend dans les entre-ponts, jusqu'au fond de la chambre de chauffe. On crie, on rit, on chante, on pleure aussi. Le commandant Parrayon aperçoit au pied du grand mât le vieux maître d'équipage Guenec qui essuie ses yeux avec sa manche, il le serre dans ses bras en lui disant : « Tu es un brave cœur, viens que je t'embrasse. »

De son côté, l'amiral pleurait, mais c'était de tristesse. Il avait exploré les côtes, les vases, sondé les bas-fonds; il avait vu non-seulement le *Yu-yen*, mais, à son étonnement, le *Tchen-tching* aussi coulé, cela ne l'avait pas consolé; et répétant : « C'est acheté bien cher », il ralliait tristement son bord, quand soudain il aperçoit un canot parti à son tour à sa recherche, M. Ravel debout lui crie : « De retour les canots ! »

« Les deux Chinois sont coulés », répond l'amiral, « allez les voir. »

Quelques moments après il montait à bord rayonnant : « Les deux sont coulés, les deux », disait-il; on ne voulait pas le croire. « La frégate seule; nous n'avons torpillé qu'elle. » Il n'y a qu'en Chine qu'on voit des choses pareilles. Évidemment les bordées folles du *Yu-yen*, répétées sans vérifier le pointage, avaient envoyé en plein bois du *Tcheng-tching* les boulets que les torpilleurs entendaient siffler sur leurs têtes. Mais on ne mesura pas alors toute la portée du succès obtenu, on était fou de joie plus encore que de gloire; on tombait dans les bras les uns des autres; les dix-neuf hommes des torpilleurs entendaient l'amiral leur dire en prenant leurs mains : « C'est bien, c'est bien, vous êtes de braves gens. Il n'y a pas de plus braves gens que vous au monde. »

Le commandant Parrayon veut embrasser un d'eux. Celui-ci se détourne : « Pardon, excuse, mon commandant, j'ai la gueule trop sale! »

Deux petits canots à vapeur ordinaires, armés en porte-torpilles, et montés chacun par dix hommes, avaient détruit une frégate de vingt-trois canons et six cents hommes d'équipage, et, par contre-coup, une corvette de sept canons et cent cinquante hommes.

Ne trouvez-vous pas que cet Anglais dont je vous citais l'appréciation sur l'amiral Courbet avait raison, et qu'à Shei-poo on vit son bon cœur? On l'avait vu aussi un jour que, parlant des émotions récentes de Fou-tchéou et de la rivière Min, il faisait allusion au commandant du *Duguay-Trouin*, M. de Pagnac, qui avait un fils, aspirant, embarqué sur son navire : « Si j'avais eu, comme lui, un fils combattant à mes côtés, disait-il, rien n'aurait manqué à ma joie. »

Mais nous parlerons de Courbet une autre fois; je reviens à vous, à ce que je vous disais, et à ce que, par ce long récit, j'ai voulu vous prouver. C'est que le courage individuel est encore à l'ordre du jour comme au temps de la Hogue ou de Trafalgar. Vous pouvez être certains, mes enfants, que tout homme absolument décidé à ne pas marchander sa vie pour son pays, sera toujours apprécié de ses chefs. Au moment où il s'agissait de choisir les dix marins qui devaient monter les deux canots porte-torpilles du *Bayard*, ne croyez-vous pas que le commandant tourna et retourna le nom de chacun d'eux, et que, si quelque doute lui était venu sur l'intrépidité de l'un ou de l'autre, il eût aussitôt dit à son second : « Donnez-m'en un qui ne tienne pas du tout à sa peau. »

Cette expression triviale dit beaucoup, elle ne dit pas tout.

J'ai sous les yeux tous les noms de ces braves, et tandis que j'en relis la courte énumération, une autre pensée se présente à mon esprit. Il n'y a sur cette liste, pour ainsi dire, qu'un homme de chaque sorte, un quartier-maître de manœuvres, un second maître torpilleur, un quartier-maître canonnier, un quartier-maître mécanicien, un matelot fusilier breveté, etc. Il est manifeste qu'en pareil cas on recherche l'élite, et que, outre la détermination de tout braver, on exige de chacun des hommes appelés une science professionnelle, une habitude du métier hors ligne. Est-ce tout? Non. La décision d'aller à la mort et l'habileté qui enseigne à la donner en l'évitant, ne suffisent pas. Vous l'aurez deviné, à la lecture du récit, si vous avez remarqué avec quel silence, quel calme, quelle possession de soi-même fut mené et exécuté ce hardi coup de main. Vaillance et pratique intelligente du métier peuvent se rencontrer sans le caractère. Or, en de telles occasions, chacun est appelé à montrer toute sa valeur d'homme, c'est-à-dire jusqu'à quel point il est capable de s'oublier assez lui-même pour retrouver dans l'extrémité du péril la perfection et comme l'extrémité de ses moyens. Voilà le caractère. Et voilà pourquoi, songeant que vous devez tous être soldats et que j'ai le devoir de vous y préparer, j'insiste sur ce point que ce qui prépare le mieux le soldat, c'est l'homme.

Je vous ai souvent fait lire, au réfectoire, des ouvrages ou des extraits de M. le vice-amiral Jurien de la Gravière, parce que dans tous, qu'il parle de la marine des Grecs ou de la nôtre, qu'il raconte les voyages de la *Bayonnaise,* ou les cinq combats de la *Sémillante,* ou ses propres souvenirs de guerre, ce que l'amiral recherche de préférence et s'efforce de montrer, dans les matelots comme dans les chefs, c'est le caractère.

Je vous en prie, ayez ses livres, relisez-les, vous verrez, c'est un régal. Je crois qu'il y a peu de récits plus propres à élever l'âme, à fortifier le cœur, et à la fois plus instructifs, sans compter qu'ils sont écrits d'une langue charmante.

Écoutez :

Il s'agit du capitaine Motard, un inconnu, à qui l'on devrait bien élever une statue, s'il en reste. Il vient d'échouer exprès la *Sémillante*, frégate par le nom, mais réellement corvette, armée de trente-deux pièces de douze, au fond de la baie de San Jacinto, moyen très-original d'ailleurs que veut employer Motard, de résister à deux navires anglais, l'un de quarante-quatre canons de dix-huit, l'autre de vingt pièces de trente-deux, qui lui donnent la chasse.

Pendant plus de trois heures, des bordées s'échangent.

Les Anglais, maltraités, disparaissent enfin. Mais Motard juge que, dans ce conflit, ils voudront avoir le dernier mot : si deux frégates ne suffisent pas, ils en appelleront une troisième. Il décide donc de profiter de l'éloignement de l'ennemi pour s'éloigner lui-même.

Il prend le large avec ses blessés, ses malades, sur un vaisseau en aussi mauvais état que ceux qu'il porte et qui le réparent chemin faisant.

C'était dans les chauds parages de la mer des Célèbes. Écoutez l'amiral Jurien de la Gravière :

« On chemine lentement à travers ces mers assoupies. A moins d'orages soudains, les vents, les flots, la nature entière semblent appesantis par une invincible langueur; on finit par prendre en dégoût ces *damned blue skies*, ce firmament toujours bleu, cette mer toujours placide. On voudrait rencontrer une humeur moins égale, un caprice quelconque, moins irritant que cette éternelle fadeur. Et les nuits lourdes et chaudes succédant à des jours de plomb, quel supplice! »

Des pages semblables ne sont pas rares dans les ouvrages de M. Jurien de la Gravière. Plus nombreuses encore sont celles qui unissent à la beauté du style l'élévation de la pensée. Souvent on ne sait qu'admirer le plus de l'écrivain ou de l'homme dont on sent palpiter le cœur dans l'écrivain.

M. Jurien de la Gravière est un amiral, et vous allez m'accuser de préférence pour la marine.

Parlons de l'armée de terre.

Vous ne vous rappelez pas, parce que vous n'étiez pas nés, nous n'oublierons jamais, nous, le concert de récriminations qui s'éleva contre notre malheureuse armée à la suite de la guerre de 1870-71, récriminations fausses, pour la plupart, mais ne fallait-il pas s'en prendre à quelqu'un du malheur sans précédent qui s'abattait sur notre pauvre pays? Nos ennemis, d'ailleurs, rivalisaient avec nous, ou, pour mieux dire, c'était nous qui renchérissions dans nos accusations sur les leurs.

La surprise que nous causa le tir à longue portée des Prussiens fut, dans beaucoup de cas, une explication qui parut naturelle. « A un certain moment, dit un officier présent à Sedan, les obus nous arrivaient de tous les côtés, ils faisaient relativement peu de victimes, car la plupart tombant dans une terre détrempée, s'y enfonçaient sans éclater, mais ils avaient une influence psychologique énorme. On n'apercevait pas leur point de départ, ils arrivaient on ne savait d'où, et le soldat qui n'a pas vu les éclairs des batteries est ahuri quand éclate le projectile. »

Les Allemands trouvèrent une autre explication, « dans la science supérieure de leurs officiers », et dans ce qu'ils appelaient « l'ignorance des nôtres ».

Une revue prussienne citée par la *Revue littéraire* (septembre 1871) s'exprimait ainsi : « Le grand avantage qu'il y a à posséder des officiers instruits et habitués à réfléchir sérieusement, se fit aussi remarquer dans cette guerre. Ce ne sont pas les connaissances qu'il a acquises qui donnent ordinairement en guerre une valeur plus grande à l'officier instruit (car dans le combat, il est tout à fait indifférent qu'il sache démontrer habilement un problème de mathématiques difficile, ou qu'il possède à fond l'histoire, la physique ou toute autre science); ce qui lui sert, c'est qu'il ait pris, en étudiant, l'habitude de penser par lui-même, de juger clairement, et d'appliquer, à chaque sujet, la force de son esprit, contrairement à ceux qui affaiblissent eux-mêmes leur force intellectuelle en flânant dans les cafés et en reculant devant tout effort d'esprit.

« L'armée française a eu, dans cette dernière guerre, d'immenses désavantages par suite de l'ignorance et du peu de force intellectuelle d'un grand nombre de ses officiers ; car la valeur d'une armée dépend aux trois quarts de la valeur de ses chefs.

« Dans l'armée de l'empire d'Allemagne, on rendra, espérons-le, encore plus rigoureuses les conditions imposées à la culture intellectuelle de tous les officiers, et l'on exigera surtout qu'un jeune homme qui n'a pas été élevé dans une école de cadets, ne puisse pas être reçu aspirant officier, s'il n'est pas sorti d'un gymnase ou d'une école réale (*Realschule*), avec un certificat attestant qu'il a passé l'examen de maturité. »

Il y a là, en ce qui nous concerne, une exagération manifeste, et, si j'ai voulu vous faire connaître cette expression de l'opinion de nos ennemis, ce n'est pas que je l'adopte; c'est qu'il est bon de vous rappeler de temps en temps l'utilité des épreuves scolaires pour augmenter en vous, non-seulement la science, mais aussi la possession de vous-mêmes.

Pourquoi vous fait-on passer de longs et fréquents examens ? — Pour vous éviter d'avoir à donner, quand vous arriverez à celui qui décidera de votre carrière, cette réponse entendue si souvent : « Je sais, je sais, mais je ne peux pas dire ce que je sais. » — Pourquoi ces longues compositions chaque semaine, plus longues encore à la fin de chaque trimestre? Pour vous éviter, quand vous aurez à composer trois fois en deux jours : à l'examen du baccalauréat, ou dix fois en cinq jours comme on faisait jadis à celui de Saint-Cyr, d'avoir à excuser un échec par cette explication insuffisante : « Je savais, j'aurais bien pu dire, mais je n'avais plus la force d'écrire ou de penser. »

Le sang-froid, la présence d'esprit, toutes les qualités qui sont comme la résultante des efforts qu'exige la possession de soi-même naissent et se développent en l'homme en proportion du nombre de victoires qu'il remporte sur lui. Celles-ci dépendent bien plus du caractère que de l'intelligence; nos ennemis le savent.

En Allemagne, quand il s'agit de nommer un jeune homme, à peine sorti des écoles, porte-épée enseigne *(Fähnrich)*, ce qui est le premier échelon des grades dans l'armée, le général inspecteur envoie une liste de questions par écrit aux officiers chargés des cadets. La première est : « Se lève-t-il exactement à l'heure tous les jours ? » Les Allemands savent que se rendre maître de son corps, c'est pour l'homme commencer à l'être de soi.

Ils savent qu'il y a une sorte de qualité physique qui participe du moral et qui contribue à donner à l'homme cette force de résistance particulière qu'on pourrait appeler l'*endurance,* si le mot était français. Ils savent que, dans les moments critiques, c'est cette qualité qui dessine entre les hommes les différences les plus marquées, et qu'elle ne s'acquiert que par une longue habitude, c'est-à-dire, par une fréquente répétition des actes qui l'engendrent. Voilà pourquoi ils suivent d'aussi près l'éducation physique et morale que l'éducation intellectuelle de leurs jeunes officiers.

Les Allemands ont-ils cependant à un plus haut degré que nous ce sang-froid qui laisse à un homme toute sa valeur dans le moment critique; cette résistance à la fatigue ou à l'ennui, laquelle lui assure une triomphante opiniâtreté devant le péril? je ne le sais; les Anglais? je le crains. Pourquoi? Par caractère, me direz-vous. Mais le caractère, on le reçoit sans doute de ses parents, de son pays aussi, et le climat, la configuration des lieux ont sur lui, comme sur le langage, une réelle influence... Toutefois, le caractère est susceptible de formation, puisqu'il l'est de déformation, et si celui que vous recevez de vos parents, et, par eux, de vos aïeux, a dû, à une certaine époque, se former chez eux, il peut donc se former chez vous.

Je voudrais essayer de vous montrer comment.

Vous vous attendez à une longue morale, pas du tout, je veux vous parler de vos jeux.

Un grand homme disait, blâmant les veillées excessives données aux plaisirs : « Une nation qui se couche à dix heures l'emportera toujours sur les autres. » A plus forte raison, on peut dire qu'une nation qui sait jouer les jeux virils l'emportera sur une nation qui les dédaigne.

Après sept années passées en Angleterre, j'ai acquis la conviction que les jeux sont pour les Anglais un moyen très-efficace de tremper leur caractère.

Vous allez me comprendre.

Vous rappelez-vous l'impression que vous éprouvez au commencement d'une longue récréation d'hiver, au moment où l'on va rompre les rangs, à la seule pensée de commencer le jeu? Elle peut se traduire ainsi : « Il fait froid, les balles vont piquer », ou bien : « C'est ennuyeux de recevoir des coups au *foot-ball*, ou au combat d'échasses. » A ce moment, tout est pénible, ôter sa veste, se mettre en train, attaquer, se défendre, et si les échasses sont le jeu de la saison, quand la bataille se prolonge, quand on n'en peut plus, que les jambes tremblent sur les étriers, que les mains saignent à rougir le pantalon, continuer à recevoir des coups que l'on n'a même plus la force de rendre, cela coûte, voilà où le caractère se forme. Ce sont des heures inoubliables que ces moments où en dépit de tout on ne s'est pas cédé.

Wellington, visitant le champ de cricket de son collége de Harrow, disait : « C'est ici que j'ai battu Napoléon », et l'amiral qui commandait la flotte anglaise en Crimée écrivait : « Envoyez-moi de bons barreurs et de bons rameurs d'Oxford ou de Cambridge : le meilleur sera mon meilleur officier. »

Fénelon parlait ainsi des jeux des Enfants de France : « Pour les exercices qu'on leur fait faire, ils sont tels, qu'aucun bourgeois de Paris ne voudrait hasarder un pareil régime sur ses fils. Dans leurs promenades, qui arrivent régulièrement tous les jours, été et hiver, quelque temps qu'il fasse, tête nue, ils marchent, ils courent soit à pied, soit à cheval, tant qu'ils veulent. »

C'est du reste en France une vieille tradition. Montaigne s'adressant à madame la comtesse de Gurson au sujet de son fils disait : « Endurcissez-le à la sueur et au froid, au vent, au soleil, et aux hasards qu'il luy fault mépriser ; ostez-luy toute mollesse et délicatesse au vestir et coucher, au manger et au boire; accoustumez-le à tout, que ce ne soit pas un beau garson et dameret, mais un garson vert et vigoureux. »

Je me rappelle qu'au collége de Vannes, certain jour d'hiver, la première division, partit à échasses pour la campagne de Pennboc'h. Il y a environ deux lieues, par des chemins... bretons.

En beaucoup d'endroits la terre y était couverte de glace. On tombait souvent, mais il était permis de se relever. Très-peu se découragèrent, un seul parvint au but sans avoir mis pied à terre; l'année suivante c'était un des bons soldats de Castelfidardo. Plus tard chef de bataillon des zouaves pontificaux, il était blessé grièvement à Patay par les Prussiens. Son fils est un de ceux à qui j'écris ici.

Deux ans après, nous avions, en première division, une grande bataille d'échasses : un élève resta seul luttant, pendant près de trois quarts d'heure, contre onze ; il s'appelait Jacques de Bouillé ; c'était lui qui devait tomber à Patay tenant l'étendard du Sacré-Cœur, dont vous voyez à la chapelle le *fac-simile* offert par le commandant du Reau.

Je n'ai pas la prétention de soutenir que nos jeux offrent le même danger que celui du cricket, aussi n'offrent-ils pas le même avantage. J'attribue à l'habitude du cricket, prise dès l'enfance, accrue durant la jeunesse avec une persévérance toute britannique, cette puissance de possession de soi-même que nous pouvons, sans nous décrier, envier aux Anglais, et dont notre devoir est de rechercher l'origine, afin d'arriver à la greffer sur notre caractère et à l'acclimater en France.

L'Anglais sait bien ce qu'est pour son pays ce jeu vraiment masculin, à la différence du crocket et du lawn-tennis qui sont plutôt des jeux féminins. Le cricket à ses yeux prime tout. On demande d'un jeune homme s'il est un bon cricketer avant de s'inquiéter de savoir s'il a réussi dans ses études. Ceci soit dit sans aucun esprit de critique, car il faut tenir compte de la différence des lois et des coutumes qui régissent les pays. En Angleterre les examens sont rarement requis pour les carrières. Pas de conscription, peu de soldats, partant peu d'officiers. L'aîné héritant seul, les cadets vont en masse chercher fortune en Australie, en Nouvelle-Zélande ou aux Indes ; ce qui, pour le dire en passant, explique pourquoi les colonies anglaises sont si florissantes, et pourquoi les nôtres sont mortes depuis que 89 a supprimé chez nous le majorat. Même quand il y a des examens, les programmes en sont distribués de telle sorte qu'il reste du temps pour jouer. L'Anglais ne connaît pas le surmenage. Il attache au repos de l'esprit, à la force du corps, à la formation de l'homme en un mot, une importance capitale. Durant la saison du cricket, le *Times* et tous les plus grands journaux enregistrent, chaque jour, les différentes péripéties de la lutte d'un comté contre un autre. Chacun a sa semaine. *The Cricket Week* est plus ou moins courue suivant le plus ou moins de réputation du comté. C'est la semaine des fêtes par excellence. Celle du Kent est une des plus célèbres, parce que ses cricketers sont très-renommés. Malheureusement elle tombe au commencement du mois d'août, et vous êtes en vacances. La ville est plus pavoisée durant cette semaine qu'elle ne l'a été même pour le Jubilé de la Reine. On accourt à Canterbury de toutes les parties de l'Angleterre ; l'an dernier et il y a deux ans, les « Onze » du Kent luttaient contre les « Onze » de l'Australie venus exprès. Les grands journaux de Londres ont un fil aboutissant au champ de cricket, lequel leur télégraphie chaque coup. En un mot, la préoccupation est extrême, telle qu'on ne peut s'en faire qu'une idée incomplète quand on n'a pas vécu en Angleterre. Ce matin en ouvrant le *Times*, j'y trouvais cet entrefilet : « La nouvelle que, aussitôt la présente saison finie, lord Harris, le capitaine des « Onze » du Kent, dira adieu au cricket, est, nous écrit-on de Canterbury, absolument dénuée de fondement. Il est probable, cependant, que Sa Seigneurie cédera à un autre la capitainerie du comté. »

Il y a un lord jouant là chaque année et avec n'importe qui, forgeron, fermier, clergyman, avocat, officier, tous les rangs y sont mêlés, autre avantage du jeu.

Mais ce n'est pas à ce point de vue que je me place. Pour pouvoir entrer en lice, et représenter honorablement son comté, quelle préparation! Et comme il faut s'y prendre de loin! Vous les voyez, ces jeunes Anglais, dès que la saison le permet, se réunir, jouer froidement en apparence, de longues heures; vous ne savez pas combien de fois, malgré les épaisses armures de caoutchouc, que d'ailleurs la plupart dédaignent, cette boule si dure lancée par la « batte » atteint un membre à découvert, le contusionne gravement, quelquefois même peut donner la mort. C'est de la nécessité de veiller attentivement, pour éviter la boule ou pour la recevoir à propos, c'est de l'énergie dont il faut faire preuve contre le danger que naît la force de caractère dont je vous parlais plus haut. — Alors pourquoi nous défendre le cricket?

Précisément à cause de ce danger, vos parents seraient trop inquiets. — Le péril s'accroîtrait de l'impossibilité où vous êtes de commencer ce jeu assez jeune et de le jouer assez sérieusement pour pouvoir en éviter les accidents ou pour les rendre du moins plus rares. Vos examens et vos carrières ne vous permettent pas en effet d'y consacrer un jour entier par semaine et plusieurs heures tous les deux jours, comme on le fait dans beaucoup de colléges.

Il y a une autre raison.

Le cricket ne peut jamais occuper que onze joueurs contre onze. — Quelles immenses étendues il faudrait pour établir autant de champs de cricket qu'il y a de fois vingt-deux dans deux cent cinquante, la balle étant parfois rejetée à une grande distance du but!

Mais vous avez d'autres jeux.

Si vous n'y pouvez prendre l'habitude d'affronter le danger, comme au cricket, vous pouvez du moins vous y exercer à supporter la fatigue et vous vaincre vous-mêmes.

Or, je vais vous faire un reproche: je vous trouve moins acharnés à la rame que jadis. Vous me direz qu'on vous envoie moins souvent en barque. C'est que nous savons bien que les jours de congé de faveur vous préférez autre chose, n'est-ce pas vrai? Vos anciens camarades ne connaissaient pas de meilleur goûter que celui qu'on prenait en barque après deux heures de rame. Je me rappelle avoir été d'ici à la mer — il y a 23 milles — avec les grands, le jour de la fête du P. Recteur en 1881. — Je me souviens aussi d'un certain jour de congé des « charges » d'où nous sommes revenus ayant contre nous le vent, la marée, le courant et, brochant sur le tout, une pluie diluvienne.

Quand nous levions les avirons pour nous essuyer le visage inondé d'eau, la barque reculait d'une longueur; j'ai cru que nous n'arriverions jamais. Il y avait là P. de la B..., qui est maintenant officier de cavalerie, Joseph L..., qui va quitter Saumur sous-lieutenant, B..., qui m'annonce qu'il va sortir dixième de l'École centrale, et d'autres.

Tous partaient le lendemain pour Paris, où ils allaient passer l'examen du baccalauréat. Ils ont mis au travail la même « suite enragée », comme disait Saint-Simon, qu'ils mettaient à ramer. — Bonne fatigue qui cause une sorte de désespoir physique, dont on ne triomphe pas sans profit. Fatigue qui n'est pas non plus quelquefois sans péril.

La première fois que nous allâmes jusqu'à la mer, en entrant à Sandwich, le vieux port où débarqua, la veille de son martyre, saint Thomas Becket et où s'embarqua Richard Cœur de lion, il nous arriva un accident. La marée descendait et le vent la poussait; les deux embarcations qui se suivaient à cent mètres allaient donc très-vite, et, à l'ordre de lever les rames, leur vitesse ne diminua pas sensiblement. — J'étais dans la seconde. Tout à coup nous entendîmes des cris partir de la première, nous vîmes un chapeau de paille sur l'eau, et nous comprîmes que ce qui était arrivé à la première barque nous menaçait aussi. Les vaisseaux ancrés étaient attachés aux anneaux du quai par une corde qui traversait le port : comme la marée était basse, la corde s'était abaissée avec les vaisseaux, et il fallait se raser prestement dans les barques pour n'être pas saisis au cou; les rameurs en eurent le temps, le pilote ne l'eut pas, et comme il était debout, la corde le saisit aux jambes, et il tomba à la mer. Naturellement tout le monde criait à la fois, de sorte que l'expérience du premier bateau ne put même profiter au second, et notre pilote, pris de même, fut aussi jeté à l'eau. Bonne leçon qui apprend à se taire et à obéir.

Je n'en voudrais pas beaucoup de ce genre. On eut beau rire quand nos deux pilotes (aujourd'hui officiers de l'armée de terre) furent repêchés, il y avait eu un moment d'effroi.

Pour ramer longtemps il faut du courage, pour bien ramer de l'obéissance, et pour embarquer, débarquer, franchir certains passages difficiles, comme il n'en manque pas sur la Stour, un silence absolu de la part de l'équipage.

Pour tous ces motifs nous tenons aux barques.

Lors de leur mise à l'eau, j'invitai un des vainqueurs d'Oxford à venir vous enseigner les rudiments de son art. Je ne sais si quelques-uns d'entre vous se rappellent ce qu'il vous dit.

Les étudiants des universités d'Oxford et de Cambridge dans leur *match* donnent de trente-cinq à quarante-deux coups de rame *per minute,* comme disent les Anglais. Au départ généralement trente-sept ou trente-huit, ils retombent au bout de quelque temps à trente-quatre ou trente-cinq, et dans l'effort final vont de trente-neuf à quarante-deux. Le vent et la marée influent naturellement beaucoup sur la vitesse totale avec laquelle se fait le parcours; la moyenne de temps est de *20 minutes pour 4 milles 1/4,* c'est-à-dire environ sept kilomètres (un mille équivaut à 1,609 mètres), donc six lieues à l'heure, si l'équipage pouvait soutenir un tel effort. Il y a huit rameurs dans chaque embarcation. Pendant cinq semaines, à partir du mercredi des Cendres, ils s'entraînent et se soumettent alors à un régime d'une sévérité inouïe; leurs verres de bière sont comptés, et le reste à l'avenant. Si quelqu'un d'eux, trompant la vigilance de ses camarades, venait à manger ou à boire plus qu'il n'est permis, il serait disqualifié. A mesure que le grand jour approche, les essais en Tamise sont relatés par tous les grands journaux, dans les derniers détails : « L'équipe d'Oxford a faibli aujourd'hui, parce qu'un tel a donné tant de faux coups de rame, etc. »

Mes enfants, je devrais revenir à la revue de la Reine. Je ne vous en ai pas terminé le compte rendu. Il est trop tard, elle se perd maintenant dans les brumes comme l'illumination qui l'a couronnée, laquelle eût été splendide si on avait pu l'apercevoir.

De même que l'atellane suivait chez les Grecs la grande trilogie, le mot pour rire ne manqua pas dans les journaux anglais, au lendemain de cette grande manifestation de l'orgueil national.

Avant la revue une question avait été posée à la Chambre des communes, sur le plus ou moins de sûreté et de confortable que ses membres trouveraient à bord du *Crocodile,* préparé pour eux. On se souvenait qu'à la revue de 1856, le vaisseau qui portait le Parlement s'était perdu. Un ancien ministre mis en cause par le lord de l'Amirauté, qui essayait de rassurer tout le monde, prit la parole : « Puisque mon honorable ami m'interpelle, je répondrai que, vu le souvenir gardé de la revue de 1856, et le peu de confiance que j'ai dans le gouvernement actuel, j'ai préféré, cette fois, remettre ma personne et ma famille à un bateau de la marine marchande... » Après la revue si admirablement combinée jusque dans les moindres détails, la parole de l'ex-ministre sembla un peu dure, et l'on en rit dans les journaux.

Un amiral donna, le lendemain de la revue, sa démission de lord de l'Amirauté. Voici à quelle occasion. — Étant à bord du yacht royal et trouvant que le défilé l'y retenait plus qu'il n'avait pu prévoir, il dit à un des marins de signaler à l'*Enchantress* le message suivant : « Dites à lady... d'aller tout de suite à bord du yacht *la Sorcière* du Lancashire, où je la rejoindrai. »

Tout le monde avait vu le signal. Les autorités firent la remarque que l'amiral avait agi sans permission ; celui-ci le comprit, et sa démission s'en est suivie. On espère qu'elle ne sera pas maintenue.

Je vous cite ces traits, parce qu'ils rendent bien ce mélange de liberté donnée à l'individu et de respect pour la loi qui fait le fond des mœurs anglaises.

J'irai prendre dans le passé le mot de la fin.

« Le 23 juin 1814, tandis que Napoléon partait pour son exil de l'île d'Elbe, raconte lord Malmesbury, il y eut au Spithead, pour célébrer la paix, une grande revue navale à laquelle mon père dut assister, en sa qualité de gouverneur de l'île de Wight. Il s'y rendit sur son yacht officiel, et, si jeune que je fusse alors, je n'ai pas oublié ce spectacle.

« La rade était littéralement couverte de vaisseaux de toutes sortes, beaucoup de navires de guerre, rappelés lors de la paix, n'ayant pas encore été désarmés. Les souverains alliés se tenaient sur la dunette de l'*Imprenable*, où mon père fut les saluer, nous menant avec lui. L'empereur Alexandre, avec sa haute taille roide, ses culottes de peau collantes et ses bottes fortes nous frappa de terreur, et nous fûmes heureux de retourner sur notre yacht *la Medina*. Beaucoup d'officiers de marine vinrent à notre bord, et je me rappelle avoir été frappé de l'arrogance de langage et de manières de la plupart d'entre eux. Cela s'expliquait sans doute par leurs services, leur habitude de la victoire et l'influence de l'atmosphère despotique du gaillard d'arrière. Cependant les plus infatués étaient généralement les plus jeunes. L'uniforme de la marine à cette époque était très-seyant : bleu avec des revers blancs, des épaulettes, des pantalons collants blancs et des bottes à la Souvaroff, à glands d'or.

« J'ai parlé du yacht que possédait mon père en vertu de sa charge. Mais ce yacht, *la Medina*, mérite qu'on en parle encore. Il formait comme le lien entre les vaisseaux tels que Van der Velde en a peint et ceux qui ont précédé immédiatement les cuirassés. Bâti sous le règne de Guillaume III, il était gréé en cutter, et les flancs en étaient magnifiquement dorés. Sa partie la plus élevée était la poupe. En avant, le bord était si bas qu'il y avait à craindre que le yacht ne coulât la proue la première, pour peu qu'il embarquât un gros coup de mer. La largeur en était peu considérable. L'état-major et l'équipage se composaient du capitaine Love, de la marine royale, d'un officier de manœuvres et de douze hommes. Le vaisseau jaugeait quatre-vingts tonneaux. Tel était le yacht du gouverneur de l'île de Wight, et dans ce yacht on nous promenait, quand nous étions enfants, sur les eaux peu dangereuses du Solent.

« M. le capitaine Love paraissait avoir un congé illimité, et l'embarcation était confiée à M. Butcher, l'officier de manœuvres. Celui-ci m'a toujours fait l'effet d'un marin de comédie. A vrai dire, il ne valait guère mieux; car il était toujours indécis tant sur la route à prendre que sur la direction du vent. Heureusement pour nous, il était bien remplacé par le contre-maître, un vieux loup de mer.

« Je m'explique l'absence continuelle du capitaine Love par le fait qu'il n'était pas une *persona grata* pour ces dames. Il en résulte que M. Butcher dut faire naviguer le yacht sous sa seule responsabilité. Mais à la suite de l'accident que je vais raconter, il fut mis fin à cet arrangement, mon père se refusant à nous laisser naviguer à l'avenir dans la *Medina*, qui fut déclarée hors d'état de servir.

« Un jour, le sommelier qui remplissait les fonctions de chef à bord se précipita sur le pont, la terreur peinte sur le visage : « Milord, le yacht a fait une voie « d'eau, et la cabine est inondée. » Voilà M. Butcher de dégringoler l'échelle de la dunette, et au bout d'un instant il revient confirmer la nouvelle : « Milord, l'eau « me monte déjà jusqu'à la cheville ; il faut que je fasse « échouer le yacht dans la baie d'Alum avant qu'il « vienne à sombrer. »

« Je n'en crois pas le premier mot, dit mon père.

M. Butcher, pâle comme la mort, regarde par-dessus le bord et crie à mon père : « Votre Seigneurie ne voit-elle pas que nous enfonçons rapidement ? — Je n'en vois rien du tout », répond mon père. A ce moment critique arrive le contre-maître, la bouche ouverte jusqu'aux oreilles ; il salue mon père d'un coup de chapeau, et, riant à se tenir les côtes, il dit : « N'en déplaise à Votre Seigneurie, ce n'est que le réservoir d'eau des w...-c... qui a crevé. »

« On ne fit pas échouer la *Medina,* mais on ne l'envoya plus jamais en mer, et M. Butcher put jouir en paix jusqu'à la fin de son existence de sa retraite et de son *grog.* »

Vous voyez que ces graves Anglais ne redoutent pas le rire. Ils savent plaisanter même de leur propre marine... A un autre endroit de ses *Mémoires,* à propos de la visite de la Reine à Cherbourg en 1858, lord Malmesbury dit :

« Un incident ridicule s'est produit au moment où sir John Pakington a débarqué avec lord Hardwicke et l'amiral Dundas, qu'il avait pris dans son canot ; il tenait la barre en suivant avec son corps le va-et-vient des rameurs, comme s'il eût canoté sur la Tamise, et, au moment d'accoster, il manœuvra si mal, que le bateau vint se heurter violemment contre la jetée, renversant tout l'équipage et les deux amiraux pêle-mêle. Lorsque ceux-ci se furent relevés, ils exhalèrent leur fureur en apostrophant avec véhémence l'infortuné ministre de la marine, au milieu de l'hilarité générale. »

Pendant que je vous écris, il pleut ; je m'interromps

pour vous le dire, car depuis trois mois et une semaine, c'est la seconde fois, et la première ce fut bien court. Dans plusieurs parties de l'Angleterre, on envoie de l'eau par le chemin de fer, dans des barils à lait, et on la distribue, à tant de galons par famille. Je n'ai cependant pas la prétention de vous représenter l'Angleterre comme un pays sec. Dans le Lancashire, il pleut deux cent cinquante-six jours par an, à Paris cent quarante-quatre. — Ajoutons — pour la gloire du coin privilégié que nous habitons, et la tranquillité de vos parents, — dans le Kent cent vingt-quatre. — Puisse le beau temps continuer jusques et bien après votre retour, mais n'en parlons pas encore.

Je recommande à vos prières l'âme de celui que j'ai été administrer en France. Je reçois à l'instant la nouvelle de sa mort. Elle a été douce et édifiante. Un soir, en 1879, le jour même où il était venu nous offrir le secours de sa plume, notre conversation s'était prolongée bien avant dans la nuit. Il me racontait le combat de Wissembourg, auquel il avait pris part comme soldat engagé dans les tirailleurs algériens. Il me dépeignait, avec le charme simple qu'il mettait à tout, l'assaut de la colline de Wissembourg, au milieu d'une effroyable fusillade, si voisine qu'on en sentait presque la chaleur, les turcos, le ventre déchiré, la poitrine trouée, qui tombaient autour de lui, et mouraient en souriant, les yeux levés au ciel, avec ces mots sur les lèvres : Allah! Allah! — et il ajoutait : « Ceux-là du moins croyaient en quelque chose. »

Je l'interrompis : « Et vous? — Oh! moi, je suis

plus chrétien que je n'en ai l'air. Le cardinal de Bonnechose a bien voulu me dire qu'il se chargeait de moi. S'il n'est plus là, ce sera vous, voulez-vous ? — Je vous le promets. »

Mes enfants, vous ne savez pas, puissiez-vous savoir un jour la joie qu'il y a à ramener une âme au bon Dieu. Le P. Lacordaire l'a dépeinte, je veux vous citer ces lignes :

« Quand nous aimons, nous voulons sauver l'âme que nous aimons, c'est-à-dire lui donner, au prix de notre vie, la vérité dans la foi, la vertu dans la grâce, la paix dans la rédemption, Dieu enfin, Dieu connu, Dieu aimé, Dieu servi. C'est là cet amour des âmes qui se surajoute à tous les autres, et qui, loin de les détruire, les exalte et les transforme jusqu'à en faire quelque chose de divin, tout naturels qu'ils soient par eux-mêmes. Or, il arrive que l'amour des âmes conduit à l'amitié. Quand on a été près d'une pauvre créature déchue l'instrument de la lumière qui lui révèle sa chute et qui lui rend son élévation, cette cure sublime d'une mort qui devait être éternelle inspire quelquefois aux deux âmes un indéfinissable attrait né du bonheur donné et du bonheur reçu. Et si la sympathie naturelle s'ajoute encore à ce mouvement qui vient de plus haut, il se forme de tous ces hasards divins tombés dans de mêmes cœurs un attachement qui n'aurait pas de nom sur la terre, si Jésus-Christ lui-même n'avait pas dit à ses disciples : « Je vous ai appelés mes amis. »

En même temps que cette mort, j'en apprenais une autre, celle d'un pauvre cocher de fiacre que j'ai eu le bonheur de convertir lors du précédent voyage que je fis à Paris.

Vous prierez pour ces deux âmes à votre communion du premier vendredi ou du premier dimanche de septembre, si cette lettre vous arrive à temps; sinon, ce sera pour celle de la Nativité de la Très-Sainte Vierge, le 8 septembre.

Adieu, chers enfants; je vous embrasse et vous bénis de tout mon cœur.

P. S. — Vous vous rappelez peut-être que naguère les élèves de seconde eurent à raconter une de leurs courses en barque. J'ai pensé que vous aimeriez à conserver le souvenir de cette partie, et je vous envoie le corrigé du devoir.

Saint-Mary's Collége. — Canterbury, 10 juin 1882.

MA CHÈRE MAMAN,

Si le collége a ses tristesses, il a ses joies, et puisque vous portez des premières une bonne part, c'est justice qu'à l'occasion vous partagiez les secondes. Je suis sûr que vous serez contente d'apprendre comment nous nous sommes amusés mardi. — Le jeudi précédent, vous le savez, notre division donnait aux parents des enfants de la première communion et aux Pères une grande séance de jeux; je vous envoie le programme. Bien que hâtivement préparée, le R. P. Recteur trouva qu'elle avait très-bien réussi; aussi, à la fin, il nous réunit sous le hangar et nous dit à peu près ceci : — « Mes enfants, pour vous récompenser, mardi nous ferons une course, une vraie course. Nous irons de Fordwich à Grove Ferry, et nous reviendrons. Une barque partira un quart d'heure avant l'autre, et le capitaine de chacune constatera, sous la surveillance d'un contrôleur, le temps employé à ramer. Vous allez donc nommer vos capitaines et vous vous pèserez tous, puis vous vous diviserez en trois équipes de huit, puisqu'il y a huit rames ; seulement c'est une grande fatigue de ramer en concours, vous ne ramerez donc jamais qu'un quart d'heure de suite. »

Le mardi suivant, 6,670 livres (je dis livres anglaises, c'est pourquoi je ne réduis pas en kilos) étaient chargées à Fordwich, moitié sur *Victoria*, moitié sur *France*, ou plutôt pour rester dans l'exacte vérité, 3,370 sur *France* et 3,300 sur *Victoria*, parmi lesquelles votre petit garçon comptait pour 75 livres, vous voyez qu'il grossit. Le goûter, disposé a fond de cale de *Victoria*, faisait l'appoint.

Rien ne manquait au plaisir, rien non plus à la sûreté ; une large bouée de sauvetage attachée à une amarre est placée à l'avant et à l'arrière de chaque bateau, vaine précaution, car il n'y a pas le moindre danger ; au magasin une boîte dite ambulance renferme arnica, bandes et compresses ; deux rames de rechange, si quelqu'une aussi venait à se blesser ; enfin une tente, aux couleurs de la barque, pour saisir le vent s'il devenait bon.

Tout est prêt : le capitaine C..., commandant la *Victoria*, et le capitaine de B..., commandant *France*, ont chacun leur second : S... et C...; quatre gars, comme on dit chez nous, et leur pilote d'A... et G..., menus, menus, mais sérieux et comprenant l'importance de leur fonction.

L'embarquement se fit en ordre et en silence sous le commandement des capitaines. On eût dit celui de nos soldats s'embarquant dans les chalands pour accoster la côte de Crimée sous les hauteurs de l'Alma, et, comme pour rappeler l'alliance anglo-française, un brave policeman descendu dans un bateau voisin pour aider les nôtres au départ, promenait sur cette petite scène son regard tranquille et son bon sourire... — Mais les deux capitaines, debout à l'arrière, ont regardé leur montre :

« Préparez vos rames ! » crie le nôtre. — Ici un moment de silence, je vous assure, maman, plein d'émotion : les huit rames étaient étendues bien égales comme les ailes d'un oiseau qui plane au moment de fondre sur sa proie. — « Avant, partout », la barque glisse. — Depuis ce moment je ne sais ce qui se passa à bord de *France*. Tout ce que je peux dire, c'est que ramer un quart d'heure en concours est très-dur, si dur qu'au retour les capitaines réduisirent ce temps à *dix* minutes d'abord, puis à *cinq*. Ce que je sais encore, c'est que c'était joli, joli.

Les chevaux lâchés en liberté dans les prairies venaient galoper sur le bord de la rivière et nous accompagnaient quelque temps, puis nous quittaient en bondissant, se défiant l'un l'autre comme nous. Les vaches nous regardaient de l'air étonné dont elles regardent toutes choses dans tous les pays, je crois. Voilà ce qu'on voyait sur le rivage. Au delà, un joli pays frais et vert, de ce vert du gazon anglais auprès duquel le nôtre noircit. A gauche en descendant vers la mer, des prairies à perte de vue. A droite, au contraire, assez près de nous, une ligne de collines basses qui conduisent doucement la Stour à la mer. Devant nous la rivière nouant et dénouant sans fin ses méandres tranquilles et nous offrant tantôt un large, mais court ruban d'argent à peine moiré par le soleil, tantôt un champ verdoyant à travers lequel il semblait que l'avant de notre barque dût ouvrir un sillon ; et, une fois ou deux, comme une muraille mêlée de touffes et d'arbres que dressait devant nous la vallée subitement resserrée. — On ne voyait plus ni hommes ni maisons. Je fermai les yeux : il me semblait que le capitaine allait me jeter avec l'équipage sur une terre ennemie, comme cela m'arrivera peut-être dans six ou sept ans, puisque, vous le savez bien, maman, je veux être soldat et venger mon pays. — Je croyais qu'un sabre pendait à mon poignet par la dragonne, et je sentais sur mon cœur battre votre photographie avec la médaille que vous m'aviez donnée et que je ne quitterai jamais. Ah! je crois qu'avec cela je serai invincible, ou que l'Allemand n'aura mon sang qu'après avoir versé beaucoup du sien.

Un commandement sec vint me tirer de mon rêve. « Les hommes de la deuxième équipe, ôtez vos habits, stop! — Première équipe, mettez vos habits. — A vos rames. » — Nous ramions depuis cinq minutes quand nous entendons des interjections étonnées. Nous n'osions nous retourner de peur de perdre un coup de rame. — « Stop! » crie tout à coup le capitaine.

— Un barrage établi sur la rivière avait arrêté les herbes assez nombreuses qui suivent le fil de l'eau, et, dont on fait un engrais pour les champs. Ce barrage formait jusqu'à dix mètres en amont une sorte de mer de Sargasse comme celle qui arrêta Christophe Colomb sur la route de l'Amérique. Comment faire ? Jean de B... héla en anglais l'homme qui retirait ces herbes. Celui-ci de sauter dans une barque et de s'empresser d'ouvrir un coin du barrage, près de la rive, juste ce qu'il faut pour laisser passer *Victoria;* mais si près du bord il y avait trop peu de fond, elle s'envase profondément et ne peut plus ni avancer ni reculer; nous descendons alors à terre presque tous; ce bonhomme plein de complaisance, comme les Anglais le sont ici pour nous, attache une corde à l'avant, nous nous attelons et nous halons sur la corde avec rage. Crac, elle casse, tout le monde par terre et le chapeau du P. Recteur dans la vase. On se relève, deux de mes camarades restés à bord sautent dans la barque du dragueur, sept ou huit les rejoignent avec des rames, l'un d'eux tient le bout de la corde renouée, quelques-uns rament, d'autres pèsent sur les avirons, enfin *Victoria* s'ébranle et quitte sa souille aux applaudissements de son équipage et à la stupéfaction de *France,* qui, arrivant sur ces entrefaites, avait cru d'abord, en nous apercevant, qu'elle nous battait. — Son équipage dut faire comme le nôtre, mettre pied à terre, et la conversation s'établit entre les deux équipages comme pendant une suspension d'armes entre ennemis qui s'estiment parce qu'ils se sont vus à l'œuvre. — Qui tenait la victoire jusque-là?

Comme en nous trouvant arrêtés, personne n'avait pensé que cet obstacle nous retiendrait plus d'un quart d'heure, personne n'avait regardé l'heure, et nous restâmes dans des peut-être ; on conjectura, les uns que *Victoria,* les autres que *France* l'emportait d'une ou deux minutes. En tout cas la différence ne pouvait être grande, et nous repartîmes pour Grove Ferry, où notre équipe nous mena en moins de dix minutes. — Le village de Grove Ferry n'est pas visible de la rivière. Il y a à gauche, à dix pas, la station du chemin de fer ; à droite, un *ale house,* entre les deux un bac : le passeur tire sur une corde de fer qui joint les rives et fait glisser bêtes, gens, charrettes pour un *half penny*. Justement il y avait du monde qui voulait traverser. Le passeur nous pria de nous écarter un peu.

Vite aux provisions. Elles ne manquèrent pas, et nous en gardâmes religieusement la moitié pour nos adversaires. — Tandis que nous réparions gaiement nos forces, un insulaire avec de grandes jambes, une grande barbe, un grand chapeau noir, haut de forme, vint sérieux, un yard à la main, mesurer en silence la longueur de notre embarcation, puis la largeur, et, voyant qu'il n'en pouvait mesurer la profondeur, il s'en alla comme il était venu, sans mot dire.

La *France* arrive ; on se serre les mains, on s'interroge, et soit embarras des contrôleurs, soit discrétion des capitaines qui ne veulent ni enfler ni décourager leur équipage, on n'en apprend pas plus qu'au barrage ; si, nous apprîmes, nous, quelque chose, la finesse du capitaine de B..., dont un trait vaut d'être cité. Il vous peindra ce Limousin.

Je vous ai dit que notre goûter formait l'appoint : cet appoint disparaissant comme vous pensez, nous dîmes à notre capitaine : « Ça va être comme pour Ésope, notre barque sera bien allégée. » Point, quelques minutes après, le capitaine de B... criait aux nôtres : « Vous allez me faire le plaisir de remplir d'eau les quatre grandes cruches de bière qui doivent être vides. » Avouez que c'est trouvé, cela, maman. Mais assez causé, assez mangé aussi : « Troisième équipe à vos rames. » Il est convenu que la petite distance qui sépare Grove Ferry du barrage servira d'école, et que ce temps ne comptera pas ; fort heureusement pour nous, car à bord de *France* il paraît que la troisième équipe ne s'en tire pas mal, « et pour son coup d'essai veut faire un coup de maître ».

En revanche nous avons entendu nos capitaines nous déclarer à la fin du goûter que ce sera entre le barrage et Fordwich que se décidera la victoire. Aussi comme nous ramions, chère maman, comme nous avions peur de voir apparaître derrière nous, à l'extrémité de chaque tournant, notre ennemi invisible !

Le terme approchait, et le clocher de Fordwich commençait à poindre ; il est vrai que lorsqu'on le voit on n'est pas encore arrivé; cependant quand l'équipe numéro 1 nous remplaça encore une fois, je calculai que c'était la dernière, et j'allai à l'arrière afin de jouir en paix de cette fin de journée.

Je tournais le dos à tous pour mieux m'isoler, j'entendis d'abord « *One, two ; one, two ; one, two* », c'était la voix du capitaine scandant les coups de rames ; mais celles-ci, plongeant et sortant de l'eau avec ensemble, marquaient si juste les deux temps, que bientôt le commandement devenu inutile s'éteignit dans leur bruit monotone, et je me mis à rêver. — Le jour baissait, les collines, tout à l'heure encore rougies par les derniers rayons du soleil, profilaient maintenant sur un ciel pâle leurs croupes assombries, et la brume qui s'élevait peu à peu commençait d'en voiler les contours. Au loin on entendait le bruit musical et régulier que fait le pivert en martelant de son bec le tronc sonore des pins ; sur nos têtes un oiseau de mer laissait tomber un cri plaintif et retournait disputer son nid aux flots de l'Océan, tandis que bien haut, bien haut, un héron le croisait, passant silencieux, ses longues pattes pendantes, son long cou tourné vers le bois où quelque cime élevée lui garde sa nichée. — Que de petites familles endormies dans les feuilles, sous le toit du bon Dieu !

Dans les prairies, les moutons se pelotonnaient sous les haies pour s'apprêter à y passer la nuit. Les chevaux allaient reposer sur la barrière leur cou fatigué. Toute la nature préparait son sommeil en endormant ses bruits. Nous étions saisis par cette majesté du soir et nous voguions en silence.

> On n'entendait au loin sur l'onde et sous les cieux
> Que le bruit des rameurs qui frappaient en cadence
> Les flots harmonieux.

Je m'étendis alors sur l'arrière, la tête penchée, les yeux fixés sur le sillage, je laissai aller ma pensée avec ce courant qui allait rejoindre la mer : « Petite goutte d'eau, disais-je, peut-être tu iras demain mouiller la terre de mon pays. Va, dis-lui qu'à tout plaisir qui me charme comme au travail qui m'attache parfois. comme au rayon du soleil qui se lève et qui se couche, je réponds toujours que rien ne sera jamais complet, rien très-beau tant que je ne serai pas en France. »

Rien non plus n'emplit mon cœur jusqu'au bord, chère maman, quand le soir venu je ne puis vous tendre mon front et vous dire : « Embrassez-moi. »

Votre HENRI,
3ᵉ matelot de l'équipe nº 1 du *Victoria*.
Capitaine C...

P. S. — J'oubliais de vous dire que c'est nous qui avions été battus de 2 minutes 25 secondes sur 1 heure 55 minutes de rames. Pourquoi ? Nous l'avons cherché huit jours et nous n'en voyons pas d'autre bon motif, sinon que l'autre embarcation s'appelait *France*... Aujourd'hui, un Anglais m'a dit que cela tenait à ce que nous portions le goûter et qu'un poids brut est plus lourd qu'un poids vivant.

Quoi qu'il en soit, nous gardons de cette journée un bien bon souvenir et... l'espérance.

CINQUIÈME LETTRE

Saint-Mary's Collége. — Canterbury, 8 septembre 1887.

Mes bien chers enfants,

Un des élèves de la classe de quatrième m'écrivait dernièrement : « Vous croirez sans peine, mon Révérend Père, que le temps passe vite ici. Voilà les longs jours déjà partis, les fraîcheurs qui arrivent et septembre qui nous amène octobre.

« Octobre ! — La France qu'on quitte, les parents qu'on pleure, pour aller vous retrouver dans l'exil, sûr toutefois qu'on est d'y retrouver des cœurs qui aiment tous ceux qui vont à eux. »

C'est vrai, mes enfants, ces longues vacances qui semblaient ne devoir jamais finir, les voilà qui se précipitent vers leur terme, et bientôt il faudra songer aux adieux, puis, un triste matin, recommencer votre voyage loin de la France. Au tournant de la route, en jetant les yeux sur le toit qui disparaît, sur cette fumée d'un feu qui ne brûlera déjà plus pour vous, votre cœur se serrera, alors vous repasserez vos vacances, et, en les repassant, vous les jugerez ; je voudrais que ce jugement vous fût favorable, et que vous pussiez vous dire : « Si j'emporte et si je laisse des regrets, il me semble que j'ai apporté et que je laisse aussi du bonheur. »

Écoutez-moi un peu, ou plutôt, s'il fait beau, si quelque partie vous attend, repliez ma lettre, et gardez-en la lecture pour un jour de pluie ou pour le soir, à la lampe, car je vais vous faire un sermon et je ne veux pas que vous l'écoutiez d'un air trop distrait.

J'avais l'habitude, après la distribution des prix, de vous adresser des recommandations sur votre manière d'être en vacances, moins vis-à-vis de vos parents, — votre cœur m'eût deviné, — que vis-à-vis de leurs domestiques, qui ne sont pas encore les vôtres ; à tout âge on peut dire « ma bonne », à votre âge on ne peut pas encore dire « mon domestique ».

Je vous disais donc : « Vous allez revoir votre *home*. Tout le monde vous y attend, vous désire. Quand vous aurez reçu les premières caresses de tous, fait à M. le curé votre visite, n'omettez pas d'aller rendre d'avance une part du bonheur qu'ils vous préparent, à ceux qui vont y travailler de leur sueur et de leurs mains. » — Voilà ce que je vous disais d'habitude. Cette année, n'ayant pas eu l'occasion de la distribution des prix, je crains que vous ne vous rappeliez pas les avis de l'année précédente.

Il y a, autour de votre habitation, des serviteurs vieux ou jeunes qui vous ont vus naître, dont les parents vous ont élevés, dont la famille est, de longue date, comme inféodée à la vôtre. Ces braves gens pensaient depuis longtemps au jour de votre retour parmi eux. Quand ils ont entendu la voiture, leur cœur a battu de joie, vous êtes leur fierté, leur espoir et celui de leurs enfants. « Notre jeune maître a-t-il grandi ? » Voilà la première question qu'ils se posaient.

En vous voyant durant les vacances, ils s'en sont posé une autre, à laquelle ils ne répondent pas encore : « Sera-t-il bon ? » Ils y répondront quand vous serez partis.

Si vous avez omis d'aller visiter ces braves gens, chez eux, c'est-à-dire à l'endroit où ils travaillent, le jour de votre arrivée, ne l'oubliez pas avant celui de votre départ.

Ayez soin que cette visite soit faite avec beaucoup de cœur, n'ayez pas l'air pressé, regardez-les bien dans les yeux, sachez trouver une bonne parole à leur dire qui leur reste, demandez-la à Celui qui s'est fait serviteur pour nous, *formam servi accipiens.* Si vous leur avez fait une peine injuste, ce ne sera pas vous abaisser que de leur demander pardon. S'il y en a parmi eux qui doivent quitter votre famille avant les prochaines vacances, il sera bon de leur faire un présent qui les aide, et l'argent que vous consacrerez à cet achat sera mieux employé qu'à l'emplette d'un jeu ; il fera plus de bien et vous rapportera plus de bonheur. Mais les domestiques bien traités quittent rarement leurs maîtres. Ils se considèrent comme de la famille, ils en sont, pour ainsi dire, un membre essentiel. Vous entendez se plaindre qu'on ne trouve plus de domestiques comme autrefois. Pourquoi ? Ne serait-ce pas parce qu'on ne trouve plus d'aussi bons maîtres ?...

Écoutez une petite histoire.

« M. de Besenval avait un vieux domestique appelé

Blanchard, qui l'avait vu naître, ayant servi son père. Cet homme, un peu cassé par l'âge et par les infirmités, était, dans la maison, sur le pied d'un vieil ami plutôt que d'un ancien domestique.

« Il ne mangeait plus à l'office, mais chez lui. Son appartement était au midi ; son service se réduisait à des détails qui pouvaient l'occuper, le distraire, sans le fatiguer, comme d'arroser quelques gradins de fleurs, de nettoyer des bagues, des boîtes. On lui donnait par jour une commission facile au dehors, pour qu'il fît le peu d'exercice nécessaire à sa santé... Un jour, on apporte à M. de Besenval un beau jasmin du Cap, qu'il destinait à la Reine : il sortait, il le confie à Blanchard en lui recommandant de l'arroser. Voilà le bonhomme occupé de la fleur ; mais son attention ne le préserve pas d'une maladresse. Le pot glisse, tombe, se brise ; la tige, la fleur, tout en morceaux ! M. de Besenval rentre en ce moment ; il court à son jasmin. A la vue de ce désordre, il entre dans une colère qui bientôt se change en fureur ; le vieillard veut fuir, son maître le retient et l'accable de reproches.

« La journée se passe, et la fureur de M. de Besenval se passe encore plus vite. Il envoie plusieurs fois à la porte de Blanchard pour savoir de ses nouvelles, on lui répond qu'il est couché ; cela l'inquiète, le tourmente toute la nuit. Le matin, il sonne ; Blanchard entre dans sa chambre et lui dit :

« Monsieur le baron, je viens vous demander une grâce : c'est la permission de me retirer chez mes parents. »

« Comment ! répond M. de Besenval avec emportement, vous voulez me quitter ! Vous resterez, monsieur ; nous devons vivre et mourir ensemble. — Non, monsieur le baron, je sens que je vous deviens odieux. Je vieillis trop ; je ne puis qu'exciter, par mes lenteurs, la violence de votre caractère.... Vous m'avez comblé de biens, de bontés ; je vous verrai sans cesse. Mais, ne logeant pas ici, n'étant plus chargé de rien, nous éviterons tous les deux ces scènes qui nous tuent. — Eh bien, monsieur, répond le baron, les larmes aux yeux, c'est un parti pris ? Il faut nous séparer ? Vous étiez à mon père, votre femme m'a nourri, vous êtes plus ancien dans la maison ; c'est à moi de m'en aller. Je reviendrai quand vous pourrez supporter mes défauts. »

« A ces mots, il prend sa canne, son chapeau, quitte la chambre et veut sortir. Mais bientôt le bon Blanchard, touché de ce trait inattendu, se précipite à ses pieds devant la porte. Son maître le relève, le serre dans ses bras, ils fondent en larmes et jurent tous deux de ne jamais se quitter. »

« Voilà, dit l'écrivain auquel j'emprunte ce trait (1), une race de serviteurs, à peu près éteinte aujourd'hui, qui appartenait à la maison plus qu'au maître, à la famille plus qu'au père de famille lui-même, qui s'identifiait avec elle ; ces fonctionnaires-nés de ce petit État qui n'aurait pu marcher sans eux, avaient leur département, qu'ils gouvernaient presque sans contrôle ; s'intéressant plus aux affaires de la maison,

---

(1) *Marianne Aubry,* par Mlle Julie Gouraud.

mais, par cela même, les faisant davantage à leur guise ; plus sûrs, moins maniables, rendant une obéissance plus dévouée, par suite plus raisonnée, et par là même, plus gênante ; conseillant, délibérant, grondant même ; en retour, brusqués parfois et maltraités, sans se décourager, ni se désaffectionner pour cela ; vieillissant avec leurs maîtres et prenant avec eux, comme aussi supportant de leur part les quintes et les défauts de la vieillesse ; souvent murmurant, souvent repris ; jamais renvoyés, mais aussi ne s'en allant jamais. »

Ne faut-il pas toujours prendre sur soi dans ce monde, et y a-t-il une exception dans la loi de charité ?

Cette bonté envers les domestiques vous fera contracter, dès l'enfance, l'habitude de traiter avec les hommes, et, quand viendra l'âge où autour de vous tout vous redira la nécessité de faire du bien aux autres, de tendre la main aux ouvriers, de vous occuper des pauvres, non-seulement vous ne serez pas embarrassés, vous serez heureux, vous sentant comme à votre aise et continuant à faire ce que vous avez appris de longue date.

Je suis bien fâché pour vous que les coutumes du pays et la différence de religion vous interdisent ici la visite des pauvres. A Brugelette, qui était aussi un collége de l'exil, on nous menait dans les villages frapper à la porte des chaumières ; rue des Postes, les élèves allaient autrefois dans le quartier Mouffetard, montant les petits escaliers des mansardes, porter des remèdes aux malades, de l'ouvrage aux parents, des gâteaux et des joujoux aux enfants ; aux plus petits, ils faisaient réciter leurs prières, et les autres les rapprenaient en écoutant; à tous ils laissaient par leur passage le parfum qu'apporte avec elle la jeunesse.

Dans ces relations généreuses nouées librement, vous trouverez ce que vous n'y recherchez pas, la manière de prendre un jour sur ceux qui dépendront de vous l'influence qu'il faut avoir, et la plus sûre de toutes, celle du cœur.

« C'est avec le cœur qu'on gouverne », disait, si je ne me trompe, Gambetta. La parole est juste, quelle que soit l'importance du gouvernement, et elle est juste à propos des responsabilités les moins considérables comme des plus hautes.

On a écrit de Charlemagne que « sa seule vue ou quelques mots de lui suffisaient pour renvoyer tout réjoui celui à qui il avait parlé », et d'un autre de nos rois que « ses yeux, quand il adressait la parole à quelqu'un, prenaient un singulier caractère de bienveillance, et qu'il avait l'air de solliciter l'affection de ceux à qui il parlait ».

Aimer ses subordonnés, se dévouer sincèrement au devoir qu'on a à remplir envers eux, c'est un grand secret pour bien commander.

Il est impossible que vous n'ayez un jour à donner et à faire exécuter des ordres. Je veux vous montrer un beau type de l'exercice du commandement.

On a beaucoup parlé de l'amiral Courbet. On n'en parlera jamais assez ; il était et il restera une de nos gloires les plus pures : il est aussi un modèle magnifique de l'homme qui commande.

On a publié toutes les notes de ses chefs depuis l'année où, sortant de l'École polytechnique, il s'embarquait sans savoir encore distinguer tribord de bâbord.

En voici quelques-unes.

A la fin de sa première année à bord, M. de Rocquemaurel, son commandant, s'exprime ainsi sur lui :

« M. Courbet s'est toujours fait remarquer par son excellent esprit, une tenue parfaite, un grand amour pour le travail, et a montré déjà de l'aplomb et de la vigueur dans le commandement. »

Quelques années après, c'est M. de Broons de Vauvert qui le juge :

« Conduite et moralité très-bonnes; aptitude très-remarquable au métier de la mer; observe parfaitement; parle l'anglais. M. Courbet est très-instruit, a beaucoup de sang-froid, d'énergie, et, par suite, un grand empire sur l'équipage. »

Courbet a vingt-huit ans, il est lieutenant de vaisseau. Le capitaine du *Suffren*, dans un rapport du 18 octobre 1859, parle de lui presque dans les mêmes termes :

« Conduite, moralité, santé très-bonnes. Cet officier, depuis peu de temps à mon bord, se fait remarquer par son instruction, son zèle et son énergie; il sera avant peu un des meilleurs chefs d'escadre. Il a beaucoup de commandement et dirige bien son quart. »

Dans toutes les notes annuelles on rencontre le même genre d'appréciations, et elles peuvent toutes se résumer ainsi :

« Conduite, moralité exemplaires. — Beaucoup d'énergie dans le commandement. — Beaucoup de caractère; par suite beaucoup d'empire sur les hommes; très-propre au commandement. »

Une preuve en passant de cette force de caractère :
« On avait dit à Courbet qu'il fumait trop. Il fumait en effet à peu près constamment du matin au soir; on le voyait tout le jour une cigarette à la bouche et occupé à en rouler une autre entre ses doigts pour qu'il n'y eût pas d'intervalle de l'une à l'autre. Cependant, du jour au lendemain, il cessa complétement de fumer; les fumeurs comprendront toute la force de volonté qu'implique ce détail en apparence insignifiant. »

« Très-roide dans le service, n'admettant pas qu'on n'exécutât point un ordre donné, Courbet était cependant fort aimé de ses officiers, pour lesquels il se montrait très-bienveillant en dehors du service.

« Tout en conservant son rang de commandant, il causait familièrement avec eux, les encourageant dans le développement de leurs idées, les arrêtant seulement quand il les voyait s'embrouiller. « Mon ami, mon ami, disait-il alors, distinguons, ne confondons pas. »

« Cette phrase revenait souvent sur ses lèvres, et tous ceux qui ont servi sous ses ordres à Boyardville ne l'ont certainement pas oubliée. »

Voilà pour les officiers.

« Vis-à-vis de tous, disait la note qui le fera passer amiral, sa surveillance de tous les instants et sa fermeté énergique au suprême degré n'empêchaient pas du tout l'affection et lui assuraient une influence immense. »

Écoutez maintenant comment il mourut; la leçon que je viens d'essayer de dégager de sa vie se retrouvera partout entre les lignes dans le récit de sa mort.

Le vendredi 12 juin 1885 au soir, la nouvelle fut portée à tous les bâtiments de l'escadre en rade de Ma-kung que l'amiral était bien malade, mourant peut-être.

L'impression produite par cette nouvelle fut extraordinaire. Une sorte de demi-silence s'établit aussitôt partout.

Chacun cherchait son meilleur ami, ainsi qu'on fait lorsqu'une grande douleur vous menace. Sur chaque vaisseau tout le monde, officiers et matelots, se recueillait, comme si c'eut été là même qu'il allait mourir. Mourir! lui! on n'y avait jamais pensé. On ne croyait pas que cet homme qui menait tout, qui était tout, pût venir à manquer.

D'ailleurs, on l'avait vu, il y avait si peu de temps encore, quitter le *Bayard* en canot pour diriger lui-même des expériences de torpilles par un soleil de feu.

C'est cela qui lui aura fait mal.

D'autant plus qu'à vrai dire il y a quelque temps déjà qu'il n'était pas très-bien, depuis l'expédition de Ma-kung.

Il l'avait si bien prévue, si vivement menée.

Le lendemain du combat il invitait ses officiers à déjeuner sur la montagne qui domine l'île Poughou et avait fait seize kilomètres à cheval pour s'y rendre. Les soldats avaient dressé sur son passage des arcs de triomphe, et de distance en distance ils venaient lui présenter un bouquet, des fleurs, des couronnes de laurier, cela le faisait sourire, il était heureux; mais à trois heures, rentré à bord, il s'était trouvé mal, et l'on avait eu beaucoup de peine à le faire revenir de cet évanouissement.

Il se prodiguait trop aussi.

Ce n'est pas qu'on le vît souvent. Il ne quittait le *Bayard* que pour se battre ou aller visiter les blessés. Jamais on ne le voyait sur le pont. Sa galerie était son lieu de promenade quelquefois, mais le plus souvent on ne l'apercevait pas. On aurait mieux aimé le voir se reposer, sortir. Il n'avait pas le temps. On sentait qu'il travaillait toujours.

Vous savez, mes enfants, ce qu'on raconte de Bonaparte : qu'aux Tuileries il se levait la nuit, allait à son bureau, prenait des cartes qui étaient enfermées pardessous dans des cartons encastrés entre des rainures de fer; puis, la tête dans les mains, il méditait sur le théâtre de la prochaine guerre, tachetait de hachures les rivières, les défilés, les plaines, et on l'entendait se dire : « Je l'attirerai ici, je le mènerai de ce côté, et je le battrai là. »

Courbet veillait ainsi penché sur ses cartes, il fouillait les côtes, sondait la profondeur de l'eau, débarquait, éclairait ses colonnes, tournait l'ennemi, et quand l'aube venait blanchir son hublot, tandis que sa flotte et son armée reposaient encore, il pouvait se dire la bataille gagnée, il n'avait plus qu'à la livrer. C'était peu de chose avec des hommes qu'il avait façonnés à son image et pénétrés du feu sacré qui l'animait.

« N'admettant jamais la discussion de ses ordres, dit

un témoin oculaire, Julien Viaud (1), — dans un récit que je viens de résumer, et auquel j'emprunterai encore les détails qui suivent, — n'admettant jamais la discussion de ses ordres, tout en restant parfaitement courtois, il avait sa manière à lui, impérieuse et brève, de les donner : « Vous m'avez compris, mon ami ? allez! » Avec cela un salut, une poignée de main, — et on allait, on allait n'importe où, même à la tête d'un petit nombre d'hommes ; on allait avec confiance, parce que le plan était de lui.

« Dans les heures d'anxiété, au milieu des engagements qui semblaient douteux, dès qu'on le voyait paraître, lui, l'amiral, ou seulement son pavillon, dans le lointain, on se disait : « Ah ! le voilà, c'est tout ce qu'il faut alors ; ça finira bien puisqu'il arrive ! » En effet, cela finissait bien toujours ; cela finissait de la manière précise que lui tout seul, très-caché dans ses projets, avait arrangée et prévue. »

Mais ces batailles solitaires, combien en avait-il ainsi médité, livré, dans le silence et la fatigue des nuits, pour une qui lui valait la victoire! C'était cela qui l'avait tué.

Enfin il n'en mourrait pas peut-être, on le reverrait encore, toujours si bien mis, avec une sorte d'élégance qui seyait à son caractère, à son esprit d'ordre et de netteté. On le reverrait toujours décidé, prompt, brusque, mais si bon. Bien qu'il fît tout pour cacher son cœur, les blessés et les malades le sentaient lors de ses visites quotidiennes aux postes d'ambulances, dans-

---

(1) *Revue des Deux-Mondes*, 15 août 1885.

sa poignée de main prolongée, dans ses yeux sévères qu'il savait adoucir si bien.

Les autres l'avaient senti aussi, quand après le combat de Fou-tchéou, où un pilote avait été tué et son second blessé près de lui sur le banc de quart du *Volta*, celui-ci, guéri, vint lui offrir de la part de l'équipage un ruban de chapeau portant en lettres d'or le nom de son navire, on l'avait bien vu pleurer là, l'amiral ; il avait fondu en larmes en serrant dans ses bras M. Ravel.

Depuis il porta souvent ce ruban sur son chapeau de paille : comme il avait l'air heureux alors !

« Cet homme-là ne va pas mourir, ce n'est pas possible. »

Voilà, mes enfants, ce que disaient à bord de chacun des vaisseaux de la flotte tous ces braves gens qui auraient donné leur vie pour lui comme ils l'exposaient sur sa parole.

Il mourait cependant.

De quoi ? De contrariétés surtout : dans ces pays où le foie est plus ou moins atteint après un séjour de quelques mois, les soucis, les ennuis, changent à coup sûr ces atteintes en attaque mortelle. Or, ils ne lui avaient pas manqué.

Ces triomphes qu'il avait remportés, ramenant le premier la victoire sous notre drapeau, qu'est-ce que la France en avait recueilli ?

Venez, mes enfants, ouvrons la porte de cette petite cabine où il est étendu.

Hier soir levé, habillé, il s'est encore installé à son bureau, il a ouvert les télégrammes de Paris et de

Pékin, écrit des réponses et des ordres, signé des instructions pour l'amiral Rieunier et le commandant du *Tancarville*. Puis il a eu une syncope très-longue, suivie d'un terrible accès de fièvre, qui l'a abattu.

Maintenant c'est bien fini.

Il a vu ce matin, à onze heures, l'amiral Lespès, ensuite l'aumônier du *Bayard*, son ami. Comme l'aumônier lui demandait de ses nouvelles : « Ah ! monsieur l'abbé, mes forces reviendront peut-être, mais vous le savez, je suis chrétien. » Tous ceux qui étaient là ont compris et se sont retirés.

L'aumônier entendit sa confession et lui donna les derniers sacrements. On eût dit qu'il n'attendait plus que cela. Son secrétaire, M. le lieutenant de vaisseau Habert, se pencha vers lui. Il lui donna l'ordre de réunir et d'expédier en France un certain nombre de documents qu'il énuméra avec précision : « Ce sont les pièces, dit-il, qui peuvent intéresser ma défense et celle de l'escadre ! » Ma défense ! sa gloire le défendra bien, mais il mourra comme tant d'autres, sans l'avoir connue.

Ne l'entendant plus respirer, on place devant sa bouche son lorgnon, qui était resté suspendu à son cou. — Rien.

A neuf heures cinq, le docteur Doué, incliné sur lui et lui tenant la main, se relève :

« Messieurs, l'amiral est mort. »

On lui répondit par des sanglots. Le reste fut simple et grand comme lui.

Le lendemain on disposa l'autel à bord du *Bayard*, l'aumônier y dit une messe basse, et sans apparat, ni discours, ni musique, tout l'équipage et tous ceux qui, venus des autres vaisseaux, purent tenir sur cet étroit espace y assistèrent en silence. Pendant ce temps on embaumait le corps. Le surlendemain la messe fut dite devant le cercueil. « La chapelle est de la simplicité la plus extrême, dit le même témoin : deux pavillons d'amiral tricolores et à trois étoiles blanches formaient sous la dunette une sorte de tente. Deux rangées de marins en armes, deux rangées de flambeaux, et c'est tout. On a même voilé avec de l'étamine cette devise du *Bayard* inscrite à l'arrière du vaisseau au milieu de dorures, et qui aurait aussi bien pu être la sienne : « Sans reproche, sans peur. »

La messe se dit, accompagnée seulement au loin par les salves de mousqueterie de chaque vaisseau et des forts, et tout près par les grands coups de canon du *Bayard,* qui font trembler l'autel. Puis l'amiral Lespès veut parler, l'émotion étrangle sa voix, et les plus impassibles pleurent.

« Après cet adieu, il n'y a plus que le défilé militaire, et c'est absolument terminé ; on se retire, on se disperse dans les canots ; les vergues sont redressées et les pavillons rehissés partout. Les choses, rentrant dans l'ordre, reprennent leur physionomie habituelle ; le soleil aussi se met à reparaître. C'est la fin du deuil, presque le commencement de l'oubli... Je n'avais encore jamais vu des matelots pleurer sous les armes, — et ils pleuraient silencieusement, tous ceux du piquet d'honneur. — Elle était bien modeste, cette petite chapelle ; bien modeste aussi ce petit drap noir, et, quand le corps de cet amiral reviendra en France, on déploiera, c'est certain, une pompe infiniment plus brillante qu'ici, dans cette baie d'exil. Mais qu'est-ce qu'on pourra lui faire, qu'est-ce qu'on pourra inventer pour lui qui soit plus beau et plus rare que ces larmes ?... »

Votre cœur a battu, mes enfants, en lisant ce récit, et vous avez mieux compris par l'émotion communicative de l'officier, M. Julien Viaud, qui en est l'auteur, par celle de ces braves gens qui pleuraient sous les armes, combien l'amiral Courbet était maître du cœur, et, par là, de la volonté de tous les hommes montés sur sa flotte ; vous avez vu auparavant comment il s'était d'abord rendu maître de lui-même.

Moralité, travail, caractère, voilà certes bien indiqué, en trois mots, le plus sûr moyen de prendre sur ceux à qui l'on commande toute l'influence désirable ; mais combien cela est plus facile quand ils savent que celui qui demande à leur volonté de s'incliner devant la sienne, l'incline le premier devant celle de Dieu !

Écoutez Mgr Freppel : — « Il touchait à ce moment où les honneurs de la terre n'ayant plus rien qui puisse égaler le mérite, Dieu seul se réserve de décerner aux hommes des récompenses aussi grandes que leurs œuvres. Vainement le pressait-on de toutes parts d'aller demander à la terre natale la réparation de ses forces épuisées sous la zone torride : « Moi, répondait-il, en montrant ses marins, quitter ces braves enfants ! jamais. » La paix ne lui semblait pas assurée ; dès lors sa résolution était prise : « Mon devoir, disait-il en se dérobant aux instances les plus vives de l'amitié, mon devoir est de rester ici, et j'y resterai jusqu'au bout. » C'est au milieu de ses braves, qu'il allait montrer comment savent mourir les hommes qui ont fait du devoir la règle de leur vie. Ils l'avaient vu calme et intrépide sous le feu de l'ennemi ; ils le verront opposer à la souffrance une égale sérénité, s'oublier lui-même pour ne s'occuper que des autres, remplir sa charge comme si la fatigue et la douleur n'avaient aucune prise sur son âme, descendre à terre chaque jour pour visiter les blessés et conserver jusqu'à la fin cette force de volonté qui n'avait jamais connu de défaillance. Comme cet empereur romain près d'expirer et disant d'une voix ferme au centurion qui venait tous les matins lui demander le mot d'ordre : « *Laboremus* », « Travaillons », on verra l'amiral Courbet se traîner à son bureau la veille de sa mort, et là, d'une main tremblante, rédiger ses derniers ordres en vrai soldat chrétien qui, en face du trépas, attend tranquillement sous les armes que Dieu et la patrie viennent le relever de son poste.

« Dieu ! ah ! Messieurs, comment n'aurait-il pas tourné vers Dieu le dernier regard de son âme ? Avant de partir pour le Tonkin, n'était-il pas allé, pèlerin plein de foi, se placer, lui et son escadre, sous la protection de sainte Anne d'Auray ?

« En réclamant avec tant d'instance le ministère des prêtres de Jésus-Christ pour ses frères d'armes, n'avait-il pas mérité que la religion vînt le consoler et le fortifier lui-même à ses derniers moments ? Aussi quel calme et quelle touchante simplicité dans l'accomplissement des actes qui préparent le chrétien à paraître devant le juge suprême! Comme toutes les âmes un peu fortes et qui ont senti par elles-mêmes le néant des choses de ce monde, l'amiral a compris que la vie présente n'est qu'un passage à la vie future; que, pour être admis à contempler le Saint des saints face à face, l'homme a besoin d'être purifié de ses fautes, et que seule la religion, avec les pouvoirs de pardon dont elle est dépositaire, peut ouvrir devant nous les portes de l'éternité bienheureuse. C'est avec la foi la plus vive qu'il s'incline sous la main bénissante du prêtre, en serrant sur sa poitrine le signe de la piété chrétienne qui ne l'avait jamais quitté au milieu des hasards de sa périlleuse carrière. Il pourra mourir désormais, comme il a vécu, sans peur et sans reproche, le regard vers le ciel, après un adieu suprême à sa famille, objet d'une affection si tendre, à sa patrie, dont les joies et les tristesses ont été constamment les siennes; et quand la fatale nouvelle de sa mort aura jeté la consternation d'un navire à l'autre, quand le morne silence d'un équipage en pleurs lui aura fait un éloge funèbre auprès duquel pâliront tous nos discours, en face de cet Océan qui prête sa majesté aux grands deuils comme aux grands triomphes, devant ces îles, dernier trophée d'une série de victoires sans revers, debout sur le *Bayard,* devenu un cercueil après avoir été le théâtre de la gloire, la religion pourra redire, pour l'instruction de tous les âges, en montrant les dépouilles du héros chrétien : *Confiteantur Domino qui descendunt mare in navibus, facientes operationem in aquis multis :* Rendez hommage au Seigneur, vous qui descendez sur mer dans les navires, et qui faites vos opérations au milieu des grandes eaux.

« Ces paroles, amiral, où se résume votre vie, nous les répétons en ce jour où les prières de l'Église, plus durables en leur effet que tous les honneurs du monde, descendent sur vos dépouilles au milieu de votre ville natale. Ah! vous avez rendu à la France d'immortels services. Vous n'avez pas seulement attaché votre nom à des conquêtes dont l'avenir montrera tout le prix; mais, en portant le pavillon haut et fier dans les mers lointaines, vous avez relevé le pays à ses propres yeux; vous avez ajouté à sa confiance dans la grandeur de ses destinées; vous avez prouvé par votre exemple ce qu'il tient en réserve d'intelligence et de bravoure, et quelles merveilles on peut obtenir de l'armée française, quand on sait la conduire avec énergie et talent. »

Chers enfants, les exemples sont innombrables, dans notre histoire, de chefs qui ont appuyé sur la pratique, hautement avouée, de la foi catholique, leur droit à réclamer des hommes placés sous leurs ordres le sacrifice de leur vie.

Mais si jamais nous en étions réduits à chercher chez nous, sans les y trouver, de tels exemples, les nations hérétiques seraient là pour nous les offrir.

Il y a quelques années, les armes anglaises avaient subi de graves échecs en Égypte..... L'armée se retirait de Gunbat et de Métamnet devant les troupes du mahdi, et, en repassant par Abu-Kléa, des soldats avaient rencontré les squelettes de leurs camarades sans pouvoir même prendre le temps de les ensevelir dans le sable.

La tristesse, sinon l'alarme, était grande en Angleterre. On se résolut d'envoyer en Égypte les *grenadiers-guards* et les *Coldstream guards* (1).

Avant de partir, ces régiments défilèrent, à Windsor, devant la Reine.

Voici comment elle leur parla :

« Je vous ai mandés ici, avant votre départ, pour vous souhaiter de tout cœur le succès. Puisse Dieu vous protéger au jour de la bataille ! — Puisse-t-il vous garder à l'heure du danger sur terre et sur mer ! — Puisse-t-il vous conduire à la victoire !

« Confiante que mes *grenadiers-guards* maintiendront toujours l'honneur et la réputation des soldats anglais, je compte que vous égalerez les glorieuses actions de ceux qui ont dernièrement combattu dans les contrées lointaines pour lesquelles vous partez. Mes pensées et mes prières vont avec vous et avec vos braves camarades auxquels je ne peux, hélas ! dire adieu comme je vous le dis de tout cœur. — Une fois encore, Dieu vous bénisse ! »

Voilà comment ceux qui ont le droit d'envoyer leurs semblables à la mort devraient toujours leur parler.

Pensez à cela quelquefois, mes enfants. Tout jeunes que vous êtes, savez-vous qu'il peut se faire qu'avant

---

(1) Ce régiment fut le seul conservé de l'armée de Cromwell après la restauration des Stuarts en 1660. Le premier il avait passé la Tweed, à Coldstream, sous les ordres de Monk, allant dissoudre le *Rump*, puis, avec l'aide du parlement *réparateur*, rappeler le fils de Charles Ier.

peu d'années vous ayez à dire à quelque autre peut-être plus âgé que vous : « Un tel, prenez vos hommes et portez-vous là. » Et *là,* cela voudra dire l'endroit où la mort va passer.

Il y a peu de pays, il n'y en a pas peut-être où aussi vite qu'en France une occasion héroïque indiquée par un chef est du même coup comprise par ses soldats et saisie par eux sans sourciller. Voici, entre mille, une preuve de cette vérité tirée d'un des ouvrages de votre hibliothèque d'étude :

« Le 17 juin 1829, une felouque avait été signalée, sortant d'Alger et courant à l'est toutes voiles dehors; les deux frégates *Iphigénie* et *Duchesse de Berry* lui donnèrent aussitôt la chasse. Le corsaire s'étant jeté à la côte, trois embarcations de chacune des deux frégates furent envoyées pour le détruire. Le rivage était couvert de gens armés; derrière eux on voyait des cavaliers s'agiter et de nouveaux groupes accourir. Quand les embarcations furent à courte portée, elles ouvrirent, malgré la houle, un feu nourri et sûr qui eut bientôt balayé la plage; mais tandis que nos marins incendiaient la felouque, l'un des canots de l'*Iphigénie*, enlevé par une lame énorme, s'échoua profondément dans le sable. A cette vue, les trois embarcations de la *Duchesse de Berry* se portèrent vivement à terre afin d'assister l'équipage en péril.

« De toutes parts les Arabes avaient reparu; ils s'enfuirent de nouveau après une lutte violente et sanglante. En ce moment la force des lames était telle qu'une seule des quatre embarcations put être renflouée; il fallut abandonner les trois autres.

« Cette unique embarcation déjà trop chargée ne pouvait contenir tant de monde.

« La houle augmentait, le danger devint manifeste. Alors on vit un officier se pencher vers un autre, celui-ci se leva, passa de banc en banc, parlant à l'oreille d'un certain nombre d'hommes, et tout à coup vingt-cinq d'entre eux, officiers et matelots, se jetèrent à l'eau. Le lendemain vingt-quatre têtes étaient piquées sur des lances aux remparts de la Kasbah, un seul qui avait gagné la côte et fut fait prisonnier put échapper. »

Vous imaginez-vous l'affreux serrement de cœur de tous ces marins quand l'officier dit à chacun d'eux : « Veux-tu te jeter à la mer pour sauver tes camarades ? » — Leur femme, leurs enfants, leur chaumière, leur clocher..., ce fut comme un éblouissement, puis leur parti fut pris.

A des moments pareils, le code militaire a bien peu de force ; ce qui en a, c'est le son de la voix, c'est le geste, c'est l'œil, c'est tout ce qui révèle aux inférieurs l'énergie et la résolution de leur chef. — Mais au moment où, passez-moi l'expression, ils le toisent pour ainsi dire d'un coup d'œil suprême qui est plutôt le regard d'un juge que celui d'un subordonné, si, outre son caractère et sa vaillance qui fortifient à leurs yeux l'autorité, des soldats sentent en leur commandant de la bonté, de l'amour pour eux, leur décision d'obéir se change en confiance, et si, au-dessus de tout cela, ils le savent chrétien, fidèle serviteur du même Dieu qu'eux, chrétiens eux-mêmes, ayant reçu l'éducation catholique des enfants du peuple de nos bonnes provinces, alors il s'établit de lui à eux une sorte de courant électrique qui les emporte, et rien ne les arrêtera sur le chemin des plus grandes choses..... Ah! mes enfants, mes bien-aimés enfants, voilà la France, la vraie, il n'y en a pas deux.

C'est le général de Sonis accourant vers les zouaves pontificaux à Patay et leur disant: « Les soldats refusent de me suivre, venez, montrons-leur ce que peuvent des chrétiens et des hommes de cœur. »

C'est le colonel de Charette déployant alors la bannière du Sacré-Cœur, et entraînant ses zouaves dans une charge à découvert, désormais célèbre à l'égal de celles d'Inkermann et de Palestro.

Mais vous le comprenez, mes enfants, la foi capable de produire de pareils dévouements ne s'improvise pas.

Tel vous avez vu Charette, cette année, quand il est venu vous visiter, tel vous l'avez entendu à la grande salle vous dire : « Je crois, je n'ai jamais eu d'autre mérite. Je crois, c'est toute l'explication du peu que j'ai fait », — tel il était à Rome il y a dix-sept ans sur les remparts de la *porta Pia,* tel, dix ans plus tôt, tout jeune encore, dans les champs de Castelfidardo, sacrifiant sa jeunesse à la cause de Dieu et de l'Église.

Et le général de Sonis! — Au matin de Patay, il avait communié. Le marquis de Fénelon en avait fait autant le matin du jour où il fut tué, et Voltaire, qui le raconte, ajoute : « Une armée qui communierait avant la bataille serait victorieuse. » Charette avait accompagné Sonis à la sainte table. Quelques jours auparavant celui-ci écrivait à ce soldat chrétien digne d'obéir à un chef si digne de lui commander :

« Châteaudun, 18 novembre.

« Mon colonel,

« Je vous connais depuis longtemps, car il n'est pas un cœur de chrétien qui puisse ignorer votre nom, sachant déjà ce que l'histoire lui avait appris de votre héroïque aïeul. Arrivé hier à Châteaudun, je me proposais d'aller vous voir aujourd'hui et j'avais demandé des renseignements dont j'avais besoin à cet égard à un de vos jeunes zouaves. Je ne puis me donner ce plaisir, recevant l'ordre de partir avec ma division : mais avant de quitter votre voisinage, je veux saluer votre belle et héroïque troupe dans son admirable chef, et vous dire que je vénère tout ce que vous vénérez, que j'aime tout ce que vous aimez. Dans ces tristes temps, c'est une consolation de mourir au milieu de braves gens comme vous, et de pouvoir se dire que Dieu n'abandonne pas la France, puisqu'elle a encore des enfants fidèles.

« Adieu, mon colonel; je mets ma main dans la vôtre et vous prie de partager ensemble prières et sacrifices.

« Votre dévoué serviteur,
« Sonis. »

A de tels hommes on obéissait jusqu'à la mort. On leur obéissait encore, la bataille perdue. Et quand on les sut blessés et prisonniers, celui qui les remplaçait donna pour ordre du jour au régiment les paroles suivantes:

« Poitiers, le 16 décembre 1870.

« Officiers, sous-officiers et soldats,

« Appelé pendant l'absence du colonel de Charette au commandement de la légion, j'éprouve le besoin de me rapprocher de vous pour ne pas être écrasé sous le poids de l'honneur qui m'est fait et de la responsabilité qui m'incombe.

« La crise que traverse la légion est terrible, mais quelque désastreuse que soit la situation qui nous est faite par l'éloignement de notre illustre chef, et la perte de tant de nos braves camarades tombés sur les collines de Patay, nous ne pouvons pas, nous ne devons pas nous décourager.

« La guerre que nous subissons est une guerre d'expiation, et Dieu a déjà choisi parmi nous les victimes les plus nobles et les plus pures. Élevons donc nos cœurs à la hauteur de la mission qui nous est confiée et soyons prêts à tous les sacrifices. Retrempons notre courage dans nos convictions religieuses et plaçons notre espoir dans la divine Sagesse, dont les secrets sont impénétrables, mais qui nous fait une loi de l'espérance.

« C'est par un acte de foi que la France est née sur le champ de bataille de Tolbiac ; c'est par un acte de foi qu'elle sera sauvée, et tant qu'il y aura dans notre beau pays un christ et une épée, nous avons droit d'espérer. — Quoi qu'il arrive, avec l'aide de

Dieu et pour la patrie, restons ici ce que nous étions à Rome, les dignes fils de la fille aînée de l'Église.

« Le commandant de la légion, d'Albiousse. »

La guerre finie, Charette, devenu général, consacrait sa légion au Sacré-Cœur de Jésus, dont l'emblème, cher aux zouaves pontificaux, couvrait depuis longtemps leurs poitrines lorsqu'ils marchaient au combat. Il réunit un matin ses officiers et ses soldats dans la chapelle du séminaire de Rennes, et là, après la messe, le précieux fanion étant déployé devant l'autel, le général, avec l'accent de la foi la plus ardente, prononça ces paroles :

« A l'ombre de ce drapeau teint du sang de nos plus nobles et plus chères victimes, moi, général baron de Charette, qui ai l'insigne honneur de vous commander, je consacre la légion des volontaires de l'Ouest, les zouaves pontificaux au Sacré-Cœur de Jésus, et avec ma foi de soldat et de toute mon âme, je dis et je vous demande de dire tous avec moi : Cœur de Jésus, sauvez la France ! »

Peu de mois après ces événements et ceux plus tristes de la Commune, toutes choses avaient repris en France leur cours habituel, les Prussiens évacuaient lentement le territoire, chacun était revenu chez soi ; nous-mêmes, avec nos élèves quelque temps réfugiés à la campagne, étions rentrés en possession de notre vieille maison de la rue des Postes, devenue tout ce temps la proie des communards, et j'avais retrouvé le bureau de leur victime, le Père Ducoudray, brisé par celui d'entre eux qui avait voulu faire l'intérim entre lui et son successeur.

Un soir d'hiver que j'y étais assis, j'entends quelqu'un monter l'escalier. Sa marche produisait un bruit insolite que je reconnus à la réflexion être celui d'une jambe de bois heurtant les marches. C'était le général de Sonis...

Je ne l'avais jamais vu.

« Mon Père, me dit-il, je viens vous demander la permission de passer cette nuit devant le Saint Sacrement de votre chapelle. »

Voyant l'impression que me causait sa demande : « Oh ! il ne faut pas me prendre, me dit-il en riant, pour ce que je ne suis pas. J'acquitte une dette, rien de plus. — J'ai passé, il y a un an, cette nuit du 2 décembre, étendu sur la neige, entre la vie et la mort, beaucoup plus près de l'une que de l'autre, et c'est Dieu qui m'a sauvé. Je lui dois bien une nuit, puisque je lui dois la vie. — J'aurais voulu répondre à l'appel de Charette et me rendre aujourd'hui à Patay, mais je suis membre de la commission de révision des grades de la cavalerie ; elle tient séance demain matin. — Je sais que vous aimez bien les zouaves pontificaux, que vous les avez casernés au Mans, et que leur drapeau du Sacré-Cœur a été gardé là plusieurs semaines avant de devenir mon fanion. — C'est pourquoi je suis venu chez vous de préférence, outre que les martyrs ont vécu ici », ajouta-t-il en regardant le portrait du P. Ducoudray sur la cheminée.

Ce que le général disait était exact. — Une bannière du Sacré-Cœur, brodée par une religieuse de la Visitation de Paray-le-Monial obéissant à une inspiration de la grâce, avait été remise à Tours aux mains du colonel de Charette, et apportée par lui au Mans. Un officier la portait roulée autour de son corps. Très-peu connaissaient l'existence de cette bannière, et je me rappelai, tandis que le général de Sonis m'en parlait, comment, un jour, avait été agitée devant moi la question de savoir quand on pourrait la déployer.

« Je voudrais vous dire la suite, me répondit le général, mais qu'est-ce qui sonne là ? — Ce sont les vêpres. — Puis-je y assister ? » — Je le conduisis au fond de la chapelle des élèves.

Les élèves de la rue des Postes chantaient alors, et ils chantent encore aujourd'hui, je le crois, les vêpres comme jamais je ne les ai entendu chanter. Les trois cent cinquante voix des polytechniciens, des saint-cyriens et des centraux, formant la basse, les cinquante petites voix des marins le dessus, l'ensemble était des plus imposants.

Puis cette chapelle naguère violée, ces souvenirs de l'année lugubre qui s'achevait et l'avenir de ces jeunes gens ; tous ces sentiments se heurtaient dans l'âme si française et si catholique du général.

Il pleurait à chaudes larmes. En sortant, il me prit la main, me dit : « Oh ! que c'est beau ! cela me rappelle les zouaves. Venez, je vais vous dire la fin, puis vous me ramènerez à la chapelle. » Il ne voulut rien prendre, pas plus que le lendemain matin, quand il partit après avoir communié à la première messe ; et comme je lui parlais de fatigue : — « Fatigue ? me dit-il, une nuit de garde. »

Une fois assis, il commença son récit : « Le 1er décembre, à trois heures, nous avons reçu l'ordre du général en chef de lever le camp et de nous porter rapidement en arrière de Patay. Nous partîmes sur l'heure. Il y avait loin. Au soleil couché nous marchions encore. La nuit était claire, il gelait très-froid, de la neige partout, nos étriers nous glaçaient les pieds; nous mîmes pied à terre; on causait mieux ainsi d'ailleurs. — Je ne sais comment je me plaignis à Charette de n'avoir pas un fanion à mon gré. — Le fanion est un petit étendard qu'un sous-officier monté porte, au bout d'une hampe, aussi haut que possible afin d'indiquer l'endroit où se trouve le général. Celui-ci peut le faire faire à sa convenance. — J'avais demandé qu'on plaçât sur le mien un signe religieux. On y avait mis un crucifix si petit, si mal fait, que je n'en voulus pas. — Charette me dit alors : « Mon général, j'ai votre affaire. » Il me raconta ce que vous me disiez tout à l'heure vous-même de l'origine de sa bannière, et l'embarras où il s'était trouvé jusqu'alors pour l'arborer. L'officier qui l'avait sur lui la déroula, je l'acceptai; Verthamon fut choisi pour mon porte-fanion, vous savez le reste. — Ce que vous ne savez peut-être pas, c'est comment, une fois par terre, avec le genou brisé, je dus la vie au Sacré-Cœur. La nuit était venue. Avec elle vinrent les Prussiens. Je vis d'abord briller dans le lointain les énormes lanternes rouges sphériques qui leur aidaient à rechercher les blessés. Devant les chariots destinés à les emporter, s'avançaient des soldats assez espacés l'un de l'autre, qui marchaient en formant un demi-cercle comme des rabatteurs en chasse. Celui qui était le plus éloigné de moi s'arrêta près d'un blessé, c'était M. de Troussure, lieutenant-colonel des zouaves pontificaux. Je vis le misérable Prussien lever sa crosse deux fois, et elle s'abattit. On reconnut le lendemain, en visitant son corps, avant de l'enterrer, que M. de Troussure était mort ainsi assommé. Car il n'avait, avec ses deux coups de crosse sur la tête, qu'une blessure à la jambe comme moi. Mon tour allait venir, je fis un acte de contrition, et j'offris au Sacré-Cœur, si j'en réchappais, le vœu que je viens accomplir aujourd'hui. — Le soldat qui terminait le demi-cercle de mon côté, une fois près de moi, se pencha et porta à mes lèvres sa gourde, en me priant de boire, puis il me fit placer dans un chariot. Le lendemain on m'amputa la cuisse. Dieu permit que la suppuration qui s'ensuivit, tenant lieu de vésicatoire, me guérît de l'affreuse pleurésie que j'avais ramassée sur la neige. — Mais, mon Père, il est neuf heures passées, et je ne suis pas à mon poste. »

Mes enfants, je vous ai rapporté ce récit tout au long, au risque d'oublier ce dont je vous parlais d'abord, parce que le fils du général de Sonis, qui entre à Saint-Cyr cette année, a été votre camarade à Canterbury ; parce que la nouvelle que le général est mort m'est parvenue depuis que j'ai commencé cette lettre ; parce que, enfin, je crois non-seulement que sa vie, aussi bien que celle de l'amiral Courbet, peut servir de modèle à la vôtre, mais aussi que le général de Sonis est un saint dont la protection est acquise à notre collége.

Je l'ai revu souvent depuis 1871 ; une fois, entre

autres, bien malade, chez les Frères de Saint-Jean de Dieu. L'amputation ne l'avait pas empêché de continuer son service actif. Un crochet fixé au côté montoir de la selle emboîtait la cuisse ; une botte en cuir, dans laquelle reposait l'extrémité de sa jambe de bois, lui permettait de monter à cheval et de prendre toutes les allures... Mais son cheval s'était renversé, et le pauvre général avait eu la jambe prise sous la bête.

Il souffrait le martyre avec le même calme, la même figure énergique et douce qu'il avait, dit-on, en chargeant un carré de soldats autrichiens à Solférino, de si près qu'il sentait l'odeur de la graisse brûlée dont étaient frottées leurs cartouches.

Aussitôt après sa mort, le général de Charette a envoyé à ses zouaves ce télégramme :

« Châteauneuf en Bretagne, le 17, à 8 heures du soir.

« MES CHERS CAMARADES,

« Le général de Sonis est mort ; il a reçu la récompense de son long martyre. Il m'écrivait quelques jours avant Patay : « Tout doit être commun entre « nous, joies, douleurs, sacrifices. » — A lui revient l'honneur d'avoir déployé la bannière du Sacré-Cœur sur ce même champ de bataille où, quatre siècles auparavant, flottait la bannière de Jeanne d'Arc. C'est au milieu de nous qu'il est tombé, soldat de la France, soldat de Dieu.

« Toute sa vie peut se résumer en deux mots : honneur et sacrifice.

« *Signé* : CHARETTE. »

Quelqu'un qui s'entretenait avec le général de Sonis s'apercevait vite qu'il était de ceux qui ont compris que le service de Jésus-Christ prime tous les autres.

J'insiste sur tous ces détails, je voudrais y insister davantage, faire pénétrer dans vos esprits, — où elle est aujourd'hui, je le sais, mais l'y incruster si profondément qu'elle y demeure à jamais, — cette conviction que Dieu n'a pas seulement le droit d'être connu, mais aimé et servi, et non pas seulement d'un service privé et comme secret, mais avoué et public; que votre devoir est de lui rendre hommage par les actes du culte extérieur; que ces actes honorent, en même temps que lui, ceux qui les font, et que le jour où un certain respect des hommes, je veux dire le respect humain, aura enfin cédé au respect de Dieu, ce jour-là on pourra tout espérer de notre beau pays, parce qu'il aura repris avec plus d'audace, plus de force, et qu'il sera moins dépendant, entendez-vous? moins dépendant.

Ces jeunes gens que le général de Sonis avait entendus chanter si bien les vêpres, ont, cette année-là même, rétabli à Saint-Cyr la pratique publique de la religion par la communion à toutes les grandes fêtes et quelquefois le dimanche. Ils ont fait acte d'indépendance.

Faut-il vous dire, j'en suis honteux, qu'ayant eu à loger successivement au collège du Mans vingt-cinq mille hommes des armées française et ennemie, je n'ai vu pratiquer la religion en public que par les zouaves pontificaux, les Cathelineau, un bataillon de mobiles des Côtes-du-Nord et les Allemands?

Parmi ceux-ci, des centaines de mille portaient

sur leur casque, gravée autour d'une croix, cette inscription :

Mit Gott, für Kœnig und Vaterland.

Et celui qui a mené toute la politique dont cette guerre a été le couronnement si glorieux pour lui, le prince de Bismarck, croyez-vous qu'il fasse mystère de sa religion ?

Écoutez cette révélation de son secrétaire... « Dans une autre circonstance, il nous fit sa profession de foi religieuse. — « Je ne comprends pas, disait-il, comment on peut, dans une vie bien ordonnée, faire son devoir et rendre à chacun ce qui lui est dû, sans la foi en une religion révélée, sans croire à un Dieu qui veut le bien de ses créatures, à un juge suprême et à une vie future. Si je cessais d'avoir des convictions chrétiennes, je ne demeurerais pas une heure de plus à mon poste ; et si je ne regardais pas à mon Dieu, je ne respecterais pas mes supérieurs sur la terre.

« Comme j'ai assez pour vivre et que ma naissance est suffisamment noble, pourquoi travaillerais-je et m'épuiserais-je sans cesse dans ce monde, m'exposant aux embarras et aux chagrins de la vie publique ?... Si je n'avais le sentiment que je dois exécuter la tâche que Dieu m'a confiée, et si je ne croyais que Dieu a destiné la nation allemande à une grande et noble mission, je renoncerais immédiatement à mes fonctions de diplomate, ou plutôt je ne les aurais jamais acceptées, car les décorations et les titres ne me séduisent guère. La sérénité que j'ai montrée dans ces dix dernières années en présence de toutes les absurdités que j'ai vues et entendues, je la dois à une foi inébranlable. — Otez-moi ma foi, et vous m'ôterez ma patrie. Si je n'étais pas un chrétien convaincu, vous ne m'auriez jamais connu chancelier fédéral... Amenez-moi un successeur qui s'appuie sur les mêmes principes, et je donne ma démission sur-le-champ. Mais je vis au milieu de païens. Je ne désire pas faire de prosélytisme, j'éprouve le besoin de faire ma profession de foi. »

Ce n'est pas mal de mettre sous vos yeux des exemples pris aux nations étrangères, étrangères même à notre sainte Église catholique. Tirés d'origines aussi différentes, ils conduisent à une conclusion dont la logique me semble irrésistible.

De Bismarck je rapprocherai Gladstone. Il était de longue date intimement lié avec un avocat au Parlement nommé James Hope Scott. Celui-ci se convertit au catholicisme. Il fit part de sa conversion à son ami par une lettre que je suis obligé de vous citer pour vous faire apprécier la réponse qu'y fit Gladstone.

« 18 juin 1851.

« Mon cher Gladstone,

« Je vous suis très-reconnaissant pour le livre que vous m'avez envoyé, mais encore plus pour les quelques mots que vous avez inscrits sur la première page... La date mise de votre propre main me rappellera que ces paroles d'affection ont été écrites par vous après l'époque où s'est produit dans ma vie le plus grand changement. — Subir à contre-cœur le sacrifice nécessité par ce changement serait mal en apprécier l'immense grâce; mais autant que les regrets sont compatibles avec une profonde reconnaissance, je regrette comme je le dois une telle dissidence avec vous, vous avec qui j'ai parcouru une si grande partie de la route qui m'a conduit à la paix, vous qui êtes, au moins *ex voto,* de cette Église catholique qui est devenue pour moi une réalité palpable sans aucun doute possible, vous qui mieux que moi avez mérité les miséricordieuses lumières du Dieu tout-puissant.

« Aussi est-ce pour moi une immense consolation de savoir par un mot de votre main que le 17 juin 1851, non-seulement vous reconnaissiez, mais vous m'exprimiez les sentiments d'une amitié qui nous fut si douce. — Je ne vous en demande pas davantage à cette heure, cela vous serait pénible. Il serait presque impossible pour le moment (à moins d'obtenir ce que je demande chaque jour dans mes prières) de prétendre à l'intimité parfaite d'autrefois; mais je ne désespère pas, quoi qu'il arrive, de la voir revivre un jour.

« Rappelez-moi au bon souvenir de madame Gladstone, et croyez-moi comme autrefois

« Votre tout affectionné

« J. R. Hope. »

Voici la réponse de Gladstone :

« 6 Carlton Gardens, 22 juin 1851.

« Mon cher Hope,

« Sur ce qui fait le fond de votre aimable lettre, je

vous dirai seulement que vous avez bien compris ma pensée. L'affection entretenue par un commerce habituel et surtout par la communauté du dévouement à des causes sacrées, n'a guère besoin de s'exprimer par des paroles, mais les témoignages que l'on continue à s'en donner prennent un caractère plus grand et plus noble, alors que quelque chose est intervenu qui semble devoir en modifier les relations. Il n'y a pas de mérite à moi à sentir, comme je le fais, un tel changement. C'est à peine mieux que de l'égoïsme... Hélas! je ne sais que trop ce que cette année m'a coûté. Mon espérance de jamais pouvoir remplir les postes aujourd'hui vacants est bien faible, et les événements semblent me dire de laisser à d'autres plus capables l'œuvre que j'avais rêvée. Puisque telle est la volonté de Dieu, je m'y soumets pleinement, et la peine me semblerait légère si j'étais seul en cause.

« Ce qui m'afflige, ce qui m'étonne, ce que je ne puis m'expliquer, c'est que vous ayez refusé la haute vocation qui s'offrait à vous. Ce que je dis, tout ce que je dis de vous, je le dirais aussi de Manning (1).

« Pardonnez-moi de vous avoir exprimé si librement ce dont je crois être assuré; je n'ajouterai rien à ce sujet.

« Il y a dans votre lettre un mot, et un seul que je ne sais comment expliquer. Séparés, oui, nous le sommes,

---

(1) L'évêque protestant d'Exeter disait, en 1846, qu'il regardait trois hommes comme étant ceux sur lesquels le pays devait surtout compter pour l'avenir : Manning dans l'Église, Gladstone en politique et M. Hope au barreau.

mais, je l'espère et je le crois, nous ne sommes pas encore étrangers l'un à l'autre. Si nous l'étions, la séparation me pèserait moins. En viendrons-nous là ? Je ne sais ; mais du moins cela ne pourra résulter que d'un motif encore impuissant et sans influence sur mon cœur. Pourquoi notre union n'existerait-elle plus ? j'estime en vous même ce que j'appelle votre erreur ; alors pourquoi mes sentiments à votre endroit seraient-ils modifiés ?

« Il me semble que, dans ces temps bouleversés, les événements prennent de plus en plus des proportions trop vastes pour être embrassés par notre faible regard, et nous devons d'autant plus avoir les yeux fixés avec confiance sur les desseins de Dieu, que nous voyons les événements dépasser plus complétement notre portée et nos vues mesquines. « Le Seigneur est dans son « saint temple ; que toute la terre se taise devant lui. »...

« Les tristesses mêmes du temps présent sont un présage de la joie à venir. « Que votre règne arrive ; que « votre volonté soit faite » ; cette prière nous est encore commune ; c'est bien la même prière, dans le même sens, et elle contient toutes les autres... Voilà pour l'avenir ; quant au présent, nous avons à souffrir, à espérer, et à demander que chaque jour nous apporte la force en même temps que le fardeau, le flambeau en même temps que les ténèbres.

« Toujours vôtre, dans les sentiments d'une inaltérable affection.

« GLADSTONE. »

Quand Hope Scott fut mort, le *great old man*,

comme l'appellent les Anglais, écrivit à la fille de son ami une lettre de vingt-cinq pages, pleine des plus beaux sentiments. En voici la fin :

« Je suis au bout de mon récit. En 1850, survinrent les discussions et les alarmes occasionnées par le jugement de Garham ; c'est alors aussi que la flamme de son amour pour l'Église d'Angleterre jeta ses dernières lueurs. A partir de ce jour, je n'ai jamais pu regarder comme une vraie ouverture de sa part aucune des paroles qu'il m'adressa de vive voix ou par écrit.

« Cette année-là avait été pour ma femme et pour moi une année de peine et d'inquiétude : force me fut de passer l'hiver en Italie. Au printemps de 1851, je dînai chez son frère et je l'y rencontrai. Il me dit quelques mots qui m'indiquèrent l'état de son esprit, mais il retomba aussitôt dans son silence. Je faisais alors la plus ardente opposition au bill des titres ecclésiastiques, mais cette circonstance même ne put le déterminer à me donner sa confiance. Enfin la crise avait passé. Je dois dire que le soulagement qu'il en éprouva produisit une amélioration sensible dans sa santé.

« La séparation devint alors définitive entre sa voie et la mienne. Dans la suite il m'arriva une fois, et une fois seulement, de me trouver en contact avec lui dans l'exercice de sa charge. J'avais eu à soutenir dans une commission un débat sur un projet de chemin de fer ; en sa qualité de conseil de la partie adverse, il eut à me poser quelques questions contradictoires.

« En s'acquittant de cet office si délicat, il fut à mon égard aussi bienveillant que dans les relations ordinaires de la vie, et bien que, sans aucun doute, il ne manquât à aucun de ses devoirs vis-à-vis de ses clients, je crus m'apercevoir qu'il me traitait avec une particulière tendresse.

« Le 18 juin 1851, il m'écrivit une magnifique lettre (la lettre ci-dessus). C'était l'épitaphe de notre amitié ; elle continuera de vivre, mais seulement, ou presque seulement, comme entre des êtres qui habitent des mondes séparés.

« Il ne fut pourtant pas, depuis lors, un seul jour absent de ma pensée, et maintenant encore je puis à peine m'arracher à la fascination que me cause le bonheur d'écrire de lui. Ce même attrait irrésistible, vous l'éprouverez, j'en suis sûr, en me lisant ; et cela diminuera l'ennui que vous eût occasionné la lecture d'une si longue lettre. C'est bien lui, je l'espère, qui en fait tout le sujet, et l'égoïsme ne lui aura rien dérobé de ces pages qui voulaient lui être consacrées. Elles disent petites et grandes choses ; aussi bien les plus légers coups de pinceau servent à mettre en lumière une belle figure.

« Si quelque passage vous ont choquée, rappelez-vous combien nos points de vue sont différents. (Mademoiselle Hope Scott, catholique alors, s'est faite Carmélite depuis.) Rappelez-vous que ce qu'il regardait comme une lumière, une grâce, une délivrance, je l'ai toujours regardé comme une tentation et une faute ; rappelez-vous que lorsqu'il trouva ce qu'il tenait pour une perle d'un grand prix, sa découverte fut pour moi, au delà de ce que je puis dire, non-seulement un coup et une peine, mais aussi un danger. J'en avais pris l'engagement, et vous l'aviez accepté ; j'ai donc dû avant tout être vrai, et, pour être vrai il m'a fallu tout dire.

« Si j'ai écrit dans la tristesse certaines pages de mon récit, j'arrive enfin à la pensée si consolante de la vie dont il jouit maintenant, de sa paix, de son bonheur.

« Puissent ces biens lui être départis suivant une mesure de plus en plus large, dans ce monde où les ombres projetées par nos fautes et nos folies n'obscurcissent plus l'éclat et la gloire de la vérité !

« Puisse Dieu vous bénir toujours, vous, la fille de mon ami !

« Croyez-moi à jamais et bien chaudement vôtre.

« W. E. Gladstone (1). »

L'éclat et la gloire de la vérité ! Qu'est-ce qu'elle exige, cette vérité que, je l'espère pour leur salut, Gladstone et Bismarck croient de bonne foi posséder tout entière ?

Celui-ci disait : « La vérité divine exige la profession de la foi qu'on a en elle. »

C'est son droit : c'est ce dont on ne veut plus.

Que faudrait-il cependant pour que le *testimonium animæ naturaliter christianæ* se réveillât au cœur des Français, et leur apportât, avec la force d'en haut, ce surcroît de vaillance que la foi sincère, agissant en public, donne toujours aux âmes les mieux trempées ?

L'exemple, l'exemple partant d'en haut, c'est-à-dire de vous.

Le respect humain a cédé dans les écoles militaires devant l'exemple qu'y donnèrent vos camarades, il

---

(1) *Memoirs of J. Hope Scott.*

cèdera partout devant l'exemple à la fois vigoureux et modeste que nous vous demandons de donner.

Laissez-moi vous citer encore un récit un peu long, mais bien propre à vous montrer comment le respect humain étouffe les meilleurs sentiments et comment un bon exemple triomphe de lui. Ce récit est extrait des mémoires de l'archiduc Maximilien d'Autriche, intitulés : *Souvenirs de ma vie.*

Vous n'ignorez pas que Maximilien, empereur du Mexique, pris à Queretaro, y fut fusillé par le président Juarez en 1867.

Un mois avant de partir pour le Mexique, Maximilien avait publié sept volumes intitulés : *Aus meinem Leben. Reiseskizzen. Aphorismen. Gedichte* (1). Les premiers contiennent l'histoire de son grand voyage scientifique sur la frégate *la Novara.*

« La journée devait finir fort tristement pour moi et pour tout l'équipage. Un capitaine qui comprend son rôle et qui a vraiment des idées et des sentiments de marin, aime ses inférieurs et ne se trouve bien que parmi les matelots qu'il a formés. Avec le temps, sur un vaisseau bien ordonné, il s'établit un lien qui enlace tout l'équipage. On partage ensemble les périls ; on se réjouit ensemble du succès des manœuvres, on traverse joyeusement ensemble l'immensité des mers ; et sur le vaste Océan l'on forme un petit monde étroitement uni par toutes les circonstances de la vie. Si donc un enfant de cette grande famille se trouve

---

(1) *Souvenirs de ma vie. Esquisses de voyages. Aphorismes. Poésies.*

en danger, il faudrait avoir peu de cœur pour ne pas ressentir une anxiété douloureuse.

« Un de nos matelots s'était la semaine précédente déclaré atteint d'un léger mal. Depuis ce moment, accablé par la chaleur brûlante, et faute de tout moyen de rafraîchissement, il était entre la vie et la mort. On l'avait transporté avec son hamac sous le gaillard d'avant, en plein air; les médecins avaient employé tous les moyens de leur art, hélas! si incomplet: rien n'avait réussi, la lampe allait en s'épuisant, et les esprits vitaux s'évanouissaient d'heure en heure. A chaque instant je m'adressais au mourant, et lui demandais : « Comment vous sentez-vous? » Mais déjà ses yeux vitreux pouvaient à peine me reconnaître, et sa langue ne faisait plus que bégayer de confuses paroles.

« Au moment où le reste de la société revenait de la chasse gaiement, quoique sans avoir rien fait, Marco Rugger était à l'agonie : douloureux contraste avec les joyeuses distractions auxquelles se livrait notre colonie flottante. Quand le médecin m'annonça la mort prochaine, je donnai à Michele la commission de trouver le plus vite possible un ecclésiastique. On envoya des messagers dans toutes les directions. De la côte, on nous faisait des signes télégraphiques, pour nous annoncer l'arrivée du prêtre impatiemment attendu. Mais les heures s'écoulaient, et les consolations de l'Église n'arrivaient pas : il fallut enfin prendre une résolution, car un matelot autrichien ne pouvait sortir de ce monde comme une créature sans âme.

« L'équipage s'était groupé, par un mouvement de sympathie, autour du moribond. Je demandai que quelqu'un commençât les prières des agonisants; mais personne n'en eut le courage. Dans notre siècle, on se sent, aux heures solennelles, pris d'un embarras étrange : la religion est devenue un objet incommode; c'est un feu qui brûle encore, mais qui n'échauffe plus. Je vis le cercle demeurer muet et honteux autour de moi : le moment important, d'où dépend le salut, pouvait être perdu par légèreté. Je ne réfléchis pas longuement : en un instant je descendis dans ma cabine, et je rapportai un fragment de la vraie croix, avec un livre de prières. Je fis assujettir la précieuse relique sur le hamac : moi-même, je m'agenouillai auprès du moribond. Cet acte rompit le charme jeté par le mauvais esprit, et bientôt un chœur de pieuses prières s'éleva pour le salut de la pauvre âme. Au moment où les derniers rayons du soleil nous éclairaient par les ouvertures de l'avant, le pauvre jeune homme expira. La cloche du vaisseau fit entendre un glas funèbre, et la nuit qui tombait étendit paisiblement son linceul sur celui qui n'était plus.

« Je n'avais encore vu mourir personne. Il me fallait faire un effort extraordinaire pour rester jusqu'au dernier moment. Ce qui m'émut le plus fut de voir le mourant dans les dernières minutes se lever à plusieurs reprises pour se précipiter hors du hamac : ses compatriotes de l'île de Lissa durent, pour le retenir, s'attacher à ses bras qui se tordaient dans les convulsions. Tout à coup sa tête s'affaissa en arrière, et il mourut. Assister à ce spectacle me parut quelque chose de terrible, et cependant mourir me semble beaucoup plus facile que je ne me l'étais figuré. Ce moment fut solennel et, grâce à Dieu, édifiant. Je vis des larmes dans les yeux de nos jeunes officiers, qui d'ordinaire ne pensent guère à la mort. Cette grave leçon fut salutaire à moi-même et à eux tous.

« Dans le cours de la soirée, les matelots me demandèrent encore, ce qui me causa un vif plaisir, la permission de dire le chapelet en chœur auprès du défunt. Avant minuit, le cercueil fut prêt : on le descendit lentement avec son fardeau dans une chaloupe : les rames se mirent en mouvement ; la pâle lune disparaissait à l'horizon. Nous entendîmes encore longtemps dans le silence de la nuit la chaloupe ramer vers le cloitre : le corps fut déposé dans la chapelle, où il fut confié à la garde de la population catholique de la côte. Tout ce drame s'était accompli avec une rapidité effrayante ; à peine tombé malade, le pauvre matelot quittait le navire, et allait reposer seul en pays lointain dans une chapelle étrangère. Chacun aujourd'hui a regagné son hamac, l'âme remplie des plus graves pensées. »

Il est doux de penser qu'à l'heure où le pauvre empereur, toujours intrépide, mais épuisé par la maladie, fut transporté sur le fauteuil où on le fusilla, au bord du fossé de Queretaro, Dieu permit sans doute au souvenir de cette mort de lui revenir à l'esprit pour consoler la sienne. Nous connaissons plus d'un ancien élève de la rue des Postes qui, jeune officier, relégué avec sa compagnie au fond d'un désert d'Afrique ou de l'extrême Orient, a su préparer à la mort quelques-uns de ses soldats, et a récité sur leur cercueil, à haute voix, devant ses camarades émus, toutes les prières qu'il savait. Dieu les récompensera un jour de n'avoir pas rougi de lui devant les hommes..

Encore un mot de notre vieille école, ce sera le dernier.

Chaque fois que je vous parle à la chapelle ou à la grande salle, mes enfants, savez-vous le souvenir qui me revient? Je me rappelle l'impression que j'eus après la guerre et la Commune, quand j'adressai pour la première fois la parole aux élèves de la rue des Postes. — Je voyais toutes ces jeunes têtes serrées les unes contre les autres, curieuses, énergiques, pleines de vie et d'espérance, et, malgré moi, au lendemain d'événements affreux dont la menace grondait encore, je me les figurais, ces têtes, sanglantes, trouées par les balles.

Ce n'était pas une vaine imagination. La guerre de 1870-71 avait coûté la vie à quatre-vingt-douze anciens élèves des Postes. Les expéditions de la Tunisie et du Tonkin devaient encore grossir ce nombre.

Quand je vous considère, la même pensée me hante quelquefois, puisque vous devez tous servir, mais elle n'est pas la pensée principale. — Beaucoup parmi vous ne seront soldats qu'en passant; ce qui domine ici, c'est l'élément qui aura l'influence du sol, l'influence de l'industrie, l'influence du commerce, l'influence décisive du travail, c'est-à-dire de la victoire remportée sur soi plutôt que de celle des batailles. C'est pourquoi en terminant cette lettre, qui sera la dernière, je veux laisser de côté les exemples tirés de la vie militaire et vous dire un mot d'autre chose.

Voulez-vous, mes enfants, acquérir de la force de

caractère, la sentir naître et grandir en vous? Dès maintenant, chez vous, ne cachez pas votre foi, triomphez des petits assauts que vous livre la fausse honte, cultivez et développez en vous la piété par les actes de la religion pratiqués hautement. Qu'attendez-vous? Ne devez-vous pas donner autour de vous dès maintenant l'exemple que vous voudrez qu'on suive un jour?

Si ce n'est pas vous, mes enfants, envoyés ici par vos parents avant tout pour en mieux garder le flambeau, si ce n'est pas vous qui entretenez la flamme de la foi là où vous vivez, qui sera-ce donc?

Je vous l'ai dit cent fois, c'est à vous qu'on s'adressera, et le fait seul que vous avez été envoyés par vos parents ici pour y être élevés, ce fait vous engage et vous compromet à l'avance comme étant de l'élite des catholiques. Pour vous, forligner ne serait pas seulement vous perdre, ce serait trahir : car dans la foi vous trouverez, avec la force de caractère pour vous, le secret d'en donner aux autres.

Le cardinal de Bernis, qui fut ministre d'État à une époque où la France commençait à se perdre, — en 1757-1758, — écrivait, après la bataille de Crevelt et la retraite du comte de Clermont : « Il faudrait changer nos mœurs, et cet ouvrage qui demande des siècles dans un autre pays, serait fait en un an dans celui-ci, s'il y avait des faiseurs. » Bernis ne donne pas à ce dernier mot le sens qu'on lui a donné depuis, et sa pensée est juste, il n'y a pas de pays où la conviction et l'exemple exercent une influence de séduction et d'entraînement plus irrésistible que dans le nôtre. Il n'y en a pas où la foi qui agit, la foi sincère, opère plus de miracles en entraînant les hommes par la conviction qu'elle leur communique.

Se persuader qu'il y a quelque chose à faire, et que, comme je le lisais hier sur une embarcation des régates à Whitstable, *Nil desperandum;* comprendre que le bien du pays dépend de chacun, que « si Dieu ne garde la cité, ceux qui la gardent veillent pour rien », le prier pour qu'il bénisse une œuvre qui est sienne, et se mettre à la tâche avec la persuasion que c'est le fonds qui manque le moins, voilà ce que je vous souhaite pour l'avenir, et voilà à quoi nous nous efforçons de vous préparer dans le présent.

Le premier moment d'intimidation une fois passé, et la difficulté qu'on a à sortir de soi-même, et, comme on dit, de son coin, une fois vaincue, je vous prédis que vous serez payés de votre peine dès cette vie; vous trouverez dans toute participation personnelle aux œuvres de zèle et aux manifestations religieuses qui en sont l'épanouissement nécessaire, des jouissances dont on ne peut se faire aucune idée tant qu'on ne les a pas connues.

Vous avez peut-être entendu lire dans les journaux la relation de ce qui s'est passé dernièrement au grand pardon qui a clôturé à Rumengol, dans le Finistère, la retraite des cercles catholiques d'ouvriers ; pensant que nous aurions cette relation plus complète en la puisant à la source même, j'avais écrit à M. le comte Albert de Mun; c'est Bertrand qui m'a répondu. — Voici sa lettre. J'ai demandé à son père la permission de vous la transcrire telle quelle :

« Les Grands Sables en Clohars, 27 août 1887.

« Mon Révérend Père,

« Papa m'a dit que je devais vous raconter le pèlerinage que nous avons fait il y a juste huit jours à Notre-Dame de Rumengol. C'est certainement une des plus belles choses que j'aie jamais vues et une des plus curieuses. Rien de plus émouvant, de plus gai, de plus animé que ces pèlerinages bretons !

« C'est le dimanche matin que la fête intéressante a commencé. Nous sommes partis vers huit heures par le plus joli pays du monde. Le temps était magnifique, et le soleil éclairait le charmant petit bourg de Rumengol.

« Il est situé d'une manière splendide. On voit de là tout le pays et tout le fond de la rade de Brest. Vers neuf heures nous arrivions au presbytère. Il y avait déjà une foule de pèlerins venus de tous les côtés. Soixante-dix personnes avaient couché au presbytère ; les paysans avaient couché dans les granges ; beaucoup avaient passé la nuit en route, par exemple, les pèlerins de Morlaix, qui étaient partis à deux heures du matin et étaient arrivés pour communier. On voyait dans la chapelle des pèlerins, les pieds nus.

« A neuf heures les boutiques étaient déjà installées, les paysans se répandaient partout ; les bannières et les musiques allaient à la rencontre des troupes de pèlerins qui arrivaient.

« On attendait les Brestois qui venaient en bateau jusqu'au fond de la rade.

« Ce qui était beau, c'était de voir toute cette diversité de costumes, noirs, violets, bleus, avec des broderies dorées. On nous a montré là des femmes, celles de Plougastel, coiffées comme des Égyptiennes. La tradition rapporte qu'autrefois une colonie d'Égyptiens est venue s'établir dans le pays.

« Vers dix heures, on s'est réuni pour la grand'messe : c'est alors que le spectacle est devenu tout à fait curieux. Ce n'était plus dans la chapelle, mais en plein air. Figurez-vous, mon Père, une large pelouse sur un plateau très-élevé, d'où on a la plus belle vue du monde; au bout un autel sous une sorte de dôme très-riche, puis sur la pelouse des bannières flottant au vent, et, debout devant l'autel, deux ou trois mille pèlerins avec des costumes riches et variés. Trois ou quatre fanfares jouaient tour à tour des airs enlevants. C'était admirable... Tout le clergé était monté près de l'autel sous le dôme, nous y étions aussi.

« On a chanté là la grand'messe et le P. de Pascal, qui avait prêché la retraite, a fait un sermon où il a montré ce qu'était la Révolution, ce qu'elle voulait et comment on devait la combattre.

« A la fin de la grand'messe, on a annoncé pour une heure et demie devant le dôme le discours de papa. Tout le monde s'est alors séparé pour aller se refaire le corps. On a vu instantanément des petits groupes se former et commencer un déjeuner champêtre : c'était charmant.

« Le soleil était très-haut et éclairait ce superbe paysage d'une manière éblouissante... Pour nous, nous devions déjeuner dans le presbytère avec quantité d'autres personnes. Vers la fin du repas, le supérieur du grand séminaire de Quimper a porté à papa un toast très-bien tourné et très-applaudi.

« Le moment solennel était venu. Pendant que papa causait avec M. de Bélizal, je me rendis avec M. Condell et Henri au lieu du rendez-vous. Il y avait déjà une vraie foule. C'était beau, beau. La brume s'était levée complétement, et on voyait très-bien la jolie rade de Brest. Les collines qui nous environnaient semblaient loin et un peu violettes, comme lorsque le soleil est très-brillant.

« Au bout d'un quart d'heure, papa arrive, et après avoir monté quelques marches pour entrer sous le dôme où était l'autel, il s'adosse au premier pilier, se trouvant ainsi plus élevé que la multitude.

« Alors retentirent les bravos, les « Vive M. de Mun! » Il y avait déjà au moins trois mille personnes, d'autres arrivaient encore. Tous ces braves gens, pleins de foi et de cœur, étaient déjà très-animés par les magnifiques scènes du matin; on voyait que l'enthousiasme viendrait bientôt.

« C'était beau à voir du haut des marches où j'étais placé. On reconnaissait sur bien des poitrines la croix des Cercles, et j'en étais fier. Néanmoins, papa trouvait que ces croix n'étaient pas assez nombreuses, que nos bannières étaient trop dispersées. Il se demandait (et tout le monde pouvait avoir cette même pensée) comment la Bretagne n'était pas la base solide de toutes les organisations catholiques, lorsqu'on y voyait de tous les côtés ces manifestations enthousiastes de plusieurs milliers de pèlerins.

« Pour commencer, il reporta ses auditeurs aux spectacles du matin, à cette grand'messe superbe, à ce *Credo* par lequel ils avaient rendu publiquement un témoignage éclatant de leurs croyances..... *Credo!* telle était bien la devise de ces cœurs bretons. Puis il s'efforça de réveiller chez ces hommes les souvenirs qui les enthousiasment toujours : leur vieille foi, leur volonté de fer pour le bien. — Il rappela que lui-même avait été en quelque sorte sacré Breton. — L'enthousiasme allait croissant. A chaque instant c'étaient des cris, des « Vive M. de Mun! » des protestations de fidélité à la religion.

« Papa passa alors à la seconde partie de son discours. Il insista sur la nécessité qu'il y avait de ne pas rester inactifs; puisque les Bretons étaient en France l'honneur de la religion, ils devaient aussi former la base de toute organisation créée pour la défendre. Or, ils n'étaient pas assez organisés. Papa parla de l'œuvre des Cercles; il déclara qu'il voulait voir un nombre triple de bannières des cercles, lorsqu'il reviendrait l'année prochaine.

« Là tout le monde l'interrompt : « C'est une pro-
« messe, il s'engage à revenir!! » « Eh bien, oui! leur
« répond papa, j'en prends volontiers l'engagement, je
« reviendrai (Bravo! Vive M. de Mun!), mais à une
« condition, c'est que d'ici là, un effort considérable
« sera fait pour qu'on voie désormais la Bretagne orga-
« nisée. » Il rappela une légende connue de tous à Rumengol et représentée sur le vitrail de la chapelle.

« La voici : Le roi Grâlon se promenait avec saint

Guénolé. Ils montèrent ensemble sur une montagne voisine de Rumengol et nommée le Méné-hom. De là, ils aperçurent sur la colline où est maintenant la chapelle, un grand feu. Saint Guénolé demanda ce que signifiaient ces flammes. « Ce sont », lui répondit le roi Grâlon, « les feux allumés par les druides. Ils « ont là leur autel et y sacrifient leurs victimes. » Saint Guénolé, indigné, voulut immédiatement courir à eux : le roi Grâlon l'y accompagna : tous deux convertirent les druides et élevèrent sur la pierre des sacrifices une statue de la Sainte Vierge.

« Telle est, dit-on, l'origine de la chapelle de Rumengol.

« Papa avait parlé près d'une demi-heure. Il était applaudi comme jamais. Tout le monde était enthousiasmé. Les paysans se disaient les uns aux autres : Serrons les rangs!.....

« Papa était bien content, vous pouvez le penser, de voir l'effet produit par ses paroles, effet durable, j'espère. Après s'être promené pendant une demi-heure et avoir reçu des félicitations sans nombre, il a été avec nous entendre un morceau de musique joué en son honneur par la très-bonne fanfare de Morlaix. Toute la foule l'y avait suivi. Il voulut lui dire un dernier adieu, et pour cela monta sur un mur assez élevé où il parut tout à coup, aux acclamations de cette multitude innombrable de pèlerins. Alors il leur dit quelques mots et leur donna un dernier encouragement, en rappelant Pierre l'Ermite prêchant aux croisés et en invitant la foule à crier avec lui : « Dieu le veut! »

« Vous ne vous imaginez pas, mon Père, quel était l'enthousiasme général.

« Il était environ trois heures : il fallait partir. Nous devions aller sur la route chercher la voiture de M. de Réals, qui nous menait. Nous partons..... pas seuls. La musique se met en marche en jouant derrière nous, ainsi qu'une partie de la foule. Sur la route pas de voiture : les pèlerins crient : « Bravo! » ils veulent empêcher papa de partir..... Pendant que M. de Réals est à la recherche de son cocher, la foule l'entoure, et on commence à chanter des cantiques. Après chaque cantique, on criait : « Vive M. de Mun! »...

« Quelques-uns voulaient dételer la voiture... après une demi-heure de cette scène, nous sommes enfin partis au milieu des cris et des bravos !... L'enchantement s'est prolongé encore quelque temps..... Nous traversions un pays charmant.

« Le village de Rumengol semblait un joli nid blanc à mi-côte. Et puis cette rade de Brest, ces collines, ces costumes !

« A la gare, M. de la Guillonnière et M. de Bélizal, le député, qui nous avaient si bien accueillis le matin, nous attendaient. Ils devaient faire leur voyage avec nous, et comme ils sont gais, bons, aimables, le retour a été charmant.

« A Quimperlé, nous les avons quittés, et une heure et demie après nous tombions dans les bras de maman, qui n'avait pas pu venir et le regrettait tant.

« Je puis bien le dire, ce voyage a été délicieux, et j'en garderai toujours un charmant souvenir. C'est vraiment bon de vivre dans ces pays : tout le monde est si dévoué !

« Si je n'avais pas été paresseux, mon Père, ma lettre se serait terminée ici. Il faut vous dire que je me suis interrompu. J'avais commencé ma lettre samedi matin, croyant avoir le temps de la terminer le matin même. Mais pas du tout! Il a fallu nous baigner avant le déjeuner, puis faire nos petits paquets. Avant le départ, nous avons été occupés par Henri, qui s'est coupé horriblement en cassant un carreau. Nous l'avons soigné, habillé, et nous sommes partis plus tôt afin de passer chez le pharmacien à Quimperlé.

« Bref, je n'ai pas pu finir ma lettre. Entre deux, nous avons fait l'expédition de Douarnenez ; je vais tâcher de vous la raconter en deux mots. — Avant de commencer cependant, je dois vous dire que le doigt de Henri ne va pas mal, mais nécessite un pansement régulier.

« Nous sommes donc partis pour Douarnenez samedi à trois heures, huit jours juste après notre départ pour Rumengol. Cette fois-ci c'était une grande partie. Nous devions trouver à Quimperlé des parents et amis, aller tous à Douarnenez coucher, et le lendemain dimanche aller en voiture au pardon de Sainte-Anne-la-Palud, à une heure et demie de Douarnenez. Tout le monde fut fidèle au rendez-vous. Nous étions onze personnes : c'était gai, gai, gai...; à sept heures et demie du soir nous arrivions à Douarnenez. Il ne faisait pas nuit. Avant le dîner nous avons été aussitôt voir la baie. Vous connaissez, je crois, mon Père, cette magnifique baie, d'une si jolie couleur, fermée comme un lac, entourée de jolies collines et remplie de petits rochers si curieux. L'île Tristan faisait un effet splendide. Malheureusement le temps était incertain, et nous craignions bien pour le lendemain.

« Aussi dès le matin nous précipitions-nous à nos fenêtres pour examiner le ciel. On conclut qu'il y aurait des alternatives de beau et de mauvais temps. Finalement nous n'avons reçu qu'une ondée. Après la messe, nous avons été, seuls avec papa et maman, faire une petite promenade et longer cette jolie baie. Les bateaux se croisaient... Tout était bleu, il y avait un beau soleil : c'était ravissant. A dix heures et demie, nous partions tous dans deux voitures à deux chevaux, avec des cochers très-joliment habillés du costume de Quimper, bleu à deux tons, veste sans manches, gilet à manches, broderies jaunes et orange. Nous emportions un bon déjeuner et nous n'avions qu'une crainte, c'était de le voir arroser par une ondée.

« Vers midi, nous étions à Sainte-Anne-la-Palud. Le pays est là beaucoup moins joli qu'à Rumengol. Sainte-Anne-la-Palud est dans un pli de landes dénudées qui bordent le fond de la baie de Douarnenez. Le lieu de pèlerinage est aussi moins bien situé, mais c'était très-joli tout de même.

« Au moment où nous arrivions, toutes les boutiques étaient dressées; une foule de voitures étaient dételées et les chevaux attachés à côté; tous les pèlerins déjeunaient en petits groupes. Nous en fîmes autant ; le déjeuner fut excellent et troublé seulement par une vraie pluie de sable envoyée par le vent.

« Vers trois heures vint le moment attendu, le moment de la procession. Voilà ce qui a été superbe.

« Elle était longue. On eût dit un immense ruban. En tête marchaient quelques bannières, puis la foule innombrable, chacun un cierge à la main. Le défilé dura longtemps. Les derniers arrivèrent enfin, mais c'était là le plus beau.

« D'abord des bannières très-curieuses avec des clochettes très-lourdes, portées par des paysans qui avaient besoin de tous leurs efforts pour les soutenir; puis des croix portées par de vieux paysans, avec le costume du pays qui, hélas! n'est plus autant à la mode. On les appelle les « Bragou-Bras », du nom de leurs larges culottes. Ils portent de petites vestes très-courtes, de couleur bleue ou verte, brodées de soie jaune et d'or, de larges culottes en coutil ou en laine noire et des guêtres en laine; cela a beaucoup de cachet.

« Après les croix marchait une longue file de petites filles portant de petites bannières. Enfin, six femmes habillées avec le superbe costume de la paroisse, que l'on ne porte plus guère que dans les jours de fête. Elles avaient des robes superbes, entièrement brodées d'or et d'argent et de fleurs de couleur, avec de véritables mitres brodées sur la tête. Vous eussiez dit des statues revêtues d'ornements magnifiques et anciens.

« Enfin, en dernier lieu venait un groupe moins beau, mais bien caractéristique aussi : c'étaient de vieux paysans splendides, des têtes à peindre, avec de longs cheveux (un, entre autres, avait des cheveux qui lui couvraient les épaules), la veste, le bragou-bras, avec cela des figures énergiques ; tous jouaient du tambour; on eût dit une évocation de la chouannerie.

« La procession vint s'arrêter devant l'église Sainte-Anne. Quatre hommes apportèrent devant la porte la relique placée sur un brancard et la soulevèrent aussi haut que possible. Les hommes tenaient le reliquaire à bras tendus sans faiblir pendant l'interminable défilé.

« Toute la foule des femmes, portant des cierges, se précipita alors et passa sous les reliques pour entrer dans l'église. C'était très-singulier.

« Tous ceux qui ont obtenu des grâces de sainte Anne, durant l'année, passent sous la relique. Nous y passâmes aussi.

« Après le salut, on alla vénérer la vieille statue de sainte Anne, tout en argent, couverte d'une robe brodée, la plus vieille de toute la Bretagne, plus ancienne de beaucoup que celle de Sainte-Anne d'Auray. On se promena encore quelques instants et on se prépara à partir. Vous dire avec quelle rapidité se fit la route de Sainte-Anne à Douarnenez, serait difficile : c'était vertigineux. Les cochers étaient animés, charmants, ils fouettaient les chevaux des autres voitures, criaient ; nous nous tordions de rire, comme vous pensez.

« A Douarnenez, nous eûmes la clef de cette gaieté folle. Nous avions remporté du déjeuner, avec l'intention de les boire le soir, une demi-bouteille d'eau-de-vie, deux grandes bouteilles de vin blanc excellent et trois bouteilles de vin rouge. Ils avaient tout bu, mon

Père, les cinq bouteilles! Rien n'est revenu, ou plutôt tout est revenu vide. Je crois qu'ils le payeront cher, car le maître de l'hôtel était furieux. Pauvres cochers, la tentation était forte.

« Nous voilà de retour. Malheureusement il fait laid, il y a du vent, il pleut, la mer est grosse. Le baromètre monte cependant.

« Adieu, mon Révérend Père. J'ai écrit un peu vite; aussi je vous prie de ne considérer que l'intention qui, je vous assure, était excellente.

« Au revoir, mon Père. Je vous présente tous mes respects.

« Votre fils en Jésus-Christ,
« BERTRAND. »

Vous trompais-je, mes enfants, en vous disant que toute participation active aux œuvres donne de la joie, et un bonheur, parfois inattendu, qui est la récompense du sacrifice fait au départ? — Il y en a d'autres.

En se consacrant aux œuvres catholiques, les jeunes gens peuvent être sûrs d'y faire quelqu'une de ces amitiés salubres et fécondes dont leur vie se passera à cueillir et à savourer les fruits sans épuiser la séve qui les fit naître. C'est qu'au lieu de se rencontrer là seulement pour s'aimer, — amour qui tôt ou tard engendre l'égoïsme, — ils s'y réunissent pour aimer autrui, c'est-à-dire Dieu dans l'homme et l'homme en Dieu. Ah! les amitiés vraiment royales, plus que cela divines, et les immortels souvenirs que laisse alors derrière elle la jeunesse!

Vous rappelez-vous que, partant pour Paris, au mois de mai, je recommandai à vos prières une retraite que j'y allais prêcher à d'anciens élèves de nos colléges et d'ailleurs? Étudiants en droit, en médecine, anciens élèves de l'École polytechnique, ou hommes ayant déjà marqué dans quelque carrière, tous faisaient partie de la congrégation de la Très-Sainte Vierge, jadis érigée rue de Sèvres.

Quand, à la fin de la retraite, je lus les résolutions qu'ils y avaient prises, je fus frappé par les considérants desquels, en vrais hommes de loi ou d'affaires, ils les avaient fait précéder.

« Je remercie Dieu et la Très-Sainte Vierge de la protection visible qu'ils m'ont accordée en m'initiant aux œuvres », ou : « Pour témoigner ma gratitude de ce que Dieu m'a fait trouver ici la pratique du dévouement chrétien. » Et ils n'oubliaient pas en même temps de dire ce que la réunion avait été pour eux : « Ce sont les fortes amitiés que j'ai trouvées ici qui m'ont sauvé, mon Père ; j'arrivais seul, inconnu, du fond de la France, il y a quatre, cinq, sept ans ; j'ai trouvé dans la réunion, ou dans l'œuvre des Cercles catholiques d'ouvriers, des mains qui se sont tendues à la mienne, qui m'ont retenu quand je pouvais glisser, des cœurs qui m'ont appris à faire le bien, à l'aimer, à me dépenser pour les autres ; je peux vieillir, je ne les oublierai jamais. »

Les braves jeunes gens, ils pleuraient en me parlant ainsi. Mais tandis que je vous répète leurs paroles, il me semble que je vois flotter sur vos lèvres le nom d'un homme dont vous me reprocheriez à bon droit de ne vous avoir rien cité plus tôt, si je ne m'étais réservé de vous dire ici que ses discours viennent enfin d'être livrés au public (1).

« Entre tous ceux qu'il nous faut appeler au combat, disait l'illustre orateur à la séance de clôture de l'assemblée générale des Cercles catholiques d'ouvriers en 1876, il y en a qui méritent de notre part une ardeur particulière, qu'il faut rechercher comme on fait pour des soldats d'élite, parce qu'ils sont pour nous, pour l'Église et pour la France, l'espérance et l'avenir. J'ai nommé les jeunes gens. Dieu, Messieurs, a mis dans la jeunesse tout ce qui fait les grandes choses, l'enthousiasme, la force et la générosité. Elle est, dans une nation, comme la sève qui parcourt les rameaux d'un grand arbre et qui porte aux extrémités l'épanouissement d'une verdure toujours renaissante, en même temps qu'elle conserve au tronc la vigueur et la fécondité. Les œuvres où elle n'entre point sont frappées de stérilité, et celles d'où elle s'est retirée se dessèchent et s'en vont en poussière. Mais parce qu'elle a reçu de Dieu ce don particulier et cette marque singulière de sa prédilection, elle est aussi, de la part de l'esprit du mal, l'objet des plus ardentes convoitises et des attaques les plus passionnées ; en sorte qu'elle doit nous être doublement chère, et par le bienfait qu'elle nous apporte et par les dangers auxquels nous l'arrachons, et que c'est à la fois la servir et servir notre œuvre, que de nous attacher à faire sa

---

(1) *Discours du comte* ALBERT DE MUN. Poussielgue, rue Cassette, 15.

conquête. Admirable mission qui nous oblige en conscience !

« Notre œuvre, par sa nature militante, par ses origines et par ses allures, est plus qu'aucune autre l'œuvre de la jeunesse; et nos rangs, où l'attire facilement l'entrain qui nous est propre, lui ouvrent un asile et la gardent contre l'ennemi. Ils la gardent, Messieurs ! C'est qu'en effet Dieu nous a confié une garde à monter autour de ces âmes, une garde d'honneur dont il nous demandera compte, et que nous n'avons pas le droit de déserter !

« Allons donc à la jeunesse pour l'appeler à nous ! Souvenons-nous qu'il y a au fond de tous ces cœurs de vingt ans une étincelle qu'une parole peut enflammer, et que cette parole, il nous appartient de la dire.

« Laissez-moi, Messieurs, avant de quitter ces jeunes gens, faire un retour vers les choses que j'ai tant aimées et vous parler de ceux d'entre eux qui ont un droit particulier à votre apostolat, parce qu'ils sont par état des hommes de dévouement, et qu'ayant donné leur vie à la patrie, ils sont mieux préparés à une œuvre où l'on combat pour le salut de la France.

« Chaque année, notre propagande envoie dans toutes vos villes une phalange toujours plus nombreuse de ces jeunes officiers; pendant leur court passage dans ces écoles où la vie commence à s'entr'ouvrir devant eux, ils apprennent à connaître notre œuvre, et tandis qu'ils lui apportent, à ses jours de fête, une de ses plus brillantes parures, elle leur donne en retour le charme de ses joies intimes et de ses fraternelles affections. Ils arrivent ainsi dans les villes où les conduit leur carrière nouvelle, tout préparés pour le service de l'œuvre et tout parfumés de ses salutaires émotions. Mais là toutes les difficultés les attendent, et il y a comme une coalition qui les entoure de toutes parts : la nouveauté des circonstances, des visages et du genre de vie; la difficulté de faire, dès la première heure, la part des œuvres de Dieu au milieu des occupations du métier; l'embarras d'avoir spontanément à aborder des hommes inconnus et celui plus grand encore, pour un dernier venu, de rompre avec la routine habituelle, tout enfin s'accorde pour élever entre nous et ces jeunes gens des barrières chaque jour plus infranchissables, et pourtant, ces âmes nous sont confiées, ces cœurs nous appartiennent! Et, comme ils ont appris déjà à battre pour notre œuvre, ils la cherchent avec espérance dans cet isolement de la vie publique, plus profond parfois que celui du désert. Combien en avons-nous laissé passer devant nos portes où ils n'osent frapper, de ces jeunes gens qui ont le droit de compter sur nous! Je vous conjure, Messieurs, que ce soit là l'une de vos résolutions avant de nous séparer! Partout où ils sont, allez au-devant d'eux; prenez-les en quelque sorte par la main, et aux jours où vous avez coutume de vous assembler, conduisez-les au milieu de vous. A l'air de vos visages, aux choses dont vous parlerez, ils vous reconnaîtront du premier coup, et vous serez leurs amis avant même qu'ils aient su quel nom vous portez.

« Qui pourra dire le bien que Dieu met ainsi sur le chemin de notre œuvre? Le ciel en garde le secret...

Il y a quelques jours, un de ces jeunes gens retournait à Dieu dans la fleur de son âge; depuis quelques mois il était officier d'artillerie, et notre comité de Fontainebleau le comptait parmi ses membres les plus dévoués; pendant deux années, nous l'avons vu portant fièrement, à l'École polytechnique, son titre de chrétien, donnant l'exemple à tous et les animant par son zèle et sa piété; fidèle à toutes les réunions de notre œuvre et toujours au premier rang quand il fallait affirmer sa foi, employant enfin ses jours de liberté à fréquenter l'un de nos cercles de Paris, où sa présence était le plus éloquent des apostolats. Il est mort, et ses compagnons d'armes qui étaient aussi ses confrères, après l'avoir assisté jusqu'à la dernière heure, ont voulu rapporter eux-mêmes à sa famille désolée ce qui restait de ce soldat chrétien. L'œuvre qu'il avait aimée vint ainsi s'asseoir à son chevet, puis supporter son cercueil, et ne le quitta que pour le rendre aux mains de ceux qui avaient soutenu son berceau. Sans doute, au moment où il allait partir, la voyant auprès de lui, il lui sourit une dernière fois, et trouvant dans ses yeux le témoignage de sa propre vie, il rendit à Dieu, avec plus de confiance, l'âme qu'il avait conservée pour le ciel! Il y est aujourd'hui, et l'œuvre ne l'a pas quitté; mais, du terme où il est parvenu, il acquitte envers elle, en priant pour ses serviteurs, la dette qu'il a emportée dans son dernier soupir. »

Je n'ajouterai rien, j'ai connu cet enfant, je l'avais admis rue des Postes, après la Commune. Il était comme tout le monde : aucune qualité d'aucun genre ne le distinguait au dehors. Il reçut là, avec un affermissement de sa foi, les notions du zèle, de la charité chrétienne, de la responsabilité qui incombe aux classes dirigeantes ; il comprit, se transforma, vous voyez ce qu'il devint.

Que deviendrez-vous vous-mêmes, mes enfants?... Il n'est pas impossible de le pronostiquer en voyant ce que vous êtes au collège.

Que voulez-vous donc y être, cette année ?

Beaucoup d'entre vous ont connu Bernard Veuillot, et depuis sa mort, tous ont lu sa biographie. Voici une lettre qui n'a pas été insérée dans le volume, parce que le Père à qui elle était écrite ne savait pas l'avoir gardée :

« Chars (Seine-et-Oise), le 14 septembre 1885.

« Mon Révérend Père,

« Je m'en veux beaucoup d'avoir passé un temps si long sans vous écrire; mais connaissant votre bonté, je suis certain que vous ne m'en voulez pas.

« Cependant je dois m'excuser de ce silence prolongé ; sans quoi, vous pourriez m'accuser d'ingratitude, et, Dieu merci, je ne mérite pas ce reproche. Au contraire, j'ai souvent pensé à la bonne année qui s'est écoulée, et j'ai pris des résolutions pour celle qui va commencer, et qui sera meilleure encore, j'en ai la confiance. L'année dernière, au début surtout, n'a pas été parfaite ; il y avait par-ci par-là quelques anicroches ou autres choses. Mais je ne crois pas avoir jamais commis des crimes de première classe. Il faut attribuer toutes mes peccadilles à la jeunesse d'un rhétoricien. (J'étais vétéran, mais il ne faut pas y penser, parce que cela nuirait à mon raisonnement.) Un rhétoricien n'est pas encore sérieux, tandis qu'un philosophe, qui argumente quatre heures par jour, doit être nécessairement grave. C'est son devoir d'état, même quand il argumente de travers. Je remplirai donc ma fonction, et je serai un élève toujours sérieux, toujours sage, essayant de ne jamais donner un sujet de mécontentement, essayant surtout de faire à mes camarades le plus de bien possible.

« Vous voyez que j'ai pris les plus belles résolutions; reste à les tenir, et je compte, pour y arriver, sur votre douce surveillance, où l'indulgence et la fermeté sont réunies dans un accord parfait.

« J'ai pris aussi plusieurs autres résolutions, d'une importance capitale. Je vous en citerai seulement deux pour ne pas allonger ma lettre. 1° Faire marcher moins le commerce de la questure, en achetant très-peu de chocolat. 2° Ne plus jamais, si je suis encore réglementaire, casser de cloches sur mes jambes.

« Vous voyez par cette lettre que j'arriverai à Canterbury armé de toutes pièces. J'y arriverai aussi triste de quitter ma famille, mais joyeux de vous retrouver.

« Veuillez agréer, mon Révérend Père, l'assurance de ma respectueuse affection.

« Votre élève dévoué,
« Bernard Veuillot. »

Voilà de bonnes résolutions à prendre avant de revenir ici.

Il me reste à recommander à vos prières un de vos Pères, le P. Perrigaud, qui s'embarque pour la Chine. Il va consommer là-bas, par le dévouement aux païens, une vie commencée à dix-sept ans dans les rangs des zouaves pontificaux, et poursuivie parmi nous dans le dévouement à l'Église, à la France et à la jeunesse.

La veille de son départ, nous avons été en pèlerinage avec lui, au lieu même où le moine saint Augustin débarqua jadis, apportant aux peuples de ce pays le trésor de la foi (1).

Et maintenant, je suis un peu effrayé à la vue de ces lettres interminables, ou plutôt je le serais si je ne me souvenais du motif qui me les a fait écrire.

Une épidémie de fièvre scarlatine s'était abattue sur le collége.

---

(1) C'est entre Deal et Ramsgate... Lord Granville a fait élever là une grande croix de pierre qui porte cette inscription :

D'un côté :

> AUGUSTINUS
> AD RUTUPINA LITTORA IN INSULA THANETI
> POST TOT TERRÆ MARISQUE LABORES
> TANDEM ADVECTUS
> HOC IN LOCO CUM ETHELBERTO REGE CONGRESSUS
> PRIMAM APUD NOSTRATES CONCIONEM HABUIT
> ET FIDEM CHRISTIANAM
> QUÆ PER TOTAM ANGLIAM MIRA CELERITATE DIFFUSA EST
> FELICITER INAUGURAVIT.
> A. D. DXCVI.

De l'autre côté :

> QUARUM RERUM
> UT APUD ANGLOS SERVETUR MEMORIA
> HOC MONUMENTUM PONENDUM CURAVIT
> G. G. L. G. COMES GRANVILLE, PORTUUM CUSTOS.
> A. D. MDCCCLXXIV.

Nous avions dû licencier les plus jeunes d'entre vous. L'approche des examens nous avait décidés à garder les grands, que la contagion d'ailleurs respectait jusqu'alors.

J'ai commencé par envoyer aux absents des nouvelles de leurs camarades.

Tout le monde parti, l'occasion s'offrait de vous faire encore quelque bien.

Il m'a paru trop dur de la laisser passer, et j'ai fini par écrire à tous. Vous m'avez justifié en ne trouvant pas ces pages trop longues.

J'ai fini. Les uns ne reviendront pas, je leur écrirai encore une fois, si c'est possible; les autres vont revenir bientôt, et avec eux je recommencerai, ou plutôt vos Pères recommenceront, car ils feront bien plus que moi, mais ils ne vous diront pas autre chose.

Ils s'efforceront de vous enseigner la religion, la justice, l'honneur, la victoire sur vous-mêmes, les lettres, les sciences, et de mêler la joie aux leçons les plus sérieuses.

Ils feront bien. L'allégresse est le lot des bons chrétiens.

Un bon chrétien n'a pas le droit d'être triste, la religion catholique ne l'est pas... Louis Veuillot, dans une lettre du sixième volume de sa *Correspondance*, que j'ai reçu hier, écrit à un ami : « Le soir, dans les litanies de la Sainte Vierge, je dis trois fois pour vous : *Causa nostræ lætitiæ*, afin que vous ne vouliez, que vous ne cherchiez, que vous ne goûtiez et n'aimiez que la joie pure et sainte qui vous sera inspirée par la tendresse de Marie. »

Frédéric II, écrivant à Voltaire, lui dit : « Otons au

catholicisme ses dévotions ; il faut en faire un hibou : tout le monde le fuira. »

Comment voulez-vous, mes enfants, qu'une religion dont Marie est la reine puisse être une religion triste !

Je ne veux pas terminer sur un autre nom que le sien, c'est celui de votre mère et celui de votre collége. Quand vous avez débarqué sur ce sol protestant, vous avez dit : « Je vais à Saint-Mary's », et l'autre jour un clergyman de la ville, me renvoyant une lettre qui était pour moi, m'écrivait : « Pardon de l'erreur, je suis aussi recteur de Sainte-Marie ; il y a en ville cinq églises dont c'est le titre. »

Cinq paroisses consacrées à la Sainte Vierge dans une ville de vingt mille âmes.

Elles ont gardé matériellement le nom de Marie; ont-elles gardé son patronage et sa joie chrétienne qui en est le signe extérieur ? Vous ne la perdrez pas, vous, tant que vous resterez fidèles à la Très-Sainte Vierge, car ce qui fait perdre la joie, c'est le péché; et celle qui triomphe de la tentation, c'est Marie.

Quand saint François de Sales était encore écolier, il eut à en subir une véritablement effroyable par sa durée comme par sa violence.

Elle le poursuivait partout. Revenant un jour du collége dans un grand abattement, et « estant entré, dit l'évêque de Belley, Mgr Le Camus, dans l'église de Saint-Étienne des Grès pour invoquer la grâce de Dieu sur sa misère, et s'estant mis à genoux devant une image de la Sainte Vierge, il implora l'assistance des prières de cette Mère de miséricorde avec tant de ferveur qu'elle luy impétra de Dieu la restitution de la joye de son salutaire et la confirmation de son esprit principal ; faisant en sorte par son intercession que Dieu dit au fond de son âme : « Je suis ton « salut; homme de peu de foy, de quoy doutes-tu? tu es « à moy, je te sauveray ; aye confiance, c'est moi qui ay « vaincu le monde. »

« Cecy lui arriva après qu'il eut récité une fort dévote oraison que quelques-uns attribuent à saint Augustin, d'autres à saint Bernard, et qu'il avait trouvé escrite sur une tablette suspendue contre la grille. Elle dit ainsi : « Souvenez-vous, ô très pieuse « vierge Marie, qu'on n'a jamais entendu dire qu'aucun « de ceux qui ont eu recours à votre protection, imploré « votre aide et demandé vos suffrages, ait été abandonné « de vous. En cette confiance, ô Vierge, mère des vier-« ges, j'accours et viens à vous, et gémissant sous le « poids de mes péchés, je me prosterne à vos pieds. « O divine Mère du Verbe, ne méprisez pas mes prières, « mais écoutez-les favorablement, et daignez les exau-« cer. Ainsi soit-il. »

« Je me souviens, poursuit l'évêque de Belley, que c'est de sa bouche que j'ai premièrement appris et recueilly ceste prière, laquelle j'écrivis à l'entrée de mon bréviaire, pour la graver en ma mémoire, et m'en servir en mes besoins.

« Je sçay aussi qu'elle vous est fort recommandée et que vous en faites un fort pieux usage. »

J'en sais autant de vous, chers enfants, et c'est ce qui me rassure au sujet de votre avenir. J'ai confiance que Marie vous délivrera comme elle fit alors ce jeune saint.

« Il paraît que c'est à dater de ce moment que François prit l'habitude de réciter chaque jour le *Memorare*, aussi bien que le chapelet, habitude à laquelle il resta fidèle tout le reste de sa vie. Il avait coutume, lorsqu'il se retirait pour cela dans sa chambre, de dire à son gouverneur : « Je vais servir mon « quartier en la cour de ma Reine. »

Le jour où je traversai Paris pour aller confesser le mourant pour qui vous avez prié, je célébrai la sainte messe chez les religieuses de Saint-Thomas de Villeneuve, rue de Sèvres, 29, devant la statue de la Vierge noire qui a été transportée là, de Saint-Étienne des Grès, pendant la Révolution. C'est la statue même devant laquelle saint François de Sales fut délivré de son affreuse tentation.

Je pensai à vous tous et suppliai la Sainte Vierge et saint François de Sales d'obtenir de Jésus pour vous même victoire, si vous avez jamais à livrer même combat.

Le 25 septembre, nous commencerons une neuvaine de messes, de communions et de chapelets pour vous. Jusqu'au 4 octobre, tous les matins, un des Pères qui doivent aller vous chercher dira la messe à Notre-Dame des Victoires, un autre, devant la Vierge noire de la rue de Sèvres. Tous nous demanderons à Marie qu'elle vous obtienne de faire plaisir à vos excellents parents et de les contenter jusqu'au dernier moment, que votre départ soit l'unique peine que vous leur causiez. Quand vous serez partis, nous demanderons pour eux la consolation, pour vous un heureux voyage. Vous n'oublierez pas de dire en route le rosaire. Notre

Saint Père le Pape en a recommandé la récitation pour toute la durée du mois d'octobre.

Mes enfants, je ne peux cependant pas vous quitter sans faire avec vous un tour de potager. Il y a si longtemps que nous n'y avons été.

Il y a là un poirier sur lequel j'ai compté quatre cent quatre-vingt-six poires grosses comme le poing. C'est le beurré clergeot... On vient de retirer du trou de la Sablonnière cinq cent vingt kilos de pommes de terre qui le disputent en grosseur aux poires... Les choux poussent bien, les artichauts pullulent sur des éclats envoyés de Jersey cette année même... Voici une chicorée qui se fauche comme du foin, et jusqu'à trois fois : quand le jardinier est à un bout du carré, elle repousse à l'autre; c'est comme les défauts.

Je voulais vous dire tout cela, et vous dire encore qu'il n'y a ni artichauts, ni choux, ni salades qui soient plus verts que nos prairies, quoique le soleil d'été qui les inonde soit vraiment chaud; enfin que bois, prés, champs, arbres, tout cela vous attend, vous désire et sera encore fier de se montrer à vous quand vous reviendrez, sûr d'être assez joli pour que vous ne soyez pas trop tristes.

Je finirai par un texte de saint Paul. « Ne dira-t-on pas de ces lettres, écrit-il aux Corinthiens, que nous voulons nous y recommander? *Incipimus iterum nosmetipsos commendare? (II Epist. ad Cor.*, c. III, v. 1, 2, 3, 4.)

« Mais vous-mêmes êtes notre lettre écrite dans nos cœurs, connue et lue de tous les hommes. *Epistola nostra vos estis, scripta in cordibus nostris, quæ scitur, et legitur ab omnibus hominibus.*

« Il est manifeste que vous êtes la lettre de Jésus-Christ, écrite par notre ministère non avec de l'encre, mais avec l'esprit du Dieu vivant, non sur des tablettes de pierre, mais dans vos cœurs, comme sur des tablettes de chair. *Manifestati quod epistola estis Christi, ministrata a nobis, et scripta non atramento, sed spiritu Dei vivi : non in tabulis lapideis, sed in tabulis cordis carnalibus.*

« Telle est la confiance que nous avons en Dieu par Jésus-Christ. *Fiduciam autem talem habemus per Christum ad Deum.* »

FIN.

LETTRES ET PAPIERS OFFICIELS (1)

ADRESSÉS

Au R. P. PERRY

JÉSUITE ANGLAIS

Amirauté, 18 mai 1874.

Monsieur (2),

Les lords commissaires de l'Amirauté me chargent de vous informer :

1° Qu'ayant décidé d'envoyer sur plusieurs points des groupes d'observation pour le prochain passage de **Vénus** sur le soleil au 8 décembre, et l'astronome royal ayant pour la présidence d'un de ces groupes proposé votre nom, ils ont daigné l'agréer et vous ont désigné comme astronome chef du groupe devant fonctionner à Christmas Harbour, terre de Kerguelen.

2° Vous serez assisté dans cette expédition par un état-major d'hommes instruits et par plusieurs officiers pris au corps des ingénieurs royaux. Quant aux instructions détaillées relatives à l'entreprise, elles vous seront, sur l'approbation des lords commissaires, transmises par l'astronome royal avant votre départ d'Angleterre.

3° Les conditions du service proposé et en particulier la rémunération qu'il emporte sont indiquées dans la lettre

---

(1) J'ai rejeté ici ce document que sa longueur m'a empêché d'insérer après le règlement de l'aumônier des prisons, page 55.

(2) Le Rév. P. J. Perry est directeur de l'Observatoire du collége de Stonyhurst. Le Père G. Sidgreaves y était professeur de physique.

publiée le 2 janvier dernier par les lords commissaires, lettre dont le contenu vous a été communiqué par l'astronome royal.

4° J'espère, Monsieur, que la réponse m'accusant réception de cette lettre me témoignera aussi des sentiments de satisfaction avec lesquels vous acceptez, dans les conditions ci-dessus rappelées, le service en question.

Je suis et reste, Monsieur, votre très-humble serviteur.

R. HALL.

Amirauté, 20 mai 1874.

MONSIEUR,

Les lords commissaires de l'Amirauté me chargent de vous faire savoir qu'indépendamment des ordres récemment reçus par vous, comme astronome, chef de la station Christmas Harbour, île de Kerguelen, pour le passage de Vénus sur le soleil, 8 décembre 1874; vu la possibilité de circonstances telles qu'elles n'aient point été prévues dans les instructions officielles à vous adressées, vous êtes autorisé à prendre toutes mesures qui pourront vous paraître nécessaires pour assurer le succès de l'expédition, cherchant seulement un service qui soit effectif et économique.

Les rapports détaillés concernant les accidents de cette nature qui pourraient surgir et les mesures prises en conséquence doivent être adressés par vous à leurs seigneuries comme à l'officier naval doyen de la station du cap de Bonne-Espérance et d'Afrique Ouest.

En toute occurrence de ce genre, s'il y avait à proximité quelqu'un des vaisseaux de Sa Majesté, vous auriez à prendre conseil de l'officier commandant.

Je suis et reste, Monsieur, votre très-humble serviteur.

R. HALL.

EXPÉDITION ANGLAISE

POUR L'OBSERVATION DU PASSAGE DE VÉNUS SUR LE SOLEIL,
AU 8 DÉCEMBRE 1874.

INSTRUCTIONS FAITES AUX OBSERVATEURS PAR ORDRE
DE LEURS SEIGNEURIES

R. HALL.

Ordres donnés aux observateurs des différents districts d'observation et hiérarchie des officiers.

1º Le capitaine G. L. Tupman, R. M. A., est chef de l'entreprise et par l'intermédiaire de l'astronome royal responsable de tout vis-à-vis du gouvernement. Chaque observateur est responsable vis-à-vis du capitaine Tupman.

2º Une fois les différents groupes expéditionnaires séparés, les observateurs de chaque district d'observation sont responsables vis-à-vis du chef local du district, et le chef local vis-à-vis de l'astronome royal

Les districts d'observation et la hiérarchie des observateurs sont déterminés comme il suit :

3º District A. Égypte.
4º District B. Iles Sandwich.
5º District C. Rodriguez.
6º District D. Christchurch (N^{lle}-Zélande).
7º District E. Ile de Kerguelen.
Chef général Rév. P. J. Perry.
Député, en cas de nécessité, Lieutenant C. Corbet R. N.

SOUS-DIVISION DE LA STATION:

Christmas-Harbour.

Chef Rév. P. Perry, astronome et photographe.

Observateurs { Rév. SIDGREAVES, astronome.
Lieutenant GOODRIGE, R. N. astronome.
SMITH, astronome et photographe.

Port Paliser.

Chef lieut. C. Corbet R. N.
Observateur lieut. G. E. Coke R. N.

A ces messieurs viendront s'adjoindre des officiers sans commission appartenant au corps des Ingénieurs Royaux, trois pour chacun des districts. Ces officiers seront sous la direction des chefs de leurs districts respectifs...

Tous les livres, papiers, journaux, observations et calculs de toute nature se rapportant à l'expédition officielle sont la propriété du gouvernement britannique. Ils seront remis au chef local, et par celui-ci au capitaine Tupman pour être déposés à l'Observatoire royal de Greenwich...

En arrivant au lieu désigné pour la station, le premier soin du chef sera de se mettre en relation avec les notabilités du pays, puis de faire choix d'un emplacement qui convienne pour les observations...

Le chef a charge de voir si toutes les observations ont été relevées et les calculs disposés dans un ordre parfait, en ordre qu'un homme étranger même à l'expédition puisse facilement se rendre compte des travaux accomplis...

Un nombre considérable de personnes est nécessaire au moment même de la grande observation. Il doit y avoir alors à chaque équatorial et à chaque télescope au moins deux personnes et au moins quatre au photohéliographe ; sans compter les courriers prêts à porter quelque message, les aides, les gardes empêchant au dehors l'approche des étrangers. Le chef doit prendre d'avance ses précautions en conséquence et instruire chacun de ses aides dans la partie qu'il lui destine. S'il y a dans le voisinage quelque vaisseau britannique, ses officiers et ses matelots se prêteront sans doute bien volontiers à rendre ces services...

Au moment où les observations micrométriques commencent, et même dans certains cas quatre minutes et davantage avant l'instant du phénomène, le chef dira à haute voix : « Silence ! » et dès lors nul n'a plus à parler, si ce n'est pour donner les signaux du temps, jusqu'à ce que le chef permette de rompre le silence...

Les différentes entrées seront portées au net à l'encre, et, dès qu'on le pourra, consignées sur triple copie, sans pourtant qu'on altère et détruise les originaux. Ceux-ci sont à garder. Le chef contrôlera les rapports de temps et de mesures, et vérifiera au besoin la position du micromètre et de tout autre instrument, tandis que chacun a la mémoire encore fraîche de ses observations...

Pour les préparatifs d'embarcation, chaque observateur devra se trouver au port de départ trois jours pleins avant que le navire mette à la voile. Ce laps de temps pourrait même être prolongé si le capitaine Tupman, ou à son défaut le chef local, le jugeait à propos...

Observatoire royal de Greenwich.
J. B. AIRY.

4 mai 1874.

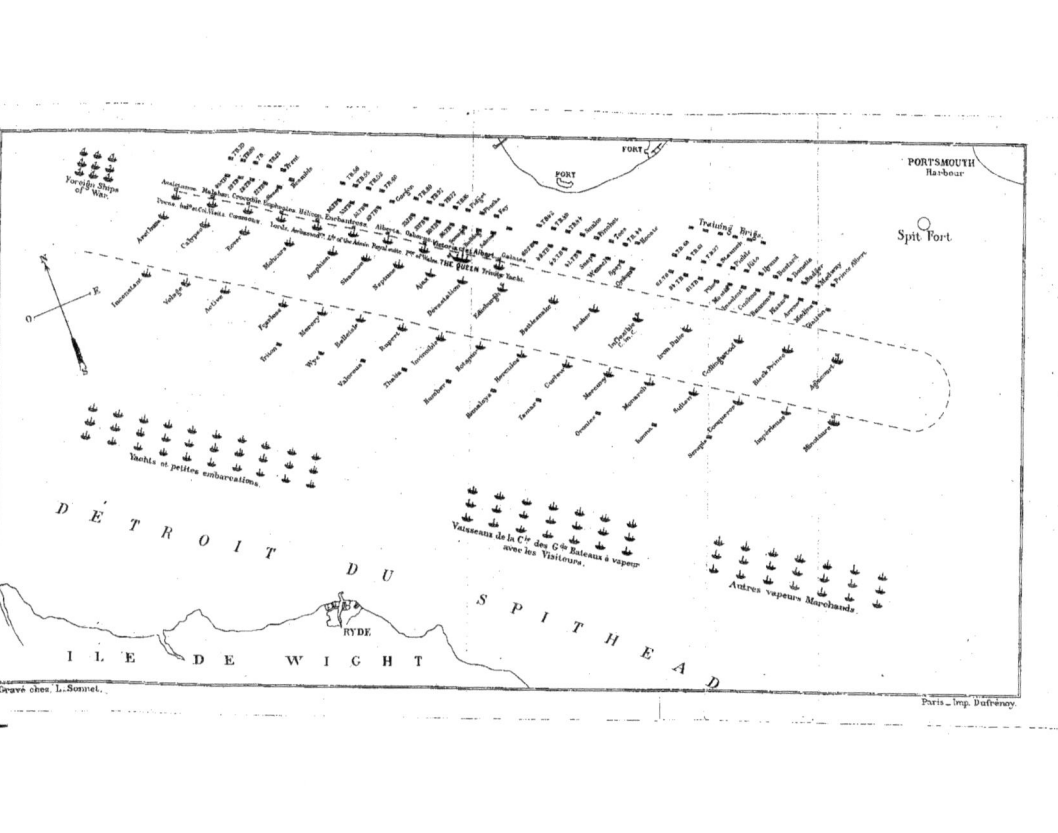

En vente à la même Librairie :

L'ALLEMAGNE ACTUELLE. L'Industrie — l'Empire colonial — l'Armée — les Universités — le Rêve de l'unité — l'Empereur — le Chancelier — le Parlementarisme — le Socialisme — la Revanche. Un vol. in-18. . . . . 3 fr. 50

LOUIS XVII, SA VIE, SON AGONIE, SA MORT. — CAPTIVITÉ DE LA FAMILLE ROYALE AU TEMPLE, par M. A. DE BEAUCHESNE. 14e édition. Deux vol. in-18. . 10 fr.

LA VIE DE MADAME ÉLISABETH, sœur de Louis XVI, par M. A. DE BEAUCHESNE. 2e édition. Deux vol. in-18, enrichis de deux portraits. Prix. . . . . 10 fr.

PENSÉES SUR DIVERS SUJETS, par le vicomte DE BONALD, pair de France, de l'Académie française, introduction et notes par M. Marie-Joseph DE BONNEFON. Un vol. in-18. . 3 fr. 50

GEORGES CADOUDAL ET LA CHOUANNERIE, par son neveu Georges DE CADOUDAL. Un vol. in-8º, enrichi d'une carte et d'un portrait. Prix. . . . . 8 fr.

UN HOMME D'AUTREFOIS. Souvenirs recueillis par son arrière-petit-fils, le marquis COSTA DE BEAUREGARD. 5e édition. Un vol. in-18. . . . . 4 fr.

MÉMOIRES SUR LES RÈGNES DE LOUIS XV ET LOUIS XVI, ET SUR LA RÉVOLUTION, par J. N. DUFORT, comte DE CHEVERNY, introducteur des ambassadeurs, lieutenant général du Blaisois (1731-1802), publiée avec une introduction et des notes, par Robert DE CRÈVECŒUR. Deux vol. in-8º, enrichis de deux portraits. Prix. . . . . 16 fr.

LE PRINCE ALBERT DE SAXE-COBOURG, ÉPOUX DE LA REINE VICTORIA, d'après leurs lettres, journaux, mémoires, etc., extraits de l'ouvrage de sir Theodore MARTIN, et traduits de l'anglais par Augustus CRAVEN. Deux vol. in-8º, avec portraits et autographes. Prix. . . . . 16 fr.

UNE FAMILLE NOBLE SOUS LA TERREUR, par Alexandrine DES ÉCHEROLLES. 2e édition. Un vol. in-18. Prix. 4 fr.

DISCOURS ET MÉLANGES POLITIQUES, par M. le comte DE FALLOUX, de l'Académie française. Deux vol. in-18. 15 fr.

PAPIERS D'UN ÉMIGRÉ (1789-1829). Lettres et notes extraites du portefeuille du baron DE GUILHERMY, député aux États généraux, conseiller du comte de Provence, attaché du Roi à à Londres, mises en ordre par le colonel DE GUILHERMY. Un vol. in-8º. Prix. . . . . 7 fr. 50

PARIS. TYPOGRAPHIE E. PLON, NOURRIT ET Cie, RUE GARANCIÈRE, 8.

www.ingramcontent.com/pod-product-compliance
Lightning Source LLC
Chambersburg PA
CBHW071342150426
43191CB00007B/820